沈默하나 파란만장

초판 1쇄 인쇄	2023년 10월 16일
초판 1쇄 발행	2023년 11월 06일

신고번호	제313-2010-376호
등록번호	105-91-58839

지은이	엄기철

발행처	보민출판사
발행인	김국환
기획	김선희
편집	이상문
디자인	김민정

ISBN	979-11-6957-087-9	03800

주소	경기도 파주시 해올로 11, 우미린더퍼스트@ 상가 2동 109호
전화	070-8615-7449
사이트	www.bominbook.com

- 가격은 뒤표지에 있으며, 파본은 구입하신 서점에서 교환해드립니다.
- 이 책은 저작권법에 의하여 보호를 받는 저작물이므로 무단 전재와 복사를 금합니다.

서예가 동천(東泉) 엄기철(嚴基喆)의 첫 수필집

검묵(黔黙)하나 파란만장

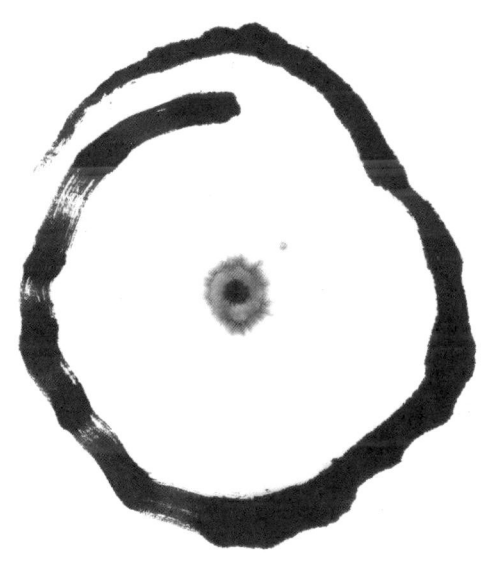

| 목차

제1부. 조상/아버지/어머니 이야기

01. 상전벽해(桑田碧海) - 등단작품 • 10
    심사평 • 14
    당선소감 • 15

02. 조상의 발자취를 찾아서 • 16
03. 아버지에 대한 기억 • 24
04. 2021년 어버이날에 • 28

제2부. 고향/어릴 적 이야기

01. 55년 전 '생활기록부' • 34
02. 개구리에게 용서를 구함 • 40
03. 눈물의 수제비 • 44
04. '등잔불'과 '샹들리에' • 48
05. '멜개재'와 구절양장(九折羊腸) • 53
06. 복분자(覆盆子) 이야기 • 57
07. '섶다리' 추억 • 61
08. '엘리지의 여왕'과 나의 사춘기(思春期) • 65
09. '웃는 소'를 찾아서 • 70
10. 유년의 추억 • 74
11. 죽마고우 이야기 • 78
12. 호박꽃 추억 • 86

제3부. 손주들 이야기

01. 기타(Guitar) 할아버지 • 92
02. 손녀의 사진일기를 정리하며 • 96
03. 두 손녀를 해외로 보내고 • 100

제4부. 여행 이야기

01. 백두산 천지(天池)를 가슴에 품고 • 106
02. 제주도 무전여행의 추억 • 113
03. 제주도에서 찾은 특별한 휴가들 • 118
04. 한라산 등반 이야기 • 122
05. 시드니 오페라하우스를 보던 날 • 126
06. 서해안 '갯벌체험'의 추억 • 132
07. '다람쥐 가족'의 유럽여행(한 달 살기) • 137

프롤로그(Prologue) • 138

(1) 출발 & 체코생활의 이모저모 • 142
(2) 폴란드 '자고파네(Zakopane)' 1박 2일 • 147
(3) 체코 '올로모우츠(Olomouc)' 여행(당일) • 151
(4) 폴란드 '그단스크(Gdansk) 2박 3일 • 155
(5) 체코 '레드니체(Lednice)', '미쿨로프'(Mikulov)',
    '발티체(Valtice)성 1박 2일 • 161
(6) 폴란드 '브로츠와프(Wrociaw)'에서 • 166
(7) 독일 '베를린(Berlin)', '함부르크(hamburg)' 1박 2일 • 170

(8) 북유럽 크루즈 여행 7박 8일 • 175

독일 '키엘(Kiel)' 항 & 크루즈 승선과 일상(日常) • 176
덴마크 '코펜하겐(Copenhagen)'에서 • 180
노르웨이 '게이랑게르(Geirranger)'에서 • 183
노르웨이 '올레순(Alesund)'에서 • 187
노르웨이 '플롬(Flam)' & 크루즈 여행 마무리 • 190

(9) 체코 '체스키 크룸로프(Cesky Krumlov)' • 195
(10) 체코 '프라하(Praha)' 2박 3일 • 198
(11) 오스트리아 '비엔나(Vienna)' 2박 3일 • 203

에필로그(Epilogue) • 208

제5부. 서예 이야기

01. 첫 개인전을 준비하던 시절 • 212
02. 추사체(秋史體) 소고(小考) • 216
03. 중국 '대경(大慶)'시와 철인(鐵人) 왕진희(王進喜) • 222

제6부. 기타 일상 이야기

01. '골프(Golf)'로부터의 해방 • 228
02. 가왕(歌王) '조용필'이 부른 '꽃바람'을 회상하며 • 233
03. 겨울비와 비광(光) • 240
04. '너에게로 가는 길'을 읽고 • 244
05. 마지막 잎새 • 249

06. 멋진 황혼(黃昏)을 위한 단상(斷想) • 253
07. 멘토(Mentor)와 멘티(Mentee)의 멋진 하모니(Harmony) • 257
08. 미식가(美食家)인가? 식도락가(食道樂家)인가? • 263
09. '술'에 대한 단상(斷想) • 267
10. '애견'과 함께했던 이야기들 • 271
11. '야구(野球)'로 배운 삶 • 276
12. 유행가 '애모(愛慕)'에 얽힌 사연 • 282
13. 트롯 '테스 형' 열풍 • 287
14. 장모님과 조기 • 291
15. 인생 싸이클(Cycle)과 시계의 오묘한 조화 • 296
16. 석촌호수의 사계(四季) • 302
17. 인생(人生)은 '더불어 숲' • 307

해설 _ '점(點) 하나 파란만장'에서 구한 생존의 가치 • 313
      (故 고훈식 시인, 조엽문학회 회장)

제1부
조상/아버지/어머니 이야기

01
상전벽해(桑田碧海)

- 등단작품

　어머니가 들려주셨다. 네가 3살 때 등에 업고 뽕나무밭이 무성하던 잠실벌 땅콩밭에 자주 밭 메러 다녔다고. 주인의 눈치도 봐야 되고 딱히 나를 돌보아줄 방법이 없어 밭 가운데 있는 오동나무에 매어놓고 마른 오징어다리를 손에 쥐어주면 불어 터질 때까지 빨아먹으며 잘 놀더라는 거다.
　그렇게 두어 시간 일을 하고는 기저귀를 갈고 젖을 물리고 나서 다시 마른 오징어다리를 손에 쥐어주고 그 오동나무에 묶여지곤 했었겠다.

　세상사가 빠르게 요동치는가? 뽕나무밭이 변하여 푸른 바다가 되었다. 1972년도에 준공된 한강의 6번째 다리인 1,280m의 '잠실대교' 옆으로 지하철이 건너다닐 '잠실철교'가 건설되고 있었다. 다리 남단에는 서쪽에 이미 지어진 주공 1단지와 3단지 저층 아파트에 이어 중층 5단지 아파트가 자리해 위용을 떨치고 있었다.

'잠실역' 가까이 큰 물웅덩이가 양옆으로 보이고 그 사이로 새로운 길을 만드나 본데 도로 폭이 장난이 아니다. 공항 활주로처럼 아주 넓었다. 가까이 있는 물웅덩이가 지금의 석촌호수이고 새로 뚫은 그 도로는 현재의 '송파대로'이다.

내가 '천호동'에서 학창시절을 보내던 60, 70년대에는 시내를 나갈 때 한강을 지나는 다리로는 지금의 광진교인 광나루 다리가 유일했다. '잠실대교'의 준공은 그만큼 서울 동부권의 생활환경에 큰 변화를 가져온 셈이다. 왕복 2차선 다리만 이용하던 그 시절 사람들은 엄청난 넓이의 6차선 다리가 나처럼 마냥 신기하게 느껴졌을 것이다.

아무튼 '잠실역' 준공을 기점으로 주변이 하루가 다르게 변하더니 '롯데'호텔과 백화점이 생기고 고층빌딩들이 즐비하게 어깨를 펼치며 들어섰다.

가까이 있는 '석촌동'과 '삼전동'도 아파트가 아닌 고급 단독주택 단지로 변해 가는데 나 같은 서민들에겐 그림의 떡이 아닐 수 없다. 도대체 저런 멋진 주택에 사는 사람들은 뭐하는 사람들일까? 평범한 사람들은 아닐 테고 아마도 전생에 복록을 많이 쌓은 덕분을 누리고 있음이겠지……

1980년 겨울에 나는 휘몰아치는 겨울바람을 등에 업고 어느 언론사 월간지 수금사원으로 일했다. 건설현장 사무실을 비롯해 '구의동'에 위치한 동부지검 판사실과 검사실, 심지어는 허허벌판에 위치한 공장까지 누비며 혹독한 인생수업을 했지만 천만다행으로 어느 대기업의 말단사원이 되어 차츰 생활이 안정되어 갔다.

2001년 6월이었다. 대기업 중견간부가 된 나는 15년째 머물던 '가락동' 작은 집을 청산하고 월세로 살면서 이사를 기획하고 있었다. 우여곡절로 잠실벌 옆 '석촌동'에 위치한 '모' 초등학교 앞에 지하 1층에 지상 5층의 건물을 계약하였다. 당시 IMF로 온 국민이 고통 받던 시절이라 조심스럽게 관망하는 추세였지만 나로서는 과감하게 결단을 내렸으니 모 아니면 도인 모험이었다.

계약대로 은행의 도움을 받아 어렵게 잔금을 치루고 '등기권리증'이 내 손에 쥐어지던 순간, 푸른 물결에 넘실거리는 뽕나무숲을 보았다. 마음을 진정시키고 다시 구입한 건물을 바라보는데 뽕나무밭 옆으로 땅콩밭이 보이고 한가운데 오동나무가 그려진다.

그 당시 어머니는 노환으로 누워 계셨다. 47세에 남편을 먼저 보내고 87세를 살아오시는 동안 마음 편히 사신 적이 드물었던 어머니는 막내아들인 우리 집에서 며느리의 보살핌을 받고 있었다. 나는 어머니 생전에 크고 멋진 집을 사서 마지막 기쁨을 안겨드리리라고 마음먹고 있었다. 그래서 계약하면서 어머니가 기거하실 방을 먼저 확인했다. 그러나 잔금을 치루고 열흘이 되는 날, 이사를 앞두고 어머니는 영면하셨다.

이사하면 내가 들려드릴 말이 있었다.

"어머님, 이 집터가 예전에 밭 메시던 잠실벌 땅콩밭이고요. 어머니가 기거하실 이 방이 제가 오동나무에 묶여서 오징어다리를 빨며 놀던 자리입니다. 드디어 막내가 성공해서 이 밭주인이 됐어요!"

심사평

    수필은 삶의 현장을 기록한 개인의 역사다.
    그러므로 수필은 고백에서 시작하여 인간성을 추구하는 긍정적인 성찰로 타인과 공감대를 형성하려는 의지의 표현이다.
    엄기철 수필 응모자의 작품, '유년의 추억', '상전벽해(桑田碧海)', '아버지에 대한 기억', '첫 개인전을 회상하며' 중에 '상전벽해(桑田碧海)'가 관심을 끌었다.
    세월을 느끼듯 세상을 눈여겨보면 모든 것이 변한다. 어느 선각자는 변하긴 하지만 우주만물은 이미 상주불멸의 경지이기에 달리 보일 뿐이라고 갈파했다. 이 현상은 물이 공기가 되고 수증기가 얼음이 되는 형태의 유동이라는 거다.
    그런 내막을 저변에 깔고 이 수필을 눈여겨본다.
    응모자가 세 살 때 어머니의 궁여지책으로 오징어다리를 물게 되고, 오동나무에 묶여서 울기도 했을 것이다. 그 아기가 노년에 이르렀다고 해도 여전히 같은 사람이라고 말할 수 있을까? 저마다 의견이 다를 수 있다. 반백 년 전만 하드라도 뽕나무밭이었다는 잠실이 빌딩이 즐비한 도심지가 될 줄 어이 알았겠는가. 같은 맥락으로 젊은 시절에 가난에 허덕이던 응모자가 심기일전하여 저택을 소유할 만큼 긍정적인 변신은 상전벽해라는 인식을 이끌었다. 이러한 체험을 바탕으로 수필로 극명하게 행간을 채운 저력 또한 심사과정에서 높이 평가되었다.
    특이하게도 잠실벌이나 인물 형성을 주제로 거침없이 내달린 반전을 위한 장치가 쌍무지개처럼 겹으로 이루어졌으니 상전벽해라는 제목도 걸맞다.
    흑수저라고 자칭할 만큼 부끄러운 과거까지도 고백하는 허심탄회가 내공으로 쌓은 인생의 발견을 곁들일 때 엄기철 응모자는 더욱 능력을 발휘하리라고 믿어 당선의 영광을 드린다.

                        〈심사위원 : 김병권 · 조영갑 · 고훈식 · 임수홍〉

당선소감

초행길은 서툴다는데 문인이 되었다는 당선 소식에 옛일이 주마등처럼 떠오릅니다.

지금의 '잠실'은 예전에 누에를 키우면, 그래서 뽕나무밭이었다고 전해집니다.

어머니는 세 살배기 나를 등에 업고 고향을 떠나 지금의 '천호동'으로 이사를 오셨답니다. 변두리 집에서 이십 리 길이 넘는 잠실벌로 남의 밭일을 자주 다니셨습니다. 그때마다 나는 오동나무에 묶여 오징어다리를 빨며 칭얼대곤 했답니다.

뽕나무와 더불어 호박밭과 땅콩밭이 즐비했던 잠실이 지금의 모습으로 변하기까지는 50년 남짓이라서 그야말로 상전벽해(桑田碧海)가 아닐 수 없습니다. 전형적인 흙수저로 태어난 내가 잠실벌에 터를 잡기까지는 가슴 아픈 사연이 얽혀 있습니다.

그중에서도 어머니께서 고난을 이겨야 한다고 자주 들려주시던 잠실벌 이야기는 내 삶을 개척하는 데 큰 동기부여가 되었으며, 역경을 이겨내는 채찍질이 되어 오늘의 나를 있게 했습니다.

그 밭이라고 추정되는 곳에 터를 잡고 살고 있으니 감회가 남다릅니다.

오래전, 꼭 전하고 싶었던 사연을 미처 듣지 못하고 운명하신 어머니가 오늘따라 더욱 그립습니다.

〈동천(東泉) 엄기철(嚴基喆)〉

02
조상의 발자취를 찾아서

爲善被禍 吾所甘心 위선피화 오소감심
좋은 일을 하고도 화를 당한다면 나는 달게 받겠다.

영월 엄씨 12世孫이자 충절의 표상인 충의공忠毅公 엄흥도嚴興道가 후대에 남긴 말이다.

조선왕조 제6대 왕이던 단종端宗이 숙부인 수양대군으로부터 사약을 받고 숨진 뒤에 거적에 쌓여져 청령포 물에 방치되어 떠돌았다.

"누구든 시신을 수습하는 자는 삼족을 멸하리라."

서릿발 감도는 어명御命이 있었지만 엄흥도는 멸문지화滅門之禍를 감수할 각오로 세 아들과 함께 시신을 수습하고, 지금의 영월읍 영흥리 '장릉莊陵'에 암매장으로 모셨다. 그리고는 홀연히 집성촌을 떠나 뿔뿔이 흩어져 자취를 감추었다.

당시 엄흥도는 청령포에 인접한 시골마을의 호장戶長이었다. 호장은 향리鄕吏로서 지금으로 치자면 마을의 이장里長 정도의 직책이라 할 수 있다. 그럼에도 그의 충절忠節은 알음알음 야사野史로 전해지고 있다.

수양대군이 일으킨 계유정란癸酉政亂에 의하여 김종서, 황보인 등의 철퇴 및 살해, 안평대군은 유배 후 사사賜死되고, 단종 복위를 모의했던 사육신의 처형, 세조가 단종으로부터 왕위를 빼앗자 벼슬을 버리고 초야에 묻혀 살았던 생육신의 삶이 역사 속에 침잠沈潛되어 있으면서도 사기史記 전면에 빠짐없이 등장하지만, 엄흥도의 이야기는 아주 조용히 야사野史처럼 전해지고 있는 것이다.

누구나 다 아는 '단종애사端宗哀史'의 현장인 '청령포'에서 벌어진 비극에서 유일하게 행동하는 양심을 보여준 조상 엄흥도의 발자취를 회상하고 전율을 느꼈던 소회를 옮긴다.

안타깝게도 내가 조상 엄흥도嚴興道의 장거壯擧를 접한 것은 삼십 중반이다. 역사에 흥미가 없어서 사극 드라마도 제대로 본 적이 없고 책은 더더군다나 들춰보지도 않았다. 집안 어른들로부터도 들어보지 못했었다. 가족을 거느리고 서예가로 한시를 배우면서 조상의 흔적을 더듬다가 '단종端宗과 충신 엄흥도'라는 책을 구해 읽게 되었는데, 족보를 살펴보고는 '12世孫 嚴興道' 직계 조상임을 알게 되었다.

전국 인구 분포에 따른 영월 엄씨의 순위는 60~70위권에 있어 흔치 않은 성이다. 중국 당나라 현종 때 신라의 사신으로 파견된 엄임의 嚴林義가 영월 땅에 안주한 것이 시조始祖로 전해지니 1,200여 년의 역사가 된다. 이는 그가 심었다는 영월읍 하송리에 현존하는 은행나무 천연기념물 76호, 수령 1,200년으로 추정가 말해준다. 이토록 영월 엄씨가 오랜 역사의 뿌리를 지니고 있음에도 희성인 것은 바로 단종의 시신을 수습한 엄홍도嚴興道의 일화에 기인한다는 설도 있다.

삼족三族을 멸한다는 임금의 어명이 있었기에 당시 영월지역에 집성촌을 이루며 살던 영월 엄씨는 살아남기 위해 더러 성姓을 감추거나 바꾸었으며, 성씨를 유지하기 위해 봇짐을 싸고 태백산맥을 따라 경상도를 비롯한 전국의 산속으로 흩어져 은둔하였다는 족보를 읽었다. 그 여파로 우리 계파는 충청도 산골에 터를 잡았다고 전해진다. 엄홍도가 취했던 의거는 당시의 절대 권력에 저항하고 죽음을 무릅쓴 것이다.

하지만 그로 인해 영월 엄씨는 200년 동안 벼슬길에 나가는 것은 고사하고 엄씨 성을 감추며 숨죽인 채 지내야 했다. 드디어 1669년에 우암 송시열의 주청에 의해 비로소 은둔에서 벗어나게 되었다. 조선왕조실록1669년 현종 10년 1월 5일에 다음과 같이 전해진다.

송시열 曰,
"노산군이 해를 당했을 때 시신을 아무도 거두어주는 사람이 없었는데, 그 고을의 아전 엄홍도란 자가 즉시 가서 곡을 하고 스스로 관곽을 준비하여 거두어 묻었으니, 지금의 이른바 노묘魯墓입니다. 엄흥도의 절의節義는 사람들이 지금도 칭찬하고 있는데, 신이 전조銓曹를 맡고 있을 때 그 자손들을 녹용錄用하고자 했으나, 그 유무를 알지 못해 실행하지 못하였습니다. 지금 듣건대 그의 자손이 본 고을에 있기도 하고 괴산에 있기도 하다는데, 그 절의를 장려하는 도리에 있어서 녹용하는 은전이 있어야 하겠습니다."

이 주청에 상이 해조該曹에 명하여 찾아 녹용하게 하였다. 그 후 엄흥도는 1743년영조 10 공조판서工曹判書에 증직되었으며, 사육신死六臣과 함께 영월 '창절사'에 배향되었다. 그 시기부터 영월 엄씨도 과거급제를 통해 벼슬길에 나가게 된다.

아무튼 엄흥도의 이런 족적足跡으로 인해 충효忠孝와 예禮에 관해서는 타 성씨의 추종을 불허하는 상징으로 다져지고 명문 가문으로 이어지게 되었다.

기억을 더듬을수록 청령포를 휘감아도는 굽이치는 강물과 천연기념물 관음송觀音松, 무엇보다도 단종이 머물던 적소謫所를 향해 절하듯 누워있던 소나무가 유독 눈에 넘실거린다.

엄흥도는 남의 눈을 피해가며 밤마다 헤엄쳐 강을 건너가 '단종'의 말벗이 되기도 했고, 때로는 청량한 샘물과 함께 메밀묵을 쑤어 올리기도 했다. 또한 대비 송씨 정순왕후에게 몰래 전하는 서찰과 답신의 심부름도 그가 스스로 선택한 충정이었는데 짚신에 의지해 수백리 길 발품을 팔았다. 서찰을 쓰도록 지필묵을 준비했던 엄흥도의 따뜻한 배려와 주고받은 단종과 정순왕후의 애틋한 사연을 음미하자면 해를 거듭할수록 가슴이 먹먹해진다. 역사는 흐르지만 사연은 나에게 멈춰 있는 듯하다.

코로나 시국이 진정되는 대로 두 딸과 외손자, 외손녀들과 다시 청령포를 찾을 것이다. 이번에는 영월군 팔괴리에 있다는 엄홍도 조상님의 묘소에도 참배해야겠다.

'단종'에게 사약을 내려야 하는 책임을 맡았던 의금부도사 '왕방연'이 한양으로 돌아오면서 안타까움과 죄책감 등의 심정을 담아 읊은 시詩를 옮겨본다.

> 천만리千萬里 머나먼 길에 고운 님 여의옵고
> 내 마음 둘 데 없어 냇가에 앉았으니
> 저 물도 내 안 같아야 울어 밤길 예놋다

단종의 유배생활에서의 외로움이 진하게 배어나는 시가 눈물을 삼키게 한다. 단종이 청령포에 머물다가 홍수로 인해 '관풍헌'으로 옮기게 되는데 동헌의 동쪽에 '자규류당시 매죽루'라는 누각이 있다. 단종은 이 누각에 자주 올라 자규시 子規詩를 지었다고 한다. 자규란 피를 토하듯 구슬피 운다고 하는 소쩍새를 가리키는 말로 자신의 처지를 견주어 지은 것이다.

月白夜蜀魂啾 含愁情依樓頭 월백야촉혼추 함수정의루두
爾啼悲我聞苦 無爾聲無我愁 이제비아문고 무이성무아수
寄語世上苦勞人 愼莫登春三月子規樓 기어세상고로인 신막등춘삼월자규루

달 밝은 밤 귀촉도 슬피 울 제 수심에 젖어 다락에 기대섰네
네가 슬피 우니 듣는 내가 괴롭고 네가 울지 않으면 내 시름도 없으련만
세상에 고달픈 자에게 말 전하니 춘삼월에는 '자규루'에 부디 오르지 마소

一自冤禽出帝宮 孤身隻影碧山中 假眠夜夜眠無假 窮恨年年恨不窮 일자원금출제궁 고신척영벽산중 가면야야면무가 궁한년년한불궁

원통한 새 한 마리 궁중을 나오니 외로운 단신 그림자 짝 잃고 푸른 산을 헤매네. 밤마다 잠을 청하나 잠들 수가 없고 해가 바뀌어도 한은 끝없어라

聲斷曉岑殘月白 血流春谷落花紅 天聾尙未聞哀訴 何乃愁人耳獨聰 성단효잠잔월백 혈류춘곡낙화홍 천롱상미문애소 하내수인이독청

새 울음소리 끊긴 새벽 산 위에는 지는 달이 희고
피 흐르는 봄 골짜기엔 떨어진 꽃잎 붉겠구나

하늘은 귀먹어 저 하소연을 듣지 못하는데
시름하는 이 몸의 귀만 어찌 이리 밝단 말인가

17세 어린 나이에 부인과 생이별했으니 얼마나 외로웠을까. 권력이 이리도 무상한 것인가. 숙부 세조世祖가 너무나 원망스러웠으리라. 단종의 자규시子規詩에 답하는 엄홍도의 차운시次韻詩도 옮겨본다.

한 번 영월에 오시더니 환궁치 못하시옵고
드디어 홍도로 하여금 두려운 가운데 돌보시게 하였도다

작은 벼슬아치 육순에 충성을 다하고자 하거늘
대왕은 17세의 운이 어찌 그리 궁하신지

높이 뜬 하늘에는 밤마다 마음의 별이 붉고
위태로운 땅에는 해마다 눈물비가 붉도다

힘없는 벼슬아치 의를 붙들고 일어서서
홀로 능히 이 일을 왕께 말씀드리려 하노라

안타깝게도 단종은 자규사子規詞의 마지막 연에 기록된 행간인 '愼莫登春三月子規樓신막등춘삼월자규류', 즉 '춘삼월에는 자규루에 부디 오르지 말라'는 피울음처럼 다음해 춘삼월이 오기 전에 세상을 잃었다. 유배 4개월 만인 1457년 10월 24일에 영월 '관풍헌觀風軒'에서 죽임을 당한 것이다.

'역사를 잊은 민족에게 미래는 없다'고 했다.
서예가인 나는 2013년 2월에 첫 서예 개인전을 인사동仁寺洞 '서울미술관'에서 가진 바 있다. 조상이 남기신 '爲善被禍 吾所甘心 위선피화 오소감심' 문구를 도록의 첫 장에 대표작품으로 장식하고, 관지款識 글씨로는 다음과 같이 적었다.

錄 忠毅公 嚴興道 壬辰年 秋日 寧越嚴氏 二十九世孫 東泉 嚴基喆
書錄 충의공 엄흥도 임진년 추일 영월 엄씨 29세손 동천 엄기철 서

내가 영월 엄씨 29世孫이니 12世孫인 충의공 엄흥도嚴興道와는 500여 년의 시차를 둔 직계 조상어른이시다. 스스로 자랑스럽다.

- 2021년 5월 23일 Gallery 秋藝廊에서

03
아버지에 대한 기억

때는 1961년 내가 7살이 되던 해이다. 아버지를 생각하면 눈물이 난다. 가을을 전후해서 판잣집에서 어느 허름한 집 별채 단칸방으로 이사를 했다. 빗물이 새는 판잣집에서 추운 겨울을 견디기에는 너무도 열악한 조건이기에 더러 빚을 얻어 옮겼을 것이다.

집 앞으로는 논이 펼쳐져 있었고 간간이 사람들이 오고 가는 길목에 있는 집이다. 아버지는 하는 일이 잘못됐는지 특별한 외출 없이 집 주변만 맴돌고 계셨다. 가끔 내 손을 잡고 동네 산책을 하느라고 낡은 외투를 걸쳤는데 수염도 깎지 않아서 어린 내 눈에도 누추하게 보였고, 얼굴은 수심에 가득 차 있는 모습이었다.

큰 신작로를 따라 걷다가 사람들이 모인 곳에서는 약장수가 풍악을 울리며 구경꾼들의 흥을 돋우었는데 아버지도 어김없이 멈춰서 기웃거렸다. 그때마다 나는 뭘 사달라고 졸라댔다. 약장수가 준 사탕과자 비과 하나가 나를 달랬다.

아버지는 내 손이 시릴 새라 당신의 외투 주머니에 넣고 길을 걸었는데 나는 손을 펴서 아버지의 주머니를 휘젓곤 했다. 동전이라도 있기를 기대했건만 주머니 속은 늘 비어 있었다. 돈이 없으니 뭘 사주고 싶어도 못 사준 거다. 얼마나 가슴이 아프셨을까.

우리 식구들은 최악의 가난한 상황에 시달렸다. 하지만 살아있는 입에 풀칠이라도 해야 될 지경이니 급기야 어머니는 떡 행상을 시작하셨다. 아침 일찍 집을 나서 머리에 떡을 이고 마을을 누비며 장사를 하시다가 밤이 이슥해서야 돌아오시면 한 개 남긴 인절미를 아버지께 드렸다. 아버지는 떡 중에서도 인절미를 무척이나 좋아하셨다. 우리들은 먼발치에서 떡을 잡수시는 아버지의 모습을 지켜볼 수밖에 없었다. 아마 이때부터 아버지의 병환이 심상치 않다는 걸 느꼈다.

어려운 살림에서도 어머니는 아버지가 원하는 것은 무엇이든 들어주셨다. 아픈 몸에도 술이 당기셨는지, 아니면 술을 마시면서 괴로움을 삼시나마 잊으려고 자주 찾으셨는지 모르겠다. 나도 막걸리 심부름을 많이 했다. 어린 마음에 하도 술맛이 궁금해서 주전자 꼭지에 입을 대고 몇 모금 마셨는데 이것이 나의 술 역사의 시작인 셈이 된다.

그리고 한동안 봉투를 접어 팔았다. 우리 식구들은 여기저기 다니며 신문지나 헌 잡지책을 모아 집으로 가져오고 날을 잡아 봉투 제작에 들어간다.

어머니는 종이를 자르는 재단을 하고 누나는 일정 간격으로 배열하면서 풀칠을 하면 나와 형은 모양대로 접어 종이봉투를 완성시키는 분업화 형식이었다.

　나름 재미도 있었고 특히 어머니의 칭찬이 너무 좋았다. 7살짜리가 얼마나 잘했을까마는 조그만 놈이 손재주가 좋다는 말씀을 늘 하시곤 했다.

　제각각 크기의 봉투가 완성되면 어머니는 머리에 이고 팔러 다니셨다. 구멍가게나 과일 노점상까지 웬만한 곳은 다 누비고 다니셨는데 광나루다리를 건넌 이야기를 하셨으니 하루에 수십 km를 걸어 다닌 듯하다.

　그렇게 돌아오시면 봉투가 담겼던 광주리 속에는 쌀과 보리쌀 몇 되와 인절미 한 개가 들어있다. 쌀은 식구들 입에 풀칠할 식량이고 떡은 아버지를 위한 어머니의 측은지심이다.

　이 시절에 나는 밥을 먹은 기억이 별로 없다. 허구한 날 여러 가지 나물에 쌀을 조금 넣고 보리쌀을 섞어 푹 끓인 나물죽으로 하루하루를 연명하는 동안 지독한 가난은 끝이 없었고 아버지의 병세도 더 악화됐다.

　4·19 학생 데모가 터지고 나서 5·16 혁명으로 군사정권이 들어서며 세상이 요동쳤다. 정확한 내용은 아직까지도 의문이지만 아버지는 화폐개혁으로 인해 엄청난 시련을 겪고는 화병이 나셨다고 어머니는 자주 말씀하셨다. 유추해보면 아마도 건축 사업주나 하청업자가 갑자기 단행된 화폐개혁으로 도산이 되는 바람에 받을 돈 한 푼 못 받고 화병을 얻고 몸져누우셨을 것으로 추측된다.

봉투를 접으며 죽으로 한 끼 한 끼를 때우는 시간은 흘러가고 8살이 되어 초등학교에 입학하였다. 코흘리개 1학년 입학식에 아버지 손을 잡고 학교로 향하고 있었다.

3월 초여서 쌀쌀한 날씨인지라 아버지는 그 허름한 외투를 걸치고 지난번처럼 내 손을 꼭 잡아 외투 주머니에 넣고 감싸주었다.

나는 일곱 살 때처럼 뭘 사달라고 조르지도 않았고 아버지 주머니에 동전이 있는지 확인도 안 했다. 아버지 손 잡고 첫 등교하는 것이 그저 행복하고 마냥 즐거웠다. 이 추억이 아버지와 나눈 스킨십의 마지막 장면이다.

42세에 고향을 등지고 서울로 올라왔던 아버지는 미처 꿈도 펼쳐보지 못하고 그해 추석이 지난 9월 초하룻날에 영면하셨다.

04
2021년 어버이날에

　이 세상에서 가장 아름다운 영어 단어 1위는 'Mother 어머니'였다. 지금은 고인이 된 황수관 박사가 과거 어느 방송프로 강연에서 한 얘기인데, 세계 102개국 비영어권 국가 4만 명을 대상으로 한 앙케트 조사에서 선택된 단어다. Beautiful이나 Love, Passion 열정 등을 예상했던 참석한 패널들이 모두 놀라워했다. 더더욱 놀라운 것은 'Father 아버지'라는 영어단어는 상위권 그 어디에도 없었다는 사실이다. 심지어는 70위 내에도 없었다 하니 씁쓸한 얘기가 아닐 수 없다.

　'어버이날'은 내가 태어나던 1955년에 국무회의를 통과해 이듬해 1956년부터 시행되었다. 원래는 '어머니날'인데 1973년부터 '어버이날'로 바뀌었다. 눈여겨보면 '어버이날' 노래인 '어머님 은혜'와 '어머니의 마음'이라는 노랫가사 어디에도 아버지에 대한 언급이 없다. 그래서 '어버이날'이라는 명칭은 늦게나마 아버지라는 이름이 슬그머니 무임승차(?)했을 것이라는 생각이 들기도 한다.

어머니께서 만 40세에 나를 낳으셨다. 그리고 3년 후, 동생도 태어났다. 그 동생은 태어나자마자 사고로 인해 뇌성마비를 앓으며 누워 지내다가 11살 되던 해에 생을 마감한다. 그래서 나는 본의 아니게 막내가 되었다.

어머니로부터 들은 동생의 사고 장면과 동생과 함께 살았던 11년의 기억은 평생 나를 힘들게 했다. 당시 서울의 노량진 강변에 살았던 우리 가족은 1958년 대홍수 때 트럭을 타고 피신하던 중 갓 태어난 아이의 산모에 대한 특별 배려로 운전석 옆에 동생을 안고 앉았는데 차에 오르던 운전기사의 팔꿈치가 실수로 동생의 정수리를 가격하게 되어 일어난 사고였다.

내가 태어난 시점을 기준으로 해서 어머니의 일생을 되짚어보니 어머니는 한시도 맘 편할 날이 없었던 것 같다. 그 발단은 사업을 위해 고향을 등지고 서울로 떠났던 아버지의 방황 아닌 방황 탓인데, 돌이 갓 지난 나를 등에 업고 아버지를 따라 서울 변두리로 올라올 때부터 예견된 수순이었다. 사업을 핑계로 밖으로만 맴돌던 아버지는 집안 가계에 별 도움이 되지 못했고 자식들 먹여 살리기에 급급했던 어머니는 남의 집 밭일을 비롯해 온갖 허드렛일을 도맡아야 했다. 결국 아버지는 내가 8살 때 49세로 운명하셨고 우리 가족은 처참한 모습으로 다시 고향을 찾았다. 남겨진 자식들을 굶기지 않으려고 발버둥 치시던 어머니의 힘든 나날이 지금도 눈에 선하다.

초등학교에 다니던 내 눈에 비친 어머니의 모습은 영락없는 할머니였다. 비녀를 꼽은 쪽진 머리와 듬성듬성 빠진 앞니, 거친 농사일에 무디어진 손마디는 고달픈 삶의 무게로 메마른 가시나무처럼 보였다. 그런 어머니가 창피해서, 혹시라도 운동회 때 학교라도 찾아오시거나 소풍길에 함께하면 어쩌나 걱정하던 철부지였다. 그 기억을 떠올리니 한없이 부끄럽고 송구스럽다.

어머니는 가끔 식구들과의 겸상이 아닌 부엌 아궁이 앞에서 식사를 하곤 했는데 그때마다 바가지에 물을 붓고 보리밥을 말아 드시곤 했다. 쉰밥이 아까워 물에 빨아 드셨다는 걸 뒤늦게 알게 되었다. 식구들이 눈치챌까봐 노심초사 혼자 드신 것이다.

농촌에서의 일상은 자잘한 사고들이 뒤따른다. 쇠꼴을 베기 위해 낫을 사용하다가 손을 다치기도 하고 손가락에 가시가 박혀 노랗게 곪기도 한다. 그때마다 어머니는 바늘을 당신의 머리에 쓱쓱 문지른 다음 상처 부위에 찔러 고름을 제거하고는 그 손가락을 입에 넣고 소독한다는 명분으로 쪽쪽 빠셨다.

한 번은 옻나무를 잘못 만져 얼굴과 온몸에 옻이 오른 적이 있었다. 어머니는 옆집 외양간 뒤편에 고여 있는 오래된 소 오줌을 가져오더니 내게 발라주셨다. 냄새에 자지러지며 도망치려 해도 막무가내였는데, 신기하게도 며칠 만에 나았다.

　어머니는 까막눈이셨다. 학교를 마치고 돌아오면 작은 밥상 위에 흩어져 있던 교과서를 잘 정리해놓곤 했는데 그중에 몇 권은 늘 거꾸로 놓여 있었다. 글씨를 몰라 우등상을 타오면 그때마다 읽어달라 하시고는 나를 안아주시곤 했다.
　어머니의 가난과 무지는 선택이 아닌, 소위 말하는 '팔자소관八字所關'이었을 것이다. 일제 강점기에 태어나 파란만장한 삶을 영위했던 어머니 일생의 화두話頭는 바로 '가난과 배고픔으로부터의 해방'이 아니었나 싶다.

　임종을 며칠 앞둔 어느 날 미음을 쑤어 바쳤을 때, 어머니께서 하신 말씀이 귓가에 맴돈다.
　"나는 먹을 수 없지만 삼겹살 사다가 식구들 다 모여 맛있게 구워 먹어라!"
　그러고 보니 어머니는 자식들이 배불리 맛있게 먹는 모습을 보며 즐거워하던 때가 참 많았었다. 어쩌면 그런 장면들을 보면서 최고의 행복을 느끼셨는지도 모른다.

　어머니가 영면하신 지 20년이 되었다. 이 풍진 세상, 나름 열심히 헤쳐 나와 번듯한 집을 사고 자리를 잡던 해에 운명하셨다. 그때의 그 안타까움이란 말로 다할 수 없다. 선산에 가 뵌 지가 꽤나 오래다. '올해도 할미꽃이 피었겠지……'

까막눈의 무지無知임에도 보여주신 어머니의 삶의 흔적과 생활의 지혜는 지금의 내가 있기까지 많은 영향을 주셨다.

어머니가 무척이나 그리워지는 2021년 '어버이날'이다.

- 2021년 5월 8일 Gallery 秋藝廊에서

제2부
고향/어릴 적 이야기

01
55년 전 '생활기록부'

유년의 추억들은 참으로 소중하다. 더하여 책보를 둘러메고 산길을 헤쳐가며 다녔던 초등학교의 생활기록을 뒤늦게 본다는 건 정말이지 흥미로운 일이다.

아내와 함께 어머님을 뵈러 고향 산소에 가던 날, 면사무소 인근에 있는 '동량초등학교'를 방문했다. 55년 전, 초등학교 시절 나의 흔적을 찾고 싶어서이다. 너무 오래되어 반신반의하며 자초지종을 설명하고 발급의뢰를 청하니, 행정실 직원 曰,

"6학년 전학할 때 아마도 모든 서류가 함께 넘어갔을 수도 있어 남아있는지는 확인이 필요합니다. 저희가 찾아보고 연락드릴 테니 일 보고 다시 오십시오."

나는 고향에 있던 '하천초등학교'에 2학년에 전학해 5학년까지 4년을 다녔다. 후에 충주호가 생기며 그 학교는 역사 속으로 사라지고 말아 면 단위에 유일하게 남아있는 지금의 학교로 1992년에 통합되었다. 부디 자료가 있기를 고대하며 어머니 산소로 향했다. 청주에 사는 누나도 동행하며 어렵던 시절에 겪었던 사연을 주저리주저리 나누었는데 내용이 유별나다.

내가 두 살 때 문전옥답을 팔고 서울로 간 우리 가족은 궁핍한 생활로 고생했다. 아버지는 세상을 뜨셨고, 삶을 헤쳐나갈 대책이 없어서 우리 가족은 다시 고향으로 돌아왔다. 내가 8살 초등학교 1학년 때로 6년 만의 초라한 귀향이다.

1968년 2월 졸업앨범 사진
(1학년과 6학년을 다녔던 서울 천호초등학교 졸업앨범에서 캡처했음)

홀로 되신 어머니는 자식들을 굶기지 않으려고 남의 밭일을 다니며 조금씩 양식을 구해다 겨우 입에 풀칠하기 바빴다.

일을 마치고 다시 초등학교에 갔다. 마침내 소중한 나의 '생활기록부'를 찾았다기에 깜짝 놀랐다. 그런데, 2학년과 3학년에 대한 기록이 담임선생님 존함과 출석상황만 기록되고 성적은 누락되었고 사진도 없었다. 행정체계가 미흡했던 시절이라 당시 선생님이 본의 아니게 누락시켰을 거라는 행정실의 설명이다. 다행히 4학년과 5학년의 기록은 정확히 기재되어 있었다. 무려 55년 전의 기록을 손에 쥐다니 꿈만 같았다.

귀가하고 설레는 마음을 달래며 꼼꼼히 훑어보는데 만감이 교차했다. 내가 5학년을 마치고 다시 서울로 전학하게 된 근거자료이기에 내게는 소중한 기록들이다.

'가정환경' 난에 아버지의 죽음에 대한 기록이 '출생 후 고향의 토지를 매각, 서울서 상업경영 중 부✕ 사망으로 귀향'이라고 또렷이 적혀있다. 초라한 모습으로 운명하시던 아버지의 모습을 떠올리니 눈물이 났다.

'출석상황'을 보니 해마다 결석이 있었고 5학년 때는 '무단결석'이 많다고 쓰여 있다. 기억에는 없지만, 몸이 아파서 못 갔을 텐데 학교에 알리지 못했을 것이다. 그런데 '건강상태' 난에는 '몸집이 작으나 균형이 잡히고 건강함'이라는 평은 뜻밖이다.

'행동발달상황'엔 4학년과 5학년의 기록이 다소 상이하다. 4학년엔 '온순하고 착실하며 사리판단에 밝으나 약간 어린 편임', 5학년에는 '명랑 쾌활하여 학우 간에 신뢰는 받고 있으나 사리판단, 지도력은 다소 부족'이라고 쓰여 있다. 단 한 번도 반장을 해보지 못한 이유를 알게 되었다. '특별활동상황'의 기록에는 한마디로 나의 인생이 함축되어 있다.

 4학년 '서예반' - 흥미와 열의를 가지며 능력도 우수함.
 5학년 '주산반' - 매우 열의가 있으며 능력도 우수함.

돌이켜보니 서예학습으로 학교대표로 대회에 나갔었다. 선생님의 칭찬이 계기가 되어 훗날 서예에 매진하여 지금은 서예가로 활동하고 있으니 아이러니하다.

'주산'도 마찬가지다. 그때의 시작이 중학 시절 유단자가 되며 전국대회에도 출전했었고 결국 대기업 입사 때 그 자격증이 한몫했기에 한마디로 내 인생을 위한 나침판 역할을 톡톡히 한 셈이다.

제일 중요한 대목인 '교과학습 발달상황'을 보니 체육, 미술, 실과를 제외한 전 과목이 '수'로 표기되어 있다. 그런데, 체육은 4학년에 '수', 미술은 5학년에 역시 '수'다.

특기 및 지도사항에는 다음과 같이 되어 있다.

 4학년 - 사고추리력이 치밀하고 학습에 열의가 있어 각 교과 극히 우수함. 우등상 받음.
 5학년 - 두뇌 명석한 편으로 학습활동이 활발하여 각 교과에 우수함. 우등상 받음.

그러니까 나는 머리가 좋고 공부를 잘한다고 5학년을 마치고 서울로 가게 된 거다.

서울 변두리에 사시던 작은아버지는 '시향제'를 지내기 위해 한 번씩 고향에 내려오시곤 했는데, 그때마다 집안 어른들은 작은아버지께 다음과 같이 닦달했다고 한다.

"기수형가 지게 지고 농사짓는 것도 안타까운데, 기철이마저 그럴 순 없다. 애비 없이도 공부를 잘하는 놈이니 어떡하든 서울로 데려다 공부를 시켜야 한다!"

작은아버지 내외는 단칸방에서 네 자녀를 부양하며 어렵게 사셨다. 지나고 보니 내가 더부살이할 입장이 아니다. 아무튼, 그렇게 55년 전, 서울생활이 시작하게 되어 영문도 모른 채 작은아버지 손을 잡고 서울로 떠나던 날, 초가집 언저리 토담에 배웅 나와 눈물을 훔치시던 어머니의 모습을 생각하면 가슴이 미어진다.

당시 집안 형편을 고려하면 초등학교를 마치면 형의 뒤를 따라 농사꾼이 되었을 것이다. 돌이켜보니 그 시절 4년은 비록 가난했지만 그래도 어머니 곁에서 행복했다. 반면에 아버지의 부재는 어린 시절 성격 형성에 보이지 않게 많은 작용을 했음을 알 수 있는데 생활기록부 '종합평가란'에 이렇게 적혀있다.

'작은 체격에 두뇌가 명석하나 사회성이 부족하여 정신 박약한 편임'이라는 평은 나를 많이 슬프게 한다. 정신박약이라 함은 어떤 지적 장애나 저능아에 가까울 때 쓰는 말일진대 어떻게 그런 표현을 했을까? 아마도 아버지의 부재로 기운이 없고 풀이 죽은 의기소침한 모습을 그렇게 비유적으로 표현하지 않았나 싶다. 어쨌든 '사회성 부족'과 '정신박약'이라는 글귀는 찜찜하다.

55년이 지나도 초등학교 4년간의 생활기록부가 남아있다는 사실은 진귀하다. 공부는 잘했었다는 추상적인 믿음만 지니고 있었는데, 기록으로 존재하니 다행이라는 생각이 든다. 무엇보다도 나의 서예 역사의 시작이 초등학교 4학년에 비롯됐음이 밝혀졌음은 더할 나위 없이 기쁘다.

첫 개인전 도록을 만들면서 '작가의 말'에 표현했던 '서예의 시작' 이야기나 자서전에 기록했던 유년 시절의 기록들이 모두 일맥상통함이 확인되었다.

1년 전, 자서전 초고를 기록하던 때다. 한창 감수성에 예민했던 유년시절의 기억들은 갖가지 가슴 아픈 사연들로 가득해 그 4년의 기록을 정리하며 복받쳤던 설움을 생각하니 공연히 눈물이 난다.

하지만 모처럼 어머님 산소를 다녀오고 귀한 자료를 구했으니 보람이 넘치는 하루였다. 오늘따라 쪽빛 하늘이 유난이 청명해 보인다.

- 2021년 10월 23일 Gallery 秋藝廊에서

02
개구리에게 용서를 구함

경칩驚蟄이 코앞이다. 월동을 위하여 겨울잠을 자던 개구리가 기지개를 펴고 개울 밖으로 나올 때가 되었다.

개울에서 개구리알이 보이면 며칠이 지나 올챙이가 생긴다. 재미 삼아 손바닥에 올려놓고 보노라면 햇살에 등이 따습다는 느낌이 든다. 차츰 뒷다리도 나오는 올챙이를 보고는 개구리가 된다는 자연학습 일기도 썼다.

봄이 오면 산골 소녀들은 언니들이랑 들에 나가 달래나 냉이를 캤고 나는 동네 형을 따라서 연을 날리는 재미에 배고픈 줄도 몰랐다.

그때 우리 초등학교에서 가까운 마을 회관 뒷집에 사는 젊은 부인은 목에 두터운 수건을 감고 다녔는데 '연주창'이라는 만성 종기를 앓는다는 말을 들었다. 그 병을 나으려고 산 청개구리를 잡아 불에 구워 가루로 빻아서 얼굴과 목에 발랐던 모습이 지금도 생생하다.

청정자연에서만 서식하는 개구리는 종류도 다양하다. 단백질 함량이 풍부하다는 이유로 즙이나 엑기스를 내어 판매하기도 한다. 약재로 열창이나 빈혈, 부종 및 복창에도 효능이 있다고 동의보감에 기록되어 있다지만 주로 식용으로 잡아먹었다.

우리 마을 저지대엔 '옥녀봉' 자락 안골에서 발원되어 사방으로 동네를 관통하는 제법 큰 개울이 있다. 골짜기마다 작은 도랑이 많아 합류된 물은 남한강 실개천으로 유입되었는데 도랑마다 많은 식용 개구리들이 서식했다.

겨울엔 마을마다 애 어른 할 것 없이 개구리 잡기에 부산을 떨었다. 산골에서 딱히 생선이나 고기를 접할 기회가 없으니 개구리가 그만큼 영양재료였다. 그렇게 잡은 개구리에 무를 듬성듬성 썰어 놓고 고추장을 풀어 끓이면 둘이 먹다 둘 다 죽어도 모를 매운탕이다. 비위가 약했던 나는 먹는 즐거움보다는 개구리 잡는 재미에 휩싸여 어울렸다.

물속에 잠긴 바위 밑에 지렛대를 넣고 들썩이면 잠자던 개구리가 놀라서 물 밖으로 뛰쳐나온다. 뛰쳐나왔다가 이마에 닿는 강추위와 사람들의 함성에 놀라 허둥거리면서 물갈퀴를 휘젓는 개구리를 낚아채면 그만이었다.

빈약한 수놈 개구리보다는 몸속에 알이 꽉 차 있는 덩치가 큰 암캐구리가 인기다. 알은 물론이고 살집이 좋아서 먹을 게 많기 때문이다. 그러나 암캐구리를 잡아먹은 것은 한 마리만도 수백 마리의 새 생명을 앗아간 셈이다.

여름날은 하굣길에 남한강 자락에서 멱을 감았다.
우리는 자연스레 개구리헤엄을 쳤다. 지금 돌이켜보니 양팔을 휘저으며 두 발을 쭉쭉 뻗던 내 모습이 바위틈에서 놀라 뛰쳐나온 개구리가 살 길을 찾기 위해 갈퀴를 휘저으며 몸부림치던 모습과 흡사하단 생각이 든다.
손에 잡힌 개구리가 튀어나온 큰 눈으로 두리번거리는 모습이 오버랩으로 펼쳐지는데 뒤늦게 죄를 지었다는 자책에 등 뒤로 소름이 돋는다.

개구리는 생태학적 도표에 따라 하위계층으로 분리한다. 알에서 부화되어 올챙이가 된다 해도 봄 가뭄에 대부분 죽는다. 설령 살아난다 해도 뱀이나 기타 상위 포식자들로부터 먹이가 되는 나약한 존재다. 그렇게 버티고 버텨 생명을 부지하고 겨울잠을 자고 나서 새봄에 대를 이으려는 본능마저 인간들의 손에 의해 소멸 위기에 처하곤 했으니 변명할 말이 없다.
양서류 번식지인 계곡이나 논이 갈수록 사라지고 들에 농약이 뿌려지며 개구리의 개체 수는 급격히 줄어들고 있다. 마치 그 많던 메뚜기가 사라지듯이 언제 우리 곁을 떠날지 모르겠다.

'정중지와 井中之蛙 부지대해 不知大海'라고, '우물 속에 사는 개구리는 바다를 말해도 알지 못한다'는 말이 있다. 내가 개구리를 잡아먹은 수만큼 자연생태계를 파괴했으니 어린 시절 철부지 내 꼴이 우물 안 개구리의 삶이었을까?

　아무리 먹을 것이 귀했던 시절이었다고 한들 그토록 많은 개구리와 메뚜기를 잡다가 불에 구워 먹었다는 사실이 송구할 따름이다.

　인간이 저지른 자연파괴와 생태교란으로 지구온난화가 가중되어 코로나 바이러스 펜데믹 시대가 오고 말았는가? 인간이 마실 수 있는 물을 증명이나 하듯 작은 개울에서도 자유롭게 사는 개구리들인데 이제 어쩔 것인가? 개구리들이여! 사리사욕에 눈이 먼 인간들이 뉘우치고 깨우칠 때까지 부디 용서해주기 바란다.

　반드시 지켜야 할 실천이지만 나부터 각성하여 봄햇살에 꽃봉오리를 내미는 들꽃에게도 따뜻한 마음을 드려야겠다.

- 2021년 2월 Gallery 秋藝廊에서

03
눈물의 수제비

1965년 내가 초등학교 4학년 때의 일이다.

그해 여름 7월은 유난히도 더웠다. 학교를 마치자마자 쏜살같이 집에 돌아온 나는 평소처럼 가마솥 뚜껑을 열고 허기진 배를 채울 밥을 찾았다. 어머니와 형들은 이미 한참 전에 식사를 마치고 밭 메러 들로 나갔을 시간이다.

그런데 이게 웬일인가. 아무것도 없었다. 어느 때 같으면 보리밥이 한 공기 있거나 찐 감자가 있어야 할 자리에 아무것도 없는 것이었다.

사방을 두리번거리다 보니 뒤편 선반에 여기저기 구멍이 뚫린 허름한 소쿠리가 엎어져 있었는데 소쿠리를 들어보니 온기가 가시지 않은 수제비 한 그릇이 놓여 있었다. 여러 마리의 파리가 줄행랑쳤다. 자세히 보니 몇 마리는 수제비에 빠져 있기도 했다. 순간 많이 당황했다.

'이걸 먹어! 말아!'

잠시 고민에 빠졌다. 도시락을 못 싸갔으니 배는 등짝에 붙기 직전이다.

'에라! 모르겠다.'

허기진 나머지 국물에 빠진 몇 마리의 파리를 건져내고는 허겁지겁 몇 숟갈 뜨고 있었다. 그런데 순간 재래식 화장실 항아리 속이 머리를 스쳤다. 여름이면 그 속에서 어김없이 맴돌던 파리가 생각났다. 갑자기 헛구역질이 나며 나의 손동작은 멈춰진다.

도저히 먹는 걸 이어갈 수가 없었다. 어머니는 밭에서 돌아오면 늘 내게 묻곤 했다.

"점심 잘 챙겨 먹었니?"

나는 이대로 둘 수 없어 수제비 그릇을 들고 개울가로 달려갔다. 그리고는 미련 없이 흐르는 물에 내던졌다.

안 먹은 걸 어머니께 말하면 속상해하실 걸 뻔히 알기에 내가 택한 죄선의 방법이었다. 그리고는 흐르는 물을 벌컥벌컥 한없이 들이켰다. 나의 배는 물배로 가득 채워졌다. 그리고는 먼 산을 바라보았다. 파리가 제거된 수제비와 어머니의 얼굴이 교차되며 눈에 아른거린다. 나도 모르게 눈물이 주르륵 흘러내렸다. 입까지 흘러내린 눈물이 소금간을 한 듯 짭짜름하다.

그 시절 수제비나 칼국수는 식사대용으로 자주 해먹는 주식이나 다름없었다. 보리밥도 배불리 먹지 못했던 시절이니 오죽했으랴.

나는 끼니 준비를 위해 곡식을 넣어둔 '광'으로 향하는 어머니를 따라 자주 들어가 보곤 했었다. 어머니는 보리쌀이 들어있는 항아리 뚜껑을 열고는 항상 손을 넣어 휘휘 저으며 남은 양을 확인하곤 했는데 그럴 때마다 긴 한숨소리가 동반했다.

바닥이 곧 보일 듯 얼마 남지 않은 식량이 어머니를 힘들게 한다는 사실을 알았다. 한참을 망설이던 어머니는 이내 밀가루가 담긴 항아리로 방향을 틀게 된다. 그날 저녁은 예외 없이 칼국수나 수제비를 먹는 날이다.

그 시절의 밀가루 음식은 하얗지가 않았다. 가루양을 늘리기 위해 곱게 방아를 찧지 않아서 그렇다. 요즈음 건강을 위해 즐겨 찾는 현미玄米를 만드는 원리이니 이름하여 현분玄粉인 셈인데, 지금으로 치자면 그야말로 웰빙 식량인 것이다.

산업화를 거치며 모든 게 풍족한 세상으로 변했다. 그 옛날 그마저도 배불리 먹지 못했던 보리밥이나 수제비는 이제 별미로 즐기는 음식이 되었다. 시골 출신이라면 누구라도 그 시절 즐겨 먹던 음식에 대한 향수가 있게 마련이다.

오래전 대전지방에 잠시 근무하던 시절이었다. 외곽에 있는 시골마을에 보리밥 전문집이 있었는데 쌀 한 톨 들어있지 않은 꽁보리밥에 햇열무를 썰어 넣고 시골 된장찌개와 함께 비벼 먹는 그 맛은 천하일미였다. 일주일이면 한두 번씩 찾곤 했다.

나는 이상하리만큼 어릴 적 먹던 고향 음식에 대한 호불호가 극명하게 갈린다. 보리밥도 좋아하지만 풋고추나 가지를 밥 위에 쪄서 갖은 양념과 함께 무친 반찬들을 아주 좋아한다. 나름 손맛이 좋은 아내를 만나 그 옛날 맛을 내주니 고맙기 그지없다. 지금도 꽈리고추를 찌기 위해 밀가루를 바르는 아내의 모습을 보노라면 흐뭇한 미소가 절로 지어지곤 한다. 칼국수도 그런대로 좋아하는 편이다.

그와 반대로 수제비는 거의 찾지 않는다. 김치도 그렇다. 내 어릴 적 우리 고향에서는 김치를 '짠지'라고 호칭했다. 아마도 양념이라고는 오로지 소금과 고춧가루가 전부였으니 '짠지'라고 했는지 모르겠다. 그 짠지가 주 반찬이었던 시절 주야장창 먹었던 추억 때문인지 몰라도 지금도 김치에는 별로 손이 가지 않는다.

수제비는 단순하고 소박하면서도 정감이 가는 음식이기에 많은 이들이 즐겨 찾는 먹거리 중의 하나이다. 내가 그런 수제비를 가까이하지 않는 데는 어쩌면 내 어릴 적 아픈 기억 때문일 것이다.

오래전 내가 먹넌 수제비를 버리며 눈물짓던 시절은 너나없이 어렵게 살던 시절이었다. 오전 내내 뙤약볕에서 일을 하고 돌아와서 가무스레한 색깔이 나는 수제비 한 그릇으로 겨우 허기진 배를 달래고는 또다시 밭으로 나가시던 어머니와 가족이었다.

막내아들이 곧 학교에서 돌아올 테니 쉽게 찾아서 먹으라고 구멍이 숭숭 뚫린 허름한 소쿠리를 덮어 선반에 놓아둔 것이 파리들의 먹잇감이 될 줄은 어머니도 미처 생각을 못했을 것이다. 비록 먹던 수제비는 냇가에 흘려 버렸지만 어머니의 따뜻한 사랑은 내 마음속에 오롯이 남아있다.

04
'등잔불'과 '샹들리에'

나는 등잔불과 더불어 어린 시절을 보냈다. 석유등잔을 보면 옛날의 추억들이 그리움과 함께 물안개처럼 피어오른다.

내가 살던 고향마을은 첩첩산중 오지로 그야말로 원시시대를 닮은 삶이었다. 산골마을에 해가 지고 어둠이 깔리면 하얀색 사기등잔에 석유를 붓고 나서 잠시 불을 밝히고는 못다 한 일을 처리하곤 했었다.

하루 종일 밭일을 하신 어머니는 그 희미한 등잔불 아래서 헤진 옷이나 이불을 꿰매곤 하셨는데, 눈이 침침해진 탓에 바늘귀에 실을 꿰는 담당은 나였다. 어쩌다 밤늦게 숙제를 하거나 책이라도 읽을라치면 예외 없이 한마디하시고는 자리에 누우셨다.

"피곤할 텐데 조금만 공부하구 일찍 불 끄고 자거라."

돌이켜보니 석유를 아끼려는 조바심이 깔려 있던 게 분명하다.

그 시절 석유를 보관하는 용기는 어느 집을 막론하고 한 되짜리 소주병이다. 마지막 잔량을 등잔에 붓고 나면 학교 옆 구멍가게에서 사오곤 했는데, 어느 날인가 농사일에 바쁜 가족들이 편도 4km나 되는 먼 길을 다녀오기에는 너무도 벅찼기에 등굣길에 석유병을 내 손에 쥐어주며 사오라고 했다. 더하여 절대로 깨뜨리면 안 된다고 신신당부도 했다. 사실 어린 나에게 무모하게도 심부름을 시킨 것이다.

책보자기를 어깨에 둘러메고는 제법 무게가 나가는 석유 한 됫병을 가슴에 안고 집으로 돌아오다가 결국 꼬부랑길 오르막 장벽을 넘지 못하고 떨어뜨렸다. 병은 산산조각으로 부서지고 귀한 석유는 땅속으로 스며드는데 놀라움과 충격에 갑자기 앞이 캄캄해서 한동안 자리에서 움직이지 못했다. 마냥 혼날 거라고 걱정하면서도 겨우 정신을 차리고 집으로 돌아왔더니 그 어떤 꾸지람도 없었고, 그날 이후로 석유 사오는 심부름은 하지 않게 되었다.

우리는 주로 등잔불을 사용했지만 환하게 비쳐지는 호롱불을 사용하는 집도 더러는 있었다. 그러나 집안에 대소사를 치루는 경우에만 한 번씩 사용할 뿐 다들 등잔불을 선호했는데 다름 아닌 호롱불이 기름을 많이 잡아먹는다는 이유에서다. 아무튼 석유는 어느 집을 막론하고 귀하게 다루며 아끼는 보석 같은 존재였다.

한밤중에 횃불을 들고 도랑에 가재 잡으러 가는 동네 형들을 따라다닌 적이 있다. 횃불은 썩은 소나무 뿌리에서 생성되는 관솔이 이용되는데, 기름기松津를 머금어서 불을 붙이면 오래도록 타기에 가재잡이에 안성맞춤이다. 밝은 횃불 아래로 엉금엉금 기어 나오던 가재를 잡던 기억이 아련하다. 호롱불을 대신해 관솔을 사용했던 선조들의 지혜를 이어받은 형들의 전통 지킴은 새삼 존경스럽기까지 했다.

아무튼 고향마을에는 전기가 1985년에 들어왔으니 아주 늦은 편이다. 1982년에 결혼한 내가 서른 살이 넘었을 때고, 그나마도 충주호가 생기며 산자락으로 도로가 개설되면서 띄엄띄엄 전봇대가 세워진 덕분이다.

1983년 봄, 회사업무로 동행할 수 없었던 집안 행사에 아내 홀로 다녀온 적이 있었다. 아랫마을 버스 종점에 마중을 나온 형님의 손에 호롱불이 들려 있었다고 한다.

돌부리에 차여가며 겨우 도착한 시골집에도 예외 없이 등잔불이 켜져 있었는데 나름, 제주 시내 중심부에 살며 어린 시절을 보냈던 아내로서는 모든 게 생소하고 낯설었는지 오지체험을 제대로 경험하고 돌아온 아내가 한마디했다.

"당신이 산골 출신이란 걸 알지만 그토록 시골인 줄 몰랐어요. 상상을 초월했어요."

어떤 집안 어른은 아내에게 이런 말도 했다고 한다.

"내가 군대 갈 때 제주도에서 훈련받았시유. 혹시 조카댁도 해녀 출신 아니유?"

얼마나 황당했을까?

지금도 아내는 한 번씩 그 말을 되뇌곤 한다.

세월이 흘러 실내조명도 달라졌다. 화려한 조명을 뿜내는 '샹들리에'는 한때 부의 상징이기도 했다. 그래서 첫 집을 장만할 때도 호기를 부려가며 거실에 설치했었는데, 그 샹들리에 불빛을 바라볼 때마다 등잔불이 오버랩되던 기억이 새롭다. 근간에 와서는 그마저도 일반 가정에서 사라진 지 오래다. 화려한 장식과 조명은 좋지만 청소 등의 관리가 어렵기 때문이다. 지금은 LED가 대세다. 세상은 이렇게 시시각각 변화 속에 살고 있다.

가가호호家家戶戶 등잔불을 밝히던 고향마을 주변은 대부분 '충주호'에 잠겼다. 연간 33억 8천만 톤의 용수가 공급되는데 소양강 댐에 이어 2위라고 한다.

무엇보다도 연 8억 4천만 kwh의 전력이 생산되어 공급된다고 한다. 이 수치는 서울을 기준으로 30여 만의 가구가 1년치 소비하는 전력량이니 어마어마하다.

비약해보면 시골집 언저리에 살던 등잔불 세대의 고향을 등진 희생으로 더더욱 많은 국민들이 문명의 이기利器를 누리는 기회가 되지 않았나 하는 생각이 미치기도 한다.

사실상 우리나라의 전기 보급률은 100%다. 전봇대가 없는 산골 오지마을에서도 태양광을 설치하면 밤에도 대낮 같은 불빛을 누릴 수 있으니 그야말로 비약적인 발전이 아닐 수 없다. 석유 한 방울 생산되지 않는 나라임에도 세계 10대 경제대국으로 우뚝 섰으니 뿌듯하다. 하얀 사기등잔이나 유리호롱은 이제 추억의 소품이 되었고, 나와 같은 등잔불 세대도 머지않아서 역사 속으로 사라질 것이다.

한때, 등잔불을 거울 삼아 공부하며 각고의 노력 끝에 크게 성공한 인물들이 가끔씩 회자되곤 했었다. 전기가 들어오지 않는 산골오지 출신임에도 훌륭한 인물로 성장한 사람을 지칭하는 표현으로, 열악한 환경에서도 각고의 노력 끝에 일구어낸 흙수저, 등잔불 세대의 성공담은 늘 내게 감동으로 다가왔다.

안타깝게도 나는 그러질 못했다. '등하불명燈下不明, 즉 등잔 밑이 어둡다'는 속담에 건주어 내 지나온 인생을 돌이켜보니 결국, 나는 등잔 밑을 헤매다 여기까지 왔다는 생각에 자책하곤 한다. 더 열심히 살 수 있었는데……

50여 년이라는 세월을 뛰어넘어 그 시절 등잔불을 회상하려니 가슴이 시려온다. 어머니는 자주 심지를 다독거리며 불의 크기 조절을 하시곤 했는데 단 한 번도 환하게 불을 밝히신 적이 없었다. 불편을 감수하면서 석유를 아끼신 것이다. 등잔불 그을음으로 검게 물들었던 시골집 천정 모습이 무척이나 생각나는 오늘이다.

- 2021년 10월 16일 Gallery 秋藝廊에서

05
'멜개재'와 구절양장(九折羊腸)

'멜개재'는 내가 태어난 고향마을에 있는 고개 이름이다. 마을 사람들은 그 고개를 넘어야 세상과 소통이 가능했다. 그런데, 오래전 충주호가 생기며 호수 주변 능선 허리에 번듯한 도로가 생겨서 지금은 그 고개를 넘을 일도 없을 뿐더러 세월이 흐르는 동안 옛길은 흔적만 남았다.

'멜개재'는 내 어릴 적 '옥녀봉'이라 불리던 '면위산婦山, 780m 줄기 서쪽 끝자락인데 마을에서 20분 남짓이면 오를 수 있는, 그다지 높지 않은 고개였다. 나는 이 고개를 9살 때 처음으로 넘었다. 내가 두 살 되던 해에 타향살이를 감행하신 아버지는 서울 변두리를 떠돌며 이것저것 사업에 도전했지만 여의치 못했고 내가 초등학교 8살 되던 해 5·16 군사혁명으로 감행한 화폐개혁의 여파를 견디지 못하고 병을 얻어 시름시름 앓다가 세상을 등지고 말았다. 그해 초겨울, 대책 없던 우리 가족은 어머니를 필두로 다시 고향으로 돌아왔다. 당시 겨울이면 행해지는 산판山坂, 즉 벌목사업을 위해 임시로 닦아 놓은 차도를 이용해 GMC트럭을 타고 고향마을로 들어왔으니 그 고개를 넘을 일이 없었다. 그래서 다시 전학한 2학년 첫 등굣길이 이 '멜개재' 고개를 넘은 첫 추억인 셈이다. 그때의 기억 속에 생생하게 남은 장면은 잊을 수가 없다.

 내 고향 '금잠'이라는 동네는 온 사방이 산으로 감고 있는 오지로 하늘만 빼곡히 보이는 산골마을이다. 이사 후 몇 달을 하늘만 쳐다보며 지내다 3월 초 신학기가 되어 전학 후 처음으로 등교하는 날이었다. '멜개재'에 오르니 수백 년 수령을 자랑하는 노송老松이 장엄한 모습으로 반기고 있었다. 돌이켜보니 그 모습은 추사秋史가 그린 세한도歲寒圖에 표현된 소나무와 흡사했다. 멀리 남한강 실개천이 보이고 그 너머로 미루나무 몇 그루와 집들이 보이는데 한 폭의 수채화였다. 더 멀리 기암절벽을 품은 아담한 봉우리가 어슴푸레 눈에 박혔다. 토정 이지함이 움막을 짓고 토정비결을 저술했다는 풍류소風流沼라는 곳이다.

 잠시 숨을 고르고 산허리를 돌아 내려가니 꼬부랑길이 펼쳐진다. 경사가 심한 내리막이라고 이름하여 구절양장九折羊腸이다. 우리는 그 구간을 충청도 사투리로 '꼬불탱이'라 불렀다.

 꼬부랑길 끝에 '국실'이라는 마을이 나오고 한참을 걸어가면 실개천에 다다르게 된다. 평지를 만나는 셈이다. 5학년을 마치고 서울 변두리로 전학을 했으니 나는 이 길을 따라 꼬박 4년간 등교를 했다. 하굣길은 역순으로 '꼬불탱이' 능선을 지나고 '멜개재'에 올라야만이 '휴-' 하고 거친 한숨을 내쉬며 이젠 거의 다 왔다는 안도감에 겉으로 드러난 노송 뿌리에 앉아 잠시 쉬다가 '멜개재' 아래 멀리 보이는 우리 집 초가지붕을 바라보면서 힘을 얻고 귀가를 서두르곤 했다.

아무튼 '멜개재'는 마을과 세상을 연결해주는 유일한 탈출구였다. 그 고개를 넘어야만이 더 넓은 세상이 펼쳐지기 때문이다. 마을로 시집오던 새색시가 꽃가마 타고 울면서 넘기도 했으며, 집도 절도 없는 나그네가 목구멍에 풀칠이라도 해보고자 화전밭이라도 일구기 위해 지게에 괴나리봇짐을 싣고 넘던 고개이기도 했다. 펜팔을 하던 동네 형이 상대 아가씨를 만나러 간다며 싱글벙글 웃으며 넘던 모습은 아직도 눈에 선하다.

내가 초등학교 다닐 때는 너나 할 것 없이 검정고무신을 신었다. 겨울에도 예외는 아니어서 눈이라도 쌓이면 난감하기 일쑤다. 고무신과 발이 일체가 되기 위해 새끼줄로 동여매야 했다. 십리길을 넘다 보니 그 새끼줄도 여벌로 몇 개씩 더 준비하는 게 필수다. 걷다 보면 느슨해지는 새끼줄을 다시 동여매는 장소도 '멜개재'였다.

4학년 어느 날이었다. 꽃가마 타고 시집을 왔던 도랑 건너 사는 새색시가 남편과 함께 '멜개재'를 오르고 있었다. 등굣길에 마주했으니 이른 아침 시간이다. 무슨 일이 있는지 고개를 푹 숙이고 말없이 걷는데 분위기가 심상치 않았다. '멜개재'를 올라선 부부는 잠시 머뭇하더니 서로를 마주 보는데 새색시의 눈엔 빗방울 같은 눈물이 맺힌다. 이내 남자의 눈가에도 이슬이 맺혔다. 알고 보니 군 복무를 위해 떠나는 길이었다. 한글도 깨우치지 못한 무학의 농사꾼임에도 소집영장을 받아 3년이라는 긴 군대생활을 위해 떠나는 남편을 배웅하는 자리였다. 새색시는 남편의 뒷모습이 사라진 뒤에도 그 '멜개재' 노송 아래서 한참이나 울먹이고 서 있는 것이었다. 호기심이 많은 나는 눈치 없게도 먼발치에서 그 모습을 끝까지 지켜보았으니 참으로 철이 없었던 것 같다. 새색시는 그렇게 남편을 보낸 후 홀시아버지를 모시고 3년이라는 긴 세월을 '멜개재'의 노송처럼 독야청청 獨也靑靑 했을 것이다.

그로부터 55년이 흘렀다. 고향을 떠난 지 오래되었지만 그 '멜개재' 선산에 어머니 산소가 있어 벌초나 시향제를 위해 일 년에 한두 번 고향을 찾는다. 그 새색시는 지금도 고향마을을 지키며 살고 있다. 어머니 산소 옆 밭에서 사과농사를 짓는데 벌초 시기가 사과 수확하는 철이라 가끔 만나게 된다.

70대 중반이라 그 곱디곱던 새색시의 모습은 온데간데 없다. 나도 늙었다. 내년 벌초에 가서 마주치면 '멜개재' 사연을 툭 던져볼 생각이다. 어떤 반응을 보일지 궁금하다. 그 '멜개재' 아래로 펼쳐진 구절양장 九折羊腸 '꼬불탱이' 내리막길도 꼭 찾아봐야겠다.

- 2020년 12월 25일 Gallery 秋藝廊에서

06.
복분자(覆盆子) 이야기

    유년 시절에 까맣게 익어가는 딸기를 만져보며 당황해하던 경험을 간직하고 있다. 내 고향마을에는 산딸기가 많았다. 또래 친구들은 입가가 붉게 물들도록 서로 경쟁하듯 따먹었다. 새콤달콤한 산딸기 맛은 일품이다. 지천에 널린 게 복숭아가 익기 전까지 즐겨 먹던 간식이었다.

    해마다 6월이 되면 집 가까운 도랑에 이상한 딸기가 열리곤 했다. 우선 색이 달랐다. 초록색을 띤 열매로 익어서 빨갛게 변한 다음 다시 검정색에 가까운 진보라색으로 무르익는데 별종인가 싶어 의아했다.

    판단하기를, 모양은 딸기이지만 독이 들어있어 검정색으로 변하는 독성딸기라는 결론을 내렸다. 무엇보다도 그 주변을 가면 냄새가 지독한 풀이 무성하게 돋아나곤 했는데 그 냄새도 독이 든 딸기나무에서 풍기는 것 같았다.

  같은 생각을 했는지 몰라도 어느 누구도 그 딸기에 손을 대지 않았다. 그래서 초여름 한철 무성하게 열리고 저절로 무르익다가 곤충의 먹이로 시들면서 떨어지곤 했다.

  나중에 우연히 TV를 보다가 복분자覆盆子인 줄 알게 되었다. 화면에 비쳐진 딸기는 어릴 적 해마다 눈여겨보던 바로 그 딸기였다.
  '뒤집힐 복覆', '동이 분盆'이라는 뜻으로, 복분자는 신장의 기능을 강화하여 강장효과가 있으며 눈을 밝게 하는 효능이 있고, 자주 소변을 보는 병인 빈뇨증을 낫게 해주는 것은 물론이고 배뇨 증강에도 효력이 넘쳐 방 안에 두었던 요강을 엎어놓거나 깨기도 한다는 속설이 전해지고 있다.
  소위 말해 정력에 좋다는 얘긴데 나는 독이 든 딸기로 속단을 하고 팽개쳐버린 경우다. 그때 알았더라면 요강을 깨고 말았을 것을, 많이 아쉽다는 생각에 웃음이 절로 나왔다.

  1980년대 들어서서 에로영화가 유행하던 때 '애마부인'과 더불어 '산딸기'라는 시리즈가 나왔다. 제목을 왜 '산딸기'라 했을까? 묘한 상상을 했었는데 이유가 있었다.
  산딸기의 꽃말은 애정, 질투라고 한다. 복분자도 산딸기의 일종이니 꽃말도 같겠지만 성분 차이가 있으므로 애정을 빼고 질투라고 전하는 이도 있다. 그런 점에서 향토성이 짙은 구애장면과 질투가 난무하는 원두막에서 벌어지는 애정행각은 산딸기가 주는 암시로 수긍이 간다.

직장생활 동료로 나와 가까운 시골 출신의 또래가 있었다. 젊은 시절 직장예비군 훈련도 함께했었고, 2000년대에는 같은 부서에 근무하다 보니 친하게 되었다. 왜소한 체구임에도 지칠 줄 모르는 체력을 지니고 있어 그 비결이 뭐냐고 물으면 대답이 한결같았다.
"소싯적 산을 타고 다니며 산딸기를 많이 따먹은 덕분이다."
나는 맞받아치며 나도 4년간이나 산길을 따라 등하교하며 산딸기를 따먹었다고 응대하니까 "겨우 4년이냐! 난 20년 넘게 그러고 다녔다"고 으쓱하던 모습이 떠오른다.
사실은 나도 기초체력만큼은 누구와 겨뤄도 자신 있던 시절이었지만 티를 내지 않고 빙그레 웃어넘겼다.

아무튼 몇 해 전이다. 고향친구 모임을 위해 수안보 온천에서 1박을 하게 되었다. 고향을 지키던 민장 출신 친구가 가까운 곳에 땅을 마련했는데 바로 옆에 복분자 농장이 있다기에 귀가 솔깃했다. 아내와 나는 기대에 부풀어 동행했다.
수천 평이나 되는 밭에 복분자 나무가 가득했고 열매도 풍성하게 달렸다. 자연산만 보다가 일목요연하게 간격을 두고 재배하는 모습이 경이롭기까지 했다. 한 상자를 사서 집에 도착해 정성껏 씻어 술을 담갔다. 이름하여 복분자주覆盆子酒다.
담그는 내내 가슴이 설렜다. 마음속으로는 벌써 요강을 수없이 깨뜨리고 있었다.

복분자주는 스테미너 대표격인 장어와 궁합이 잘 맞는다. 장어와 복분자주는 각기 따로 먹어도 부족함이 없지만 함께 먹으면 비타민 A의 작용이 더욱 활발해져 생식작용에 탁월한 효과가 있다고 전해지는 인기 메뉴다. 그래서 고창 선운사에 가면 풍천장어와 복분자주를 반드시 시식하곤 했다.

복분자주를 술잔에 따를 때마다 어릴 적 도랑에 무리지어 열리던 검정색 딸기의 모습이 그려진다. 독이 든 흉물로 간주하고 외면했던 기억이 떠오르면 아쉬운 마음이 흘러넘친다.

복분자주를 담가놓은 지도 벌써 몇 년이 흘렀다. 이번 주말엔 개봉을 해야겠다. 나이 탓에 요강은 깰 수 없을 것이고 오줌 줄기라도 우렁차게 뿜어내보고 싶은 심정이다. 사실은 변기도 바꿀 겸 깨뜨리고 싶은 마음이 더 간절하다.

- 2021년 5월 19일 Gaiiery 秋藝廊에서

07
'섶다리' 추억

내 어릴 적 고향인 개천안開天安은 열두 마을을 휘감고 흐르던 남한강의 지류로 실개천이 있었다. 실개천은 지역주민들에게 없어서는 안 될 요긴한 젖줄이기도 하지만, 사계절 내내 아름다운 풍광을 제공해주는 한 폭의 그림이기도 했다.

여름이면 하굣길에 멱도 감고 때로는 올갱이다슬기를 잡아다 삶아서 온 가족이 도란도란 둘러앉아 까먹기도 했다. 그 올갱이를 삶은 걸쭉한 국물에는 아욱이라는 채소를 넣고 된장과 고추장을 풀어 국을 끓이는데 오늘날 '올갱이 해장국'의 원조가 아닌가 싶다.

내가 살던 금잠金岑 마을은 동남쪽 산자락에 펼쳐 있어서 학교에 다니면서도 그 실개천을 스쳐 지날 뿐 직접 건너다닐 기회가 별로 없었다.

그러나 이웃마을은 상황이 다르다. 반드시 그 실개천을 건너야만 했고, 어떤 곳은 지름길이 되기도 했기 때문이다. 제법 큰 마을이었던 아랫마을 '조골'이라는 곳은 두 곳을 건너야 했고, '미라실'은 세 번을 건너야만 한다. 제법 먼 '사방싯결' 마을은 무려 네 곳의 실개천을 건너야 하는 오지라서 고충이 이만저만이 아니었을 것이다.

이웃마을 '미라실' 섶다리(1960년대)

이웃 친구들은 등하교 때마다 책보자기를 허리나 목에 감싸고는 바지춤을 추켜올리고 얕은 개울물을 첨벙첨벙 건너곤 했다. 혹여나 신발이라도 떠내려갈까 싶어 양손에 고무신 한 짝씩 들고 물속을 건너던 모습이 50년이 넘어도 정겹게 다가온다.

장마가 끝나고 추석이 지나면 마을 사람들이 뜻을 모아 실개천에 '섶다리'를 놓는다. 마을 장정들은 날을 잡아 Y자 지주목과 솔잎이 가득한 잔가지, 그리고 잔디를 퍼와 겨우내 편하게 건너다닐 임시교량을 설치하는 것이다. 설계도면 하나 없이 진행되는 이 작업은 그야말로 경험과 감각만으로 이루어진다. 내 가족과 이웃, 무엇보다도 자식들이 학교 가는 길에 요긴하게 사용될 터이니 정성을 다하는 표정들이 역력하다.

그래서인지 어르신 한 분이 막걸리에 취해 건너다 떨어졌다는 얘기는 들었어도 부실공사로 다리가 무너졌다는 얘기는 들어본 적이 없다. 그러나 이듬해 장마에 물이 불어나면 이 '섶다리'도 급류에 휩쓸려 흔적 없이 사라지고 만다. 때로는 이른 봄에 겨우내 얼었던 얼음이 녹아 흐르다 지주목을 들이받으며 무너지는 경우도 종종 있곤 했다. 그때마다 친구들은 산허리를 돌고 돌아 생성된 먼 길을 따라 이동해야만 한다. 결석하면 안 되니까.

'동량면'이나 충주 시내라도 나가려면 또 하나의 실개천을 건너야 한다. '북챙이 나루'라는 곳인데 바로 '탄동'이나 '음양지'라는 마을에 사는 친구들이 학교에 오려면 건너야 하는 길목이다. 또한, '충주시'와 연결되는 시내버스가 종점인 학교 앞이나 '조골' 마을까지 오려면 반드시 건너야 하는 요충지 역할을 하는 곳이기도 하다. 따라서 지역주민들이 세상과 소통하는 관문이다.

가뭄이 들거나 겨울철 물이 별로 없을 땐 버스도 이곳을 통과하게 되지만 비라도 제법 내려 물이 범람하면 사람들은 배를 타고 강을 건너야만 버스를 탈 수 있었다.

바로 그곳에 있는 나룻배가 개천안 開天安 사람들에게 아주 요긴하게 길라잡이 역할을 했다. 그 나루터를 향해 있던 외딴집 한 채가 배의 주인이 살던 집이었고 그 집 딸 누군가가 초등학교 동창임을 나중에서야 알게 되었다. 근간에 와서 '섶다리'라는 BAND를 통해 자주 소통하며 지내는 '권종순'이란 친구다.

5학년을 마치고 서울로 유학 갔던 나는 방학이 되면 어김없이 이 '북챙이 나루'를 건너게 되는데 여름방학 귀향길에는 해마다 강물이 불어 배를 타야만 했고, 늦가을이 되면 어김없이 설치되는 섶다리가 있었기에 겨울방학을 맞아 고향을 찾을 때마다 편하게 이용할 수 있었으니 그 고마움은 말로 다 표현할 수 없다. 겨울이면 '섶다리'를 이용하거나 때로는 그 차가운 얕은 개울에 발을 담그며 바지춤을 올리고 직접 건너기도 했던 기억이 생생하다.

마을 어른들의 노고와 정성으로 가득한 섶다리를 이용해 '북챙이' 나루를 건넌 것이 오랜 세월을 두고도 잊히지 않는 것은 바로 고향의 깊은 맛인 뚝배기 맛이 배어있는 덕분이다.

세월이 흐르고 '충주호'라는 거대한 호수가 생겼다. 섶다리가 놓이던 하천을 따라 생성된 저지대 마을은 모두 물속에 잠겼다.

물에 잠긴 이웃 마을의 옛 모습이 몹시도 그립다.

- 2021년 10월 4일 Gallery 秋藝廊에서

08
'엘레지 여왕'과 나의 사춘기

사춘기 시절, '엘레지의 여왕' 가수 이미자의 노래로 슬픔을 위로받곤 했었다. 60년대 중반에 데뷔한 남진과 나훈아를 미처 알기 전이라 그녀가 부른 노래는 내가 처음 접한 대중가요이자 나의 사춘기에도 영향이 컸다는 생각이 든다.

이미자는 내가 여섯 살이던 1960년, 19살에 가수로 데뷔했다고 한다. 1959년 데뷔곡 '열아홉 순정'을 시작으로 '울어라 열풍아'를 거쳐 1964년 발표했던 불멸의 히트곡 '동백 아가씨'에 의해 국민가수로 각광을 받았고, 후속곡으로 부른 '흑산도 아가씨'를 필두로 발표하는 곡마다 대박을 터트려 대한민국을 이미자 열풍에 휩싸이게 했다.

호소력이 명불허전이라 할 만큼 애절함이 묻어나는 그녀의 노래는 전 국민을 위로하며 슬픔을 녹여줬다.

내가 서울 변두리 작은아버지 댁에 더부살이하며 지낸 지 1년 남짓 지났을 때다. 중학생이 되자 사춘기를 앓았다. 학교를 마치면 오후 내내 빈둥거리다가 어둠이 깔리면 이내 잠자리에 들곤 했었다. 사실 나는 사춘기라는 개념은커녕 세상물정도 모르던 철부지였다. 훗날 돌이켜 보았는데, 그 시절부터 현실부정이 시작되었다는 사실이 바로 사춘기의 갈등임을 알았다.

작은아버지 내외는 가난한 여건에서도 나를 보살펴주셨다. 당신들이 낳으신 4남매에 나까지 더하니 무려 7식구가 단칸방에서 힘들게 살았다. 양식은 자그마한 봉지쌀을 사서 그때그때 해결했으며 반찬이라고는 허구한 날 김치조각과 소금간을 한 콩나물국이 전부였으니 생활이 말이 아니었다. 나는 누가 뭐라지 않아도 눈칫밥을 먹을 수밖에 없었고, 매사에 의기소침한 상태로 지냈다.

그 시절, 단칸방 구석에 손잡이가 달린 허름한 트랜지스터 라디오가 한 대 있었다. 이광재 아나운서가 진행하던 '백만인의 퀴즈'를 들으며 상식을 쌓아가던 중이었는데, 어느 날부턴가 이미자의 '서울이여 안녕'이라는 노래가 자주 흘러나왔다. 임 게시는 서울 하늘 바라보며 안녕을 고하는 구성진 노래였다.

물론, 가사의 주된 내용은 백 년을 같이하자 맹세했던 임을 만나기 위해 바다 건너 천릿길인 서울에 갔지만 이미 임은 변심을 했고, 나 홀로 허무하게 돌아간다는 내용이다. 사랑이라는 단어 자체를 몰랐기에 내용보다는 처음과 끝 대목인 '서울이여 안녕'이라는 가사에만 꽂혀 심취했었는데, 장래가 암담한 현실이라 온통 서울을 탈출하고픈 상황과 무관치 않았다.

　중학교 1학년 겨울방학이 얼마 남지 않은 초겨울, 작은아버지께 찾아온 병환과 여러 어려운 상황이 겹쳐서 스스로 중대결심을 했다. 이번 방학에 고향에 내려가면 안 올라오겠다는 의지표명이다. 공부고 뭐고 그저 어머니 곁에 머물며 농사일이나 도와야겠다는 생각뿐이었다.
　방학이 시작되는 날, 천호동 터미널에서 충주행 버스를 탔다. 좌석이 없어 엔진 덮개에 앉아 비포장도로를 달려가는데 다시 못 올 길을 떠난다는 생각에 하염없이 눈물이 흘렀다. 입속으로 노래를 불렀다. 서울이여, 안녕이라고. 가사를 개사해서 불렀다.

아득한 옛날 어려운 옛일 이기고
어머니 품을 떠나 서울로 오던 날

백 년을 같이 하자 맹세를 했는데
열심히 공부하자 맹세를 했는데

세월이 임을 앗아 나 혼자 울고 가네
상황이 여의치 못해 나 홀로 포기하네

그래도 임 계시는 서울 하늘 바라보며
그래도 함께했던 서울 하늘 바라보며

안녕, 안녕, 서울이여 안녕…
안녕, 안녕, 타향이여 안녕…

차창 밖을 내다볼 때마다 서울 하늘은 점점 멀어져만 갔다
다시 만난 어머니는 농사일에 지쳤는지 많이 늙으셨다. 밤이 되면 담이 결린다며 끙끙 앓으시기도 했는데, 약이 없던 시골에서는 그저 따뜻한 구들장 아랫목에서 몸을 지지는 게 전부였다. 이런 어머니에게 언제 어떤 상황에서 결심을 풀어놓을지 고민했다. 형에게 먼저 고백할까도 했지만 맞을까 두려웠다. 무엇보다도 크게 실망하실 어머니가 너무 불쌍해 차일피일 미루다 보니 어느덧 방학이 끝나간다.

결국, 나는 공부를 멈추겠다는 말을 전하지 못했다. 어찌 됐든 장학생 신분이니 조금 더 버텨보자는 생각이 문득 들어서다. 고향을 등지고 다시 서울로 올라가는 발걸음이 한없이 무거웠다.

이듬해 1969년, 2학년이 되니 엘레지의 여왕은 '기러기 아빠'라는 노래를 발표해 또다시 나를 흔들었다. 멜로디와 가사가 어찌 그리 슬프던지, 그래서 가수 이미자를 '비가悲歌의 여왕'이라고 했나 보다.

그 당시 정부에서는 예술인 정화운동을 한다는 구실로 가수 이미자의 3대 히트곡인 '동백 아가씨', '섬마을 선생님'에 이어 '기러기 아빠'까지 왜색, 비탄조 등의 사유로 금지하여 한때 가수 생명까지 위협받는 수난을 겪었다. 아무튼, 그녀의 노래를 통하여 슬픔을 삭이던 사춘기는 가슴 아픈 추억이면서도 소중한 자산이기도 하다.

지금도 비가 창문을 두드리면 통기타를 잡는다. 그녀의 노래를 부르며 과거를 불러 앉힌다.

- 2021년 11월 8일 Gallery 秋藝廊에서

09
'웃는 소'를 찾아서

신축辛丑년이 밝았다.

내 어릴 적, 우리 집에는 황금빛 고운 털을 뽐내던 암소가 있었다. 아버지가 돌아가시고 다시 고향을 찾은 우리 가족은 급하게 안채만 지은 초가집에서 사느라고 소를 키울 수가 없었다. 얼마 후 행랑채가 지어지고 외양간이 생기자 코도 뚫지 않은 어린 암소가 새 식구가 되었다. 뛸 듯이 기뻤다. 학교를 파해 집에 돌아오면 서로 눈을 마주칠 친구가 생겼으니 바라만 봐도 마음이 흐뭇했다.

책보를 내던지고 서둘러 꼴망태를 어깨에 메고는 주변 밭도랑 풀을 베어다 먹이었다. 날이 저물 무렵이면 들일로 나간 형님이 싱싱한 꼴을 지게 가득 지고 와서 소에게 먹이니 내가 바치는 꼴은 일종의 간식인 셈이다. 매일이다시피 반복되는 일과이기에 내가 학교에서 돌아오면 소는 누워 있다가도 벌떡 일어나 내 앞으로 다가

온다. 그때마다 소털 고르는 빗으로 쓰다듬어 주었다.

소도 좋아하는 먹이가 있다. 같은 꼴이라도 산자락에 돋은 풀을 좋아한다. 그래서 들에 나간 형님이 지게 한가득 꼴을 지고 오는 발자국 소리만 들어도 꼴냄새가 좋은지 소가 고개를 쳐들고 반기는 표정을 지었다. 이럴 때는 소가 웃는다고 생각했다.

초등학교 3학년 때였다. 도랑 건너 사는 홍 서방네 암소가 며칠 동안 울어댔다. 그 이유를 몰라 궁금했는데 어머니의 혼잣말을 통해 알았다. 암내를 풍긴다는 얘기였다.

드디어 윗말에 사는 박 서방네 황소를 끌고 어른 몇이서 함께 집 앞을 지나가는데 궁금해서 나도 뒤를 따랐다. '애들은 보는 거 아니야!'라며 숙제나 하라고 어머니의 제지를 받았지만 궁금해서 사람들 틈에 끼어 가까이 보는데, 울보 암소 앞에 다다른 황소가 코를 벌름대더니 침을 흘리면서 웃는 표정을 지었다. 더 신기한 것은 암소가 언제 울더냐고 큰 눈을 더 크게 뜨고 몸을 비비는 거였다. 누군가가 거사를 치룰 수 있게 암소의 꼬리를 들어주는 광경을 똑똑히 보아두었다. 생생한 성교육의 장면이니까. 이때는 황소가 슬그머니 웃었다.

농촌에서 소는 재산 1호나 다름없었다. 그래서 지극정성으로 애지중지 돌본다. 겨울이 되면 볏짚이나 옥수숫대를 썰어 말린 여물을 가마솥에 삶아서 우선 소부터 먹이던 기억이 새롭다. 소는 자녀의 등록금이 되기도 했고 시집장가 보내는 자식들의 살림밑천이 되기도 한다. 때론 소를 팔아 전답을 사는 데 일조하기도 했다.

무엇보다도 농기계가 없던 시절이라 소가 끄는 쟁기로 밭을 갈았다. 보리농사가 끝나면 방아를 찧기 위해 멀리 떨어진 이웃마을 방앗간을 갈 때에도 어김없이 소 등짝에 보리 가마니가 실리곤 했다. 이렇게 소는 묵묵하게 주인을 따랐다. 소에게도 여느 동물과 마찬가지로 감정이 있는 줄 눈치챈 나는 소가 웃는다는 사실을 알면서도 모른 척했다.

삽십 대 즈음, 우연한 기회에 '마장동' 도살장에서 일하는 사람과 대화를 나눌 기회가 있었다. 도살당할 소는 하나같이 눈물을 보인다는 얘기를 듣고 아연실색했다. 소도 감정이 있으니 주인의 사랑을 듬뿍 받던 때는 웃고 살았겠지만 죽음을 앞두고는 눈물을 흘린다는 말이 실감났다.

전에는 우시장이 활기가 넘쳤다. 수완이 좋은 소장수는 돈을 잘 번다고 소문이 자자했었다. 불룩한 전대를 차고 거들먹거리는 모습을 자주 봤었다.

소장수가 나타나면 소도 긴장한다. 끌려가기 싫어 한참을 발버둥 친다. 애지중지 키우던 소를 파는 주인도 울고 끌려가면서도 뒤

돌아 주인의 모습을 보며 멀어지던 소의 슬픈 표정을 50년이 지난 세월임에도 생생하다.

새로운 꿈을 위하여 우보천리牛步千里를 실천하리라. 그러노라면 코로나 바이러스 시련도 지나가리라. 백우白牛의 등에 일필휘지로 우공이산愚公移山을 쓰리라.

- 2021년 1월 1일 Gallery 秋藝廊에서

10

유년의 추억

1964년 3월, 아버지의 죽음과 함께 고향으로 내려와 9살이 된 나는 서울 '천호초등학교'에서 충청도 '하천초등학교' 2학년으로 전학을 했다.

학교 가는 길은 험했다. 집에서 나오면 '멜개재'라는 큰 고개를 올라야 한다. 그 고개에 올라서면 멀리 남한강 실개천이 보이는데 거리가 만만치 않다. 고개를 넘어 산등성 하나의 내리막 꼬부랑길을 한참 내려가면 '국실'이라는 마을이 나오고 실개천에 다다른다. 그 실개천을 따라 마냥 걸으면 '하실'이라는 마을 옆을 지나고 10분쯤 더 걸어야 학교에 다다른다. 거리상으로는 4km라는데 산을 오르고 꼬부랑길이라서 1시간이 더 걸리는 듯하다. 그렇게 첫 등교는 시작되었다.

한 학년에 두 반, 한 반에 약 60명 정도, 아무튼 전교생이 약 500명 정도는 되는 제법 규모가 있는 학교였다. 개천안 開天安 12마을에다 마을마다의 골짜기 화전민까지 농경사회였으므로 젊은 층이 농사짓는 게 당연했고 집집마다 아이들이 득실대던 시대였다.

나는 친구들로부터 스포트라이트를 한 몸에 받았다. 부러운 눈빛을 보내면서 서울은 어떠냐, 차가 많으냐, 전깃불은 밝으냐 등등 온갖 궁금증으로 내게 몰려왔다.

남자애들은 100% 빡빡머리였고 여학생은 그 특유의 단발머리, 그리고 걸친 옷들은 대부분이 무릎 부위와 팔꿈치 부분이 기워진 허름한 옷이다. 그때도 전통 바지저고리 한복을 입은 친구도 몇 명 보였다.

머리에는 기계총, 얼굴에는 버짐들이 나 있고, 볼거리를 하거나 찬바람에 콧물이 나면 옷소매로 닦아서 옷소매가 반들거릴 정도였다. 내 모습은 어땠나. 안타깝게도 서울 모습이 아니었다. 똑같은 빡빡머리, 허름한 옷에 이웃집 형으로부터 물려받은 책을 싼 보자기는 그들과 다를 것이 없었다.

어쨌든 학교생활은 시작되었다. 담임선생님이 몇 가지 질문을 했는데 서울에 살다온 애는 다르다고 했다. 아마도 대답을 잘했는가 보다. 그렇게 선생님 총애를 받으며 학교생활에 적응해 나갔다. 정확한 기억은 없는데 아마도 선생이 모자라 1, 2학년을 함께 맡은 것으로 추측이 된다.

어느 날 선생님은 1학년 시험지를 주며 채점을 도와달라 하셨다. 선생님 지시대로 열심히 채점을 하는데 참으로 기이한 일이 벌어졌다. 똑같은 이름이 계속 나오는 것이었다. 나는 어린 마음에도 금방 눈치를 채고 상황파악을 했다. 즉, 여러 학생이 이름까지 커닝을 한 것이다.

　지금으로서는 상상이 안 되지만 그때는 자기 이름 석 자도 못 쓰는 애들이 많았다. 선생님께 상황을 설명하니 그저 빙그레 웃고만 계셨다.

　그리고 얼마 후 '선녀와 나무꾼'이라는 연극, '학예발표회'를 열게 되었는데 나는 주인공인 나무꾼 역할을 맡았다. 선녀는 공부를 잘해 1학년을 건너뛰어 월반을 한 이웃마을 여학생이다. 열심히 대사를 외우고 연습을 했던 기억이 새롭다. 그런데 문제가 생겼다. 내일이 발표일인데 선생님은 나에게 나무꾼 복장을 챙겨오라고 하셨다. 집에 와서 어머니께 말씀드리니 한숨을 푹푹 쉬신다. 있을 턱이 없었다. 밤이 이슥해서야 어머니는 이웃집 할머니 한복 조끼를 빌려오시며 입어보란다. 입어보니 많이 컸다. 내가 생각해도 도저히 나무꾼 복장이 아니었다. 창피해서 안 입겠다고 울며불며 난리를 쳤다. 어머니는 주인공이 울어서야 되겠냐고 다음에 좋은 거 사주겠다고 나를 달랬다. 어쨌든 나는 그 옷을 입고 발표회를 멋지게 끝냈다. 전교생은 물론이고, 많은 엄마들이 참관을 했는데 내 이름 석 자를 알리는 데 일조를 했다.

　50여 년이 흘러 우연한 기회에 '선녀'역을 맡았던 친구와 카톡과 밴드로 우정을 나누고 있다. 그 친구도 그 연극 상황을 정확히 기억하고 있었다.

발표회가 끝나고 후일담이 나돌았다. 그녀도 친구들로부터 많은 놀림을 받았었다고 술회했다. 유치하기 짝이 없는,

"누구누구는 누구와 좋아한데요, 사랑한데요."

이런 내용이다. 지금도 기억이 새롭다.

"이 금도끼가 네 것이냐!"

"아닙니다."

은도끼도 과분하고 쇠도끼나마 감지덕지하였으니 거짓말 안 하고 착하게 사는 걸 강조한 이 연극은 통하여 성실하게 살아야 한다는 덕목을 배운 셈이다.

- 2021년 11월 17일 Gallery 秋藝廊에서

11
죽마고우 이야기

    2년여 만에 고향 친구들을 만났다. 1년에 꼬박 두 차례를 만나는 모임이지만 코로나의 여파로 한동안 모임을 자제해왔기 때문이다.

    '금잠향우회'라는 명칭의 고향 친구 모임인데 부연설명을 하자면 충청도 산골 '금잠'이라는 고향마을에서 함께 초등학교를 다녔던 동급생 모임이다.

    모두들 고향을 떠나 흩어져 살았기에 젊었던 시절에는 간간이 소식만 주워듣다가 본격적인 모임을 갖게 된 시점이 20년이 넘었으니 40대 중반부터 쭉 모임을 이어온 것이다. 전후 세대로 태어나 산동네 자락에 옹기종기 모여 살며 배고팠던 어린 시절을 함께했으므로 죽마고우이자 속된 말로 불알친구인 것이다.

    나는 두 살 때 고향을 떠나 잠시 서울에서 살다가 초등학교 1학년을 마치고 다시 고향을 찾았기에 이 친구들과는 2학년부터 함께 한 동급생인데 안타깝게도 마을에 여학생은 없었다. 내가 5학년을 마치고 다시 서울로 올라갔으니 함께한 시간은 불과 4년여가 고작이다. 고향 언저리인 충주 시내에서 터를 잡은 친구는 4명이고 타향에 정착한 친구는 나를 포함하여 3명이다.

나이가 들어 생활이 안정되자 수소문해서 친구들을 찾게 되었고 모두가 뜻을 함께하여 모임이 시작된 건데 부부동반 첫 만남에서 밤새워 추억을 공유하며 웃고 떠들던 기억은 영원히 아름답다. 무엇보다도 이야기를 듣는 아내들이 무척이나 즐거워했다.

추억을 더욱 값지게 하려고 주저리주저리 사연이 넘치는 고향 친구들의 이야기를 하나씩 풀어보려 한다.

'남○○'라는 친구는 안타깝게도 이 세상에 없다. 위암으로 투병하다 모임이 시작된 5, 6년이 지난 2007년 즈음에 저세상으로 먼저 갔다.

마을의 제일 윗골짜기 '안골'이라는 곳에 살던 이 친구는 초등학교를 마치고 보다 나은 삶을 꿈꾸며 가족과 함께 충주 시내로 나왔으나 딱히 삶을 헤쳐나갈 방도가 없어 많은 고생을 했다고 한다. 우여곡절 끝에 시장 언저리 노점에서 싸구려 옷을 팔게 되었고 젊은 나이에 아내를 만나 가정을 꾸리고는 함께 열심히 노력한 결과 우리가 다시 만났을 때는 충주 시내 번듯한 마당이 있는 단독주택에서 장성한 두 아들과 그럭저럭 잘 살고 있었다. 아내는 건설현장에서 '줄눈'벽돌을 쌓은 상태에서 사이사이 '모르타르'를 채우고 치장하는 일 작업의 책임자로 작업자들을 통솔하며 늘 바쁘게 움직이느라고 모임에도 거의 나오질 못했다.

문제는 이 친구의 잘못된 음주습관이었다. 소위 안주를 입에 대지 않는 강술을 주야장천晝夜長川 마셔대다 보니 몸이 견디질 못하고 암으로 일찍 세상을 떠난 것이다.

살아생전에 집으로 초대해 산토끼를 잡아주며 어린 시절을 떠올려보라고 말했던 장면을 생각하니 가슴이 먹먹해진다.

두 번째는 '정춘화' 이야기다. 이 친구는 마을에서 제일 멀리 떨어진 곳에 살았다. 금잠마을 중심부에서 '시중재'라는 큰 고개를 넘으면 '차돌목'이 나오는데 거기서 다시 한참의 시간을 골짜기를 타고 오르면 '단돈재'라는 고개 아래 홀로 있는 외딴집에 살았다. 장남이었던 친구는 줄줄이 다섯 동생을 두었는데 한 번씩 놀러가면 마치 고아원을 방불케 하는 풍경이 연출되곤 했었다.

이 친구가 언제 충주 외곽 '목행리'라는 곳에 정착했는지는 기억에 없는데 아마도 내가 중학시절인 듯하다. 동작이 잽싸고 빨라 어릴 적 별명이 날다람쥐였다. 초등학교 운동회의 대미를 장식하는 마을 대항 400m 릴레이 계주에서 선두주자로 나서 2등 주자를 멀찌감치 제치며 기선제압을 하고는 그 결과 개천안開天安 12마을에서 우리 동네가 전체 1등을 했었던 추억은 생각만 해도 신이 절로 난다.

아무튼, 이 친구도 많은 고생하며 청소년 시절을 보냈을 것이다. 자세한 내막은 모르지만, 동생 중에 한두 명은 어릴 적 미국으로 갔다고 하니 미루어 짐작해보면 입양이었을 것이다. 운전을 일찍 배워 젊은 나이에 개인택시를 배정받아 지금도 열심히 운전하며 현업에 종사하고 있다. 늘 유쾌함을 안겨주는 진국 같은 친구다.

세 번째 이야기는 '이용택'이라는 친구 이야기다. 앞서 언급했던 '시증재' 넘어 살았다. 3대가 한 집에 살았는데 아버지가 장남이고 이 친구도 장남이니 막내 작은아버지삼촌가 한 살 어린 흔치 않은 가족 구성원이다. 10여 명이 훌쩍 넘는 대가족3대가 살고 있었다. 뒤꼍에 아름드리 고염나무가 있었고 겨울에 놀러가면 어른들께서 안방 광 속에서 숙성된 고염을 꺼내주시곤 했는데 그 기막힌 맛을 아직도 기억하고 있다.

헤어진 후 8년 만에 청주 군 신체검사장에서 마주쳤던 기억이 있고 얼마 후 논산훈련소를 통해 같은 날 입대하기도 했다. 제대 후 여러 해 동안 제철회사에 다니기 위해 경북 포항에 머물다가 오래전에 고향에 돌아와 충주 시내에 터를 잡고 역시 개인택시 사업을 하며 잘 살고 있다. 19살에 한 살 어린 앞집 처녀와 정분을 맺게 되고 20살에 아들을 낳았으니 벌써 그 아들은 50살을 헤아린다. 지금도 쉬는 날이면 전국의 산을 누비며 왕성한 체력을 관리하는 아주 멋진 친구다.

네 번째 이야기는 '오병환'이라는 친구인데 역시 '시증재' 고개 넘어 살았다. 다소곳하고 유난히도 말이 별로 없던 순박한 친구였다. 역시 장남으로 남동생 둘과 여동생이 하나였는데 이 친구는 사촌

누나가 한 명 있는 큰집에 양자로 들어간다. 딸을 하나 낳고 군에 갔던 큰아버지가 6·25 전쟁에서 전사했기 때문이다.

기억을 더듬어보면 마당을 사이에 두고 별채에 큰 엄마호적상 엄마와 살았는데 얼마나 지극정성으로 돌보는지 안채에 있는 친엄마는 아예 거들떠보지도 않던 친구였다. 귀한 아들이라고 골짜기 자그마한 다랑이논에서 경작한 쌀을 섞어 밥을 지어 이 친구를 보살폈는데 그래서 친구의 밥상과 도시락엔 늘 쌀이 섞여 있었다.

내가 고등학교를 졸업하고 군에 입대하기 전에 잠시 만났더니 충주시청에 다닌다고 했다. 원호 가족이라 군대도 면제되었을 테고 당시 취업에서 가장 우선시됐던 1순위가 원호대상자였기에 아마도 손쉽게 취업이 되었을 것으로 추측된다.

그렇게 공직생활을 이른 나이에 시작해 40여 년이라는 긴 세월을 잘도 견디며 얼마 전에 명예로운 정년퇴직을 했다. 그것도 '충주시 소태면장'이라는 타이틀로 공직 마감을 한 것이니 자랑스럽기 그지없다.

면장하기 전에는 줄곧 시청 산림계에서 근무했는데 만날 때마다 들려주던 산불진압 얘기가 귓가에 맴돈다. 현직에 있으면서 운동도 열심히 해 검도가 6단이고, 그로 인해 도 대표 검도감독을 하는 등 왕성한 활동 중이다. 지금도 시 외곽에 농지를 구입해서 작물을 가꾸고 조기축구, 복싱 등 다양한 운동을 섭렵하며 인생 3막을 즐기고 있는 자랑스러운 친구다.

객지에서 터를 잡은 두 친구도 대단하다는 생각이 든다.

우리의 모임을 처음으로 주도했던 '문현춘'은 경상북도 문경 출신으로 내가 낙향해 2학년을 다닐 때 산판을 위해 마을을 찾았던 아버지를 따라 정착한 인물이다. 아랫마을 외딴 빈집에 터를 잡고 살았는데 누나와 형이 한 명씩 있었고, 동생도 네댓 명이 되는 대식구다. 역시 낯선 곳에 터를 잡다 보니 나처럼 배고픈 어린 시절을 보냈다. 두 살 위의 형과 이 친구는 아버지를 닮아 몸이 차돌같이 단단했다. 거기다 그 형은 덩치도 꽤나 있어 마을의 대장 노릇은 물론 이웃마을 모두에게도 왕 같은 존재였다.

그 친구는 형이 입대했던 UDT라는 특수부대에 뒤따라 입대했다. 강도 높은 수중훈련이 일상인 그 부대의 출신들은 사회에 나오면 바다의 교량공사나 준설공사의 특수직종에서 종사하는 경우가 많았는데 그 형도 수중공사를 전문으로 하는 특수업종의 건설회사를 차렸다고 한다. 그리고 회사는 시대의 흐름을 타고 승승장구해 부산에서 잘 나가는 번듯한 전문 건설업으로 자리를 잡게 되니 결과적으로 두 형제의 군생활은 사회에서 기반을 잡는 데 크게 일조한 셈이다.

10여 년 전 그 형은 전국 아마골프 최강자로 군림하며 자주 매스컴을 타곤 했는데 이 친구도 Teaching 프로자격증을 따는 등 그에 못지않은 실력을 발휘하고 있다.

형은 회장으로 올라가고 친구는 오랜 기간 대표이사로 머물다가 최근에 조카에게 물려주고 은퇴했다고 한다. 형이 회장으로 취임하던 때에 나는 정성을 다해 서예작품 몇 점을 축하의 의미로 보냈었다. 지금도 걸려있을지 궁금하다.

또 다른 친구 '엄기○'의 이야기다. 위로 4대조 할아버지가 형제이니 엄밀히 따지면 나하고 10촌간의 인척이다. 즉, 친구이기 이전에 나보다 생일이 한 달 빠른 형이다. 고향을 꿋꿋이 지킨 아버지 덕분에 아랫마을 제법 큰 집에 살며 농사를 지었기에 어린 시절 배를 곯지는 않았을 것으로 추측이 된다. 다만 위로 네 살 많은 형이 있었고, 밑으로 동생들이 줄줄이 있어 모두 다 제대로 된 교육을 시키기에는 역부족이었다. 그런 와중에도 그 형은 시내로 유학을 떠나 청주교대를 졸업하고 선생이 되었다.

친구는 고등학교를 졸업 후 여기저기 기웃거리다가 충주비료공장에 취직을 했다고 한다. 얼마 후 공장이 여수로 옮겨지며 이름도 '남해화학'으로 바뀌게 되는데 매사에 성실했던 친구는 아마도 회사의 부름을 받고 그 먼 타지 여수로 떠났을 것이다.

첫 모임 후 한동안은 3개월에 한 번씩 모이기도 했는데, 그 먼 길을 단 한 번도 빠지지 않고 참석하는 정성을 보이기도 했다. 안타깝게도 이 친구형는 몇 년 전에 사고 아닌 사고로 병상에 누워 지내다가 세상을 등졌다. 가슴 아픈 얘기들을 지면에 다 옮기기는 그렇다.

남편을 먼저 보내고도 형수는 한동안 모임에 참석하더니 어느 날엔가 불참하겠다고 했다. 남편이 없는 공백은 아마도 감당하기에 너무 버거웠을 것이다.

일곱 친구 중에 두 친구는 이 세상에 없고 5명만이 남았다. 우리가 뜻을 모아 고향마을 느티나무 아래 세웠던 마을 이름 비석에 우리 7명의 이름이 새겨져 있다.

얼마 전에 나는 수필가로 등단했다. 나름으로 감각을 익히기 위해 틈틈이 글을 쓰고 있으나 한계의 벽에 막히곤 한다. 눈여겨보니 내 어릴 적 고향 얘기들이 꽤나 많은 부분을 차지하고 있다.

아버지를 일찍 여의고 다시 고향을 찾았던 어린 시절의 추억들은 아픈 기억으로 가슴을 후벼 파기도 하지만 물안개 피어오르듯 파노라마처럼 다가오기도 한다.

수구지심首丘之心이라 했던가! 여우가 죽을 때 머리를 자기가 태어난 굴 방향으로 틀듯이 내가 태어나고 어린 시절을 함께했던 추억들이 평생 나를 긍정적으로 지배하고 있다.

지난 모임에서 제 몫을 다하며 열심히 사는 친구들이 자랑스럽다며 우리 이야기를 글로 옮겨 쓰고 싶다고 동의를 구했다. 그래서 실명을 사용했으나 먼저 세상을 떠난 두 친구는 예의상 익명으로 처리했다.

허리춤에 책보자기를 둘러메고 '멜개재'를 넘어 산자락 꼬부랑길을 휘저으며 학교 다니던 어린 시절이 더더욱 그리워지는 오늘이다.

- 2021년 8월 23일 처서處暑 오후에 Gallery 秋藝廊에서

12
호박꽃 추억

호박꽃도 꽃이냐?

칠순을 바라보노라니 한때 못생긴 여인의 대명사처럼 불려지던 호박꽃의 추억도 새로워진다.

몇 년 전, 옥상 화단에 심은 호박이 쌍떡잎을 내더니 넝쿨을 뻗어서 꽃이 피었다. 샛노랗다 못해 황갈색에 가까운 꽃도 꽃이지만 어린 시절 시골에서만 봐왔던 호박벌이 찾아와서 마치 죽마고우를 본 듯 반가웠다. 거기다가 꽃이 진 자리에 애호박이 달린 것을 보고는 온몸에 번지던 환희를 잊을 수 없다.

내 어릴 적엔 시골에서 가꾸는 호박 재배는 특별한 밭이 따로 있지 않았다. 울타리 밑이나 밭두렁을 가리지 않고 군데군데 씨앗을 심어 방치하듯 놔두고 길렀다. 관리라고 해야 가끔씩 줄기가 돋아난 뿌리 언저리에 구덩이를 파고 인분으로 밑거름을 주는 게 전부였다. 때가 되면 갈래로 번지는 가지에서 줄기마다 꽃들이 피어난다. 꽃대가 긴 수꽃이야 꽃으로 머무르지만 씨방이 있는 암꽃 밑에서는 탐스러운 호박이 열린다. 바로 그 매개체 역할을 하는 호박벌을 서울에서 맞이했으니.

호박은 영양보고이다. 애호박은 애호박대로 된장찌개나 반찬, 고명 등에 사용되고 늙은 호박은 산후부종을 빼는 데 요긴하게 쓰는 식재료다. 삶은 팥알을 적당히 넣고 끓이는 호박죽이나 여린 호박잎 새순을 밥 위에 쪄서 강된장에 쌈을 싸서 먹으면 별미가 되었다.

호박이 우리에게 전하는 메시지도 다양하다.
개울가나 밭두렁에 심어진 호박들은 주변에 나무는 물론 새로 돋아나는 잡초들과 너무도 잘 어우러져 지내며 산다. 주변이 온통 돌이다 보니 커가는 호박 줄기는 돌 위에 자리할 수밖에 없는데 그럴 때마다 볏짚으로 만든 똬리로 받침을 해주면 별 탈 없이 잘 큰다. 집 주변 담장에 심어진 호박들은 어느 순간 초가지붕까지 영역을 넓힌다. 마치 인간의 손길을 피하기라도 한 듯 그곳에 자리를 잡고 여물어가는 늙은 호박의 모습은 경이롭기까지 했다. 거기다가 둥근 박까지 함께 어우러지면 한 폭의 그림이 되곤 한다. 이제 그 그림은 민속마을에나 가야만 볼 수 있게 됐으니 안타까운 마음이다.

생전에 노래를 잘하셨던 어머니는 '호박은 늙으면 달기나 하지, 사람은 늙으면 뭣에 쓰나'라는 후렴구를 구슬픈 타령 곡조로 부르시곤 했다. 이 가사는 시골 어디에나 있는 늙은 호박을 빗대어 서민의 애환을 달래주는 타령조의 가사라는 생각이 든다.

당시 지천명 중반에 접어들었던 어머니도 덧없이 늙어가는 당신의 모습을 호박에 빗대어 동네 아낙들과 신세한탄조 삶의 애환을 달랬을 것이다.

꽃마다 꽃말이 있다. 호박꽃의 꽃말은 '포용, 관대함, 해독, 사랑의 용기'다. 아름다운 단어들이다. '사랑의 용기'를 읊조리노라면 묘한 상상을 해보게 된다. 연인에게 고백하며 전하는 꽃다발 한가운데 꽃대가 긴 호박꽃 한 송이를 장식하면 어떨까? 아마도 그 꽃다발을 받은 여인은 이렇게 쏘아붙일 것이다.

"웬 호박꽃? 내가 호박꽃처럼 못생겼단 얘기지?"

생각만 해도 절로 웃음이 나온다.

선입견이란 무서운 것이다. 오래전부터 전해지는 호박꽃에 대한 고정관념이 있었기 때문에 누구든 '호박꽃은 못생긴 꽃'이라는 인식이 자리 잡고 있으니 말이다. 더하여 진위를 숨긴다는 의미인 '호박씨를 깐다'는 비어도 특이하다. 그러거나 말거나 호박씨도 귀한 간식으로 먹었던 시절에는 장독대 항아리 뚜껑에 널어 말리고는 영어단어를 암기하면서 맛있게 까먹었다,

코로나로 뒤숭숭하고 각박해지는 작금에 포용과 관대함이 그 어느 때보다도 절실히 요구되는 시절에 살고 있다. 호박꽃의 꽃말처럼 관대함을 지니고 멋진 포용력으로 삶을 갈무리하고 싶다.

어쩌다가 고향 생각이 나서 옥상에 올라와 보름달을 보노라면 초가지붕 위에 사는 은빛 박이 보이고, 황금빛 호박 엉덩이가 보인다.

- 2021년 2월 14일 Gallery 秋藝廊에서

제3부
손주들 이야기

01
기타(Guitar) 할아버지

　5년 전, 첫 손자로부터 할아버지라는 호칭 대신 '기타'로 불리어 지던 시절이 있었다. 뒤늦게 입문한 통기타에 빠져 연주하느라고 현을 튕기며 흥얼거릴 때 손자는 돌이 막 지나고 말문이 트일 무렵이었다.

　사위 직장 따라 지방에 사는 관계로 어쩌다 한 번씩 올라왔던 이 녀석은 나를 만나면 매번 '할아버지'라고 반기는 대신 '기타'라고 외치며 품에 안기곤 했는데 어찌나 귀여운지 깨물어주고 싶을 정도였다.

　내가 청소년기였던 1970년 전후로 통기타를 기반으로 한 포크송이 대유행했다. 근간에 '트롯'이 대세이듯 그 시절 젊은이들은 통기타를 둘러메고 폼을 재며 우상 같은 인기가수들의 흉내를 내었다. 트윈폴리오나 뚜아에무아, 라나에로스포, 은희, 송창식, 윤형

주, 이장희, 서유석, 김민기, 사월과 오월, 양희은, 김세환, 어니언스, 이연실, 김정호 등 열거하기 힘들 정도로 많은 통기타 가수들이 그 시절 방송가와 음악세계를 지배하고 있었다. 호기심이 많은 나도 한동안 음악 흐름에 젖었다가 군입대와 함께 잠시 통기타를 놓았었다.

세월은 덧없이 흘러 손자, 손녀들이 태어나기 시작하고 회갑이 지날 무렵부터 일상에 변화가 찾아오기 시작했다. 퇴직 후 서실에서 묵향과 더불어 보람을 엮는 중에 뭔가 새로운 변화를 꾀하고픈 욕구가 생겼다.

원인이라면, TV에서 진행하는 경연프로를 보는데 故 김광석의 '너무 아픈 사랑은 사랑이 아니었음을'이라는 노래를 듣게 되었다. 서정적인 가사가 심장을 두드려서 감동이 넘치는 바람에 가사를 곱씹어보다 유튜브를 통해 원곡가수가 부른 동영상을 접하게 되었다. 우수에 젖은 표정에 통기타를 치며 노래하는 모습에 맥박이 뛰기 시작했다. 동네 '주민자치센터' 문화 프로그램 현수막에 '기타 수강모집'이 있음을 확인하고는 낙원동 악기상가로 달려서 통기타 한 대를 구입했다. 하지만 돌아오는 전철 안에서 나도 모르게 고개가 숙여졌다. 모두들 나를 쳐다보는 듯한 부끄러움이 엄습했기 때문이다. 기타를 다시 만난 인연은 이렇게 시작되었다.

초등학교 '습자붓글씨' 시간에 들었던 선생님의 칭찬과 대회 출전이 나를 30대 중반에 서예의 길로 인도하는 계기가 되었다면, 60

대 들어 배운 통기타는 고등학교 시절 어설프게 튕겼던 멜로디에 뜨겁게 반응했던 이웃집 여학생의 호응이 반추反芻되어 뒤늦게 통기타의 길로 들어선 하나의 계기가 되었다. 그렇게 사람들은 추억을 먹고 사는가 보다. 아무튼 6개월 기초반을 마치고 심화과정을 진행하는데 경험이 있어서인지 남들보다 진도가 빨랐다.

거기에다 유튜브를 통한 동영상 강의가 크게 도움이 되었다. 노래까지 곁들이는 용기가 생기더니 드디어 작업실 한쪽에 연주실을 갖추고 싶다는 욕망이 생겼다. 심하게 몰두하는 성격임을 스스로 알기에 아담하게 꾸밀 생각을 했다. 일 년이 지나서 이웃에 사는 음악인의 도움을 받아 통기타 연주실을 설치했다. 손재주가 뛰어난 그분의 손을 거치니 일사천리로 일이 진행되는데 앰프에 스피커, 반주기까지 마련하고 내친김에 고급 수제 통기타도 새로 구입했다. 운치를 살려보고자 '7080 통기타 사랑방 靜中動'이라는 현판도 걸었다.

고요한 서실에 간간이 음악소리가 섞여 시나브로 새로워졌다. '문방사우'와 '통기타 사랑방'이 묘한 조화를 이루며 다가온다. 새로운 변화는 늘 설렘을 동반한다.

흥얼거리던 애창곡을 반주기와 연결된 노트북에 저장하고 보니 300곡이 넘었다. 더불어 손자, 손녀들을 위한 노래들도 잊지 않고 챙겼다. 그리고는 한 곡 한 곡 기타로 익히기 시작했다. 자신과의 약속을 지키기 위해 하루에 1시간으로 정했다. 가끔이지만 제자들이 글을 쓰는 순간에도 관객 삼아 부르기도 했다. 그러노라면 "선생님, 노래 한 곡 청합니다"라는 호응을 얻는 기쁨도 누렸다.

나를 '기타'라고 부르던 손자녀석이 벌써 7살이 되었다. 손주 넷이 서실에 들이닥치면 한바탕 소동이 벌어진다. 붓을 들고 글을 쓰거나 그림을 그리기도 하지만 마이크 앞에서 경쟁하듯 노래를 불러대는 녀석들을 보노라면 에너지가 파도처럼 밀려와서 행복감이 넘쳐 뿌듯하다. 그런 손주 녀석들은 바라만 봐도 배가 부르다.

지금 문밖에는 봄비가 대지를 적시고 있다. 오늘은 내가 좋아하는 통기타 가수 유익종의 '그저 바라볼 수만 있어도'를 흥얼거려 볼까 한다.

    그저 바라볼 수만 있어도 좋은 사람
    그리워 떠오르면 가슴만 아픈 사람

내게도 그런 사랑이 있었지. 언제 들어도 명곡이다.

- 2021년 5월 4일 Gallery 秋藝廊에서

02
손녀의 사진일기를 정리하며

 며칠 전 꽃샘추위가 기승을 부리던 날, 첫 손녀가 유치원을 졸업했다. 이제 곧 초등학생이 된다.
 2014년 7월에 태어났으니 만 7년이 채 되지 않았다. 공직생활을 하는 엄마의 출산 및 육아휴직 1년을 제외하곤 이제껏 보살펴왔기에 함께한 시간이 길다. 더하여 2년 터울로 동생이 태어났으니 그 또한 우리 부부의 몫이었다.

 손녀의 미래를 위한 콘텐츠로 일상을 휴대폰 카메라에 담고 편집을 거쳐 키포인트를 요약한 글과 함께 'BAND'라는 공간에 일기 형식으로 기록해왔다. 미처 올리지 못한 사진들은 따로 컴퓨터에 저장했는데 수십만 장에 이른다.

 초등학교 입학을 앞두고 그 사진들을 살펴보노라니 7년의 기록이 고스란히 담겨 있어 마치 고전영화를 보관한 뿌듯함에 보람이 넘쳤다. 자랑할 겸, 저녁 밥상머리에서 큰손녀에게 보여주었다.

"이 사진들이 네가 이제껏 커온 모습이란다."

찬찬히 들여다보더니 놀라는 눈치다. 본인의 아기 때 모습을 보며 대견스럽다는 듯이 빙그레 미소를 짓는다. 어떤 사진을 보고는 자기가 아닌 것 같다고도 하더니 느닷없이 질문했다. 할아버지의 어릴 적 모습이 찍힌 사진이 보고 싶다는 거였다.

순간 당황했다. 유아기 때 사진이 없는 나로서는 어찌 설명해야 될까 머뭇거리는데 눈치 빠른 딸과 아내가 거든다.

"할아버지 어린 때는 카메라가 귀해서 사진이 없는 사람들이 많아."

"그럼 할아버지들은 누구나 다 없는 거야?"

손녀는 궁금증을 풀려고 질문을 이어간다.

"아니, 부자들은 사진관에 가서 찍으니까 있는 사람들도 있어."

"그럼 할아버지는 가난했네?"

이 한마디에 난감해졌다. 사진이 없음으로 해서 여지없이 나의 유년시절이 드러나고 말았다. 다행히도 손녀의 질문은 여기서 멈췄다.

그렇다. 나는 유년시절에 찍은 사진은 없다. 제일 오래된 사진이 초등학교 3학년 운동회 때 형수와 찍은 명함보다 작은 사진이 있다. 그 다음이 중학교 봄소풍 때 '봉은사'에서 단체로 찍은 사진과 친구와 찍은 기념사진을 간직하고 있을 뿐이다.

나이가 들면 빛바랜 사진들을 들춰보며 과거를 회상하고 추억에 잠긴다는데 나의 유소년 시절은 거의 다 기억에만 의존할 수밖에 없으니 서글프다.

중동 건설붐이 한창 일던 80년대 초, 사우디 근무를 마치고 귀국한 동료직원으로부터 고급 일제 카메라 중고를 구입했었다. 그 덕분에 두 딸의 유아기부터 성장과정을 놓치지 않고 기록할 수 있어서 다행으로 생각했다. 내친김에 90년대 초에는 어깨에 올려서 찍는 'SONY' 비디오카메라도 구입했다. 초등학교 졸업식장에 카메라 기자처럼 나타난 내 모습을 보며 기뻐하던 딸들의 표정이 눈가에 넘실거린다.

이제 바야흐로 3차 산업혁명을 거쳐 4차 산업혁명의 시대가 도래했다. 로봇이나 인공지능AI이 인간을 대신하는 첨단 정보통신기술이 경제, 사회 전반에 융합되어 그야말로 혁신적인 변화가 눈앞에 펼쳐지고 있는 세상이다. 이로 인해 사라지는 직업군도 많아질 것이다. 신작로마다 즐비했던 사진관이나 양복점이 자취를 감추는 반면에 새로운 업종도 부지기수로 나올 것이다.

어느덧 기억의 편린이 되고 말았지만 길을 지날 때마다 사진관 앞에 대형 액자에 내건 '고추'를 드러낸 사내아기들 사진은 더 이상 볼 수 없는 추억이 되었다.

이제 나도 노인 반열에 올랐으니 새로운 공간의 세계가 도래한다는 예측시대를 얼마나 누리게 될지 모르겠지만 문명의 이기를 통해 현존하는 가족의 역사를 기록할 수 있어 이 보람이 현실로 나타난다는 기대에 벅찬 마음이다.

내가 써내려가는 사진일기는 먼 훗날 하나의 의미 있는 기록이 될 것이다. 나의 이 소중한 기록에 담긴 무조건적인 할아버지의 사랑이 손자, 손녀들이 성인이 되었을 때 온전히 느껴진다면 이보다 더 값진 보람은 없을 것이다.

오늘도 서실에 찾아온 손녀들의 모습을 어떤 포즈도 예술적이라는 편견을 떨치지 못한 채 셔터를 눌러댔다.

자매가 나란히 앉아 붓을 잡고 화선지에 그림을 그리는 모습이 너무도 다정하고 행복해 보인다. 어쩌면 내가 더 행복에 취해 설레발을 치고 있는지 모르겠다.

할아버지와 손녀는 다툴 일이 없다는 명언이 있다. 손바닥보다도 작은 휴대폰 하나로 성장하는 손녀들 모습을 사진과 동영상으로 기록할 수 있어 마냥 행복하다.

- 2021년 2월 18일 Gallery 秋藝廊에서

03
두 손녀를 해외로 보내고

사랑하는 두 손녀와 잠시 이별을 하고 가슴앓이 중이다.

코로나만 아니었더라면 벌써 1년 6개월 전에 헤어졌을 텐데 미루고 미루다 드디어 멀리 유럽 '체코'로 떠났다.

아내와 함께 이제껏 돌보다 멀리 보내고 나니 많이 힘들다. 출국 일자가 잡히고 서너 달을 함께 보내며 어떻게 이별을 받아들여야 할지, 또한 어떤 모습으로 작별의 순간을 연출해야 할지 고민을 거듭했었다. 두 손녀를 위한 스스로의 약속 때문에 솟구쳐 오르는 눈물을 애써 참았다. 유난히도 나를 잘 따르던 손녀들이었기에 출국 일자가 다가올수록 전광석화처럼 스치는 시간이 아쉽기만 했었다.

이제 겨우 20일 남짓, 두 손녀가 떠난 빈자리는 너무도 허전하여 인천공항 출국장에서 애써 눈물을 참아내던 두 손녀의 표정이 눈에 아른거려 돌아오는 전철 안에서 한동안 멍한 모습으로 창밖을 내다봤었다.

이제 할아버지 할머니의 보살핌은 잠시 잊고 오롯이 아빠, 엄마와 낯선 타국에서 지내야 하니 새로운 환경에 대한 설렘과 고국에 대한 그리움으로 한동안 힘들 것이다.

유아기를 거쳐 어린이집에 다니면서부터 손녀 키우기는 전적으로 나와 아내의 몫이었다. 아내는 아내대로 늘 분주했고, 목욕을 거들어준다거나 놀이터나 고분, 또는 사무실에서 함께 놀아주는 일들은 할아버지의 역할이 꼭 필요했기에 늘 함께했었다. 그중에서도 손녀들은 작업실에서 함께하는 것을 참 좋아했다. 붓을 잡고 화선지에 그림을 그리기도 했고 칠판에 낙서를 하면서 글씨를 터득했으며 때론 '통기타 사랑방' 마이크를 잡고 기타 반주에 노래를 따라 부르기도 했다. 여유 있는 공간에 놀거리가 풍성하니 특히 좋아했나 보다.

큰아이는 첫 손녀라 애지중지했고 둘째는 갖은 애교와 엉뚱 발랄함으로 똘똘 뭉쳐있어 나를 포함한 온 가족에게 사랑을 독차지했다. 특히 둘째는 질투가 심해 언니 쪽으로 조금이라도 관심이 쏠린다 싶으면 반응이 장난 아니다. 그 반대가 되면 만천하를 얻은 듯 신나 하니 적정선을 유지하기 위해 늘 노심초사했다.

식사시간이 되면 늘 한바탕 소동이 벌어지는데 서로 할아버지 옆에 앉으려고 난리가 난다. 보다 못한 엄마가 기가 막힌 중재를 했다. 홀수일은 동생, 짝수일은 언니로 정하고 나서야 겨우 수습이 되었다. 그 다음부터 아침에 눈을 뜨면 서로가 무슨 날인지 서둘러

묻는다.

"오늘 짝수일이야? 홀수일이야?"

이 질문으로 하루가 시작이 된다. 결국 31일까지 있는 달이 있어 31일과 1일 연이틀이나 동생이 앉을 수 있으니 결국 언니보다 더 많은 혜택을 보게 된 것이다. 특혜가 맞는지 모르겠지만 특혜라는 생각에 미치니 웃음이 나온다.

손녀 사랑이 노년의 즐거움과 보람이라서 지인들에게 자랑했더니 세상천지에 손주를 아끼지 아니하는 조부모가 어디 있느냐며 어이없는 웃음을 되받았다. 그 말을 듣고 곰곰이 생각해보니까 정말 맞는 말이다.

할아버지와 할머니가 손자나 손녀와 싸울 일이 없다는 거다. 그러니까 이해타산이 있을 수 없는 관계이기에 마냥 반가움만 넘치는 거다. 내리사랑의 진면목이 여기에서 열매 맺는 현장이므로 며칠만 손자손녀를 안 보면 허전했던 심중도 헤아리게 되었다.

금쪽같은 두 손녀는 약 3년이라는 긴 시간을 지내기 위해 체코로 떠났다. 그나마 1년에 한 번쯤은 엄마와 함께 한국에 다녀갈 것이기에 작은 위안을 삼는다. 무엇보다도 첨단 세상에 살고 있어 화상통화를 마음대로 할 수 있으니 천만다행이다.

큰손녀가 태어난 직후부터 'BAND'라는 기능을 통해 사진과 함께 가족일기를 겸한 손주들의 성장일기를 써왔다. 물론 아가들의 이야기가 대부분이다. 올린 사진만 해도 수만 장에 이르는 방대한 양인데 나는 요즘 이 기록들을 자주 살피면서 보고픈 마음을 달래며 위로를 받고 있다.

　10여 년 전 동유럽 여행코스로 잠시 스쳐 지났던 프라하광장을 비롯한 체코의 거리가 눈에 선하다. 부디 건강한 모습으로 학교생활 잘 적응하고 유럽 문화를 배우면서 보람 있는 체류가 되기를 간절히 빌어본다.

- 2021년 8월 25일 Gallery 秋藝廊에서

제4부

여행 이야기

01
백두산 천지(天池)를 가슴에 품고

2012년 5월, 평소 가깝게 교감하던 형님으로부터 백두산 여행에 동참하라는 솔깃한 제의가 들어왔다. 동기 부부모임에서 계획한 일정인데 나와 함께하고 싶다는 따뜻한 배려였다. 아마도 누구와도 잘 어울리는 내 성격을 감안한 판단이었을 것이다. 혹시라도 폐가 될 것을 염려하여 한마디하니 전혀 상관없다는 대답이었다.

"자네, 개인전을 앞두고 있는데 백두산 천지의 기운을 받고 오는 것도 좋지 않겠어?"

이 말에 아내와 나는 기꺼이 동행을 결정했다. 이렇게 해서 고위 공직 출신 세 부부와 우리 부부가 장도에 올랐다.

대련大连 국제공항에서 마주한 가이드는 샤프하게 생긴 젊은 친구였으며, 4박 5일간 우리와 함께할 차량은 봉고Bongo다. 짐도 많아서 불편했지만 설렘이 컸다.

기본적인 설명을 마친 Guide가 한마디한다.

"이번 여행의 최종 목표는 백두산 천지를 보는 것일 겁니다. 그러나 쉽게 허락하지 않습니다. 서너 번을 와서도 못 보고 가는 단체도 많습니다. 속설에 3대가 복을 지어야 볼 수 있다는 말도 있습니다."

어렵게 만든 일정인데 천지를 못 볼 수도 있다는 불안이 엄습해온다. 하얼빈 시내를 잠시 둘러보고, 필수코스인 북한의 모습을 보기 위해 '단둥'에서 1박을 했다. 이튿날 지적에서 압록강 철교를 바라보는데 뭔지 모를 감회가 솟구친다.

어릴 적 교과서에서 보던 모습 그대로다. 압록강 너머 보이는 북한땅 신의주의 모습은 너무도 한가로웠다. 등 뒤에 펼쳐진 화려한 단둥 시내의 모습과 대비되어 울컥했다. 빈한貧寒한 곳에 내 동포가 살고 있다는 측은지심이다.

한참을 이동해 위화도가 보이는 어느 강변에 도착했다. 배를 타고 직접 북한 주민을 가까이서 볼 수 있는 코스다. 빨래하는 아낙도 보이고 감시원 복장을 한 남자도 보인다. 손을 흔들었더니 잠시 호응하는 듯 흔들고는 이내 부동자세를 취한다. 그 이유를 알 것 같았다. 그들도 우리가 동포라는 사실을 감지했을 것이다. 그러나 오랜 시간 화답하지 못함은 그들 세계에 그 어떤 제약들이 있을 것이다.

또 다른 강변에 다다르니 여러 주민이 모여 있었다. 대화가 가능할 정도로 가까웠다. 하지만 정면을 응시하며 애써 외면하는 표정이 역력했다. 남들이 볼 새라 겨우 가슴 언저리 부위에 손을 들어 가볍게 흔드는 것이 전부였다.

차를 타고 한 번씩 이동하는 데는 대여섯 시간이 넘었다. 변변한 휴게소도 없어 열악한 화장실을 이용해야 하는 것이 고역이었다. 우리는 환도산성을 비롯해 몇 군데의 유적지를 거친 후, 백두산이 멀지 않은 곳에 여장을 풀고 내일의 부푼 꿈을 상상하고 있었다.

잠들기 전에 호텔 인근에 양꼬치구이를 전문으로 하는 식당을 찾았다. 그때 벌어진 일화는 지금도 헛웃음이 나온다. 꼬치마다 정해진 가격이 있어 대충 계산이 나오게 마련인데 거의 두 배 가까운 금액을 요구하는 거였다. 일행 중 한 분이 계산이 잘못된 거 아니냐고 따지며 결국 하나하나 다시 점검하니 역시 터무니없는 잘못된 계산이었다. 문제는 단순 계산 실수가 아니고 의도적이었음에도 전혀 미안해하지 않는 그 중국인의 뻔뻔한 태도가 가관이었다. 중국여행 어디를 가든 조심해야겠다. 한국인을 봉으로 아는 게 서글펐다.

드디어 백두산 천지로 향하는 날이다. 아침에 눈을 뜨니 상쾌한 봄날이다. 그런데 이게 웬일인가? 백두산 자락 초입에 다다르니 산허리에 짙은 안개가 드리워지기 시작하면서 세찬 소낙비가 내렸다. 우리는 물론이고 가이드도 당황하는 기색이 역력했다.

어느 지점에 도착해 백두산 '서파' 코스행 순환버스로 갈아탔다. 말 그대로 구절양장 도로였는데 마치 곡예를 펼치듯 운전하는 기사의 운전 실력에 넋을 놓을 정도다. 경사가 심한 내리막길을 비호같이 내달리는 버스는 더 가관이다. 그야말로 묘기 대행진이다.

한참을 달려 버스의 종착지인 해발 1,570m의 서파산문 광장에 도착하니 거짓말처럼 쾌청한 날씨로 변하는데 기적이 아닐 수 없다. 이제 1,442개의 능선계단만 오르면 된다. 천지를 볼 수 있다는 감동에 휩싸여 오르는 데는 전혀 힘들지 않았다. 그런데 늙지도 장애인도 아닌 멀쩡한 사람이 인력거에 의지해 오르고 있었다. 인력거를 끄는 두 사람은 땀범벅인데 눕다시피 타고 가는 사람의 얼굴엔 개기름이 흐른다. 경제적인 극과 극의 현실을 보는 것 같았다.

드디어 정상에 올랐다. 맑은 하늘 아래 펼쳐진 청록색 천지天池의 광경은 감동 그 자체였다. 책이나 영화에서 보던 백두산 천지는 꿈속이 아닌 분명 내 앞에서 존재하고 있다. 한동안 정신없이 셔터를 눌렀다.

주변을 둘러보니 장백산長白山이라는 표지석과 중국 간자체로 쓰여진 해발 2,470m라는 안내와 북한과의 경계지점임을 알리는 팻말이 보였다. 그렇다. 우리가 밟고 있는 땅은 백두산이 아닌 중국 명칭의 장백산이었으며, 보초를 서며 감시를 하는 군인도 중국인이었다.

북한땅 삼지연三池淵을 통해 오르는 동문을 제외하고 남, 북, 서

문 모두가 중국 영토라는 사실에 적잖이 놀랐다. 우리 민족의 성산聖山이자 영산靈山인 백두산白頭山은 이렇게 대부분 중국의 지배하에 관리되고 있었다. 가슴이 아렸다. 시조 한 수로 달래본다.

    천지天池를 만나려고 천리千里 길 달려왔네
    백두산白頭山 고유명사 홀연히 사라졌고
    장백산長白山 아우성에도 침묵沈默하는 천지天池여

천지天池를 보고 한참을 머물렀다. 천지는 말이 없었다. 소리 없이 압록강, 두만강을 찾아 소통하며 오롯이 그 자리를 지키고 있다. 하산길에 만난 야생화들도 특별했다. 오직 천지만을 생각하며 올랐으니 이제야 보인다. 아직 5월임에도 양지바른 곳엔 각양각색의 야생화가 장관을 이루고 있다.

아쉬움을 뒤로하고 셔틀에 올랐다. 다음 일정은 금강대협곡錦江大峽谷과 제자하梯子河다. 장백폭포를 보고 싶었지만 북파코스가 아니어서 볼 수가 없었다.

장백산 대협곡의 총 길이는 70km, 너비는 200~300m에 달한다고 한다. 용암이 흘러내려 만들어진 협곡으로 독특하게 생긴 바위들이 수없이 많았다. 그 모양이 가지각색이어서 어떤 것은 낙타를 닮고, 어떤 것은 손가락을 닮기도 했다.

제자하梯子河는 화산활동으로 지각이 균열하여 사다리 모양의 계곡이 만들어졌다고 한다. 아래는 넓고 위로 가면서 폭이 몹시 좁

아지는 모습인데 백두산 자락에서만이 볼 수 있는 광경이다.

　다음 일정인 집안集安으로 향했다. 장군총과 광개토왕릉비, 고구려벽화 등을 보기 위해서다. 서예書藝가인 나로서는 광개토왕릉비好太王碑라고도 함를 대하는 것도 아주 큰 관심사 중에 하나였다.
　'호태왕' 비는 414년 고구려 제19대 광개토대왕의 업적을 기념하기 위해 아들 '장수왕'이 세운 비석이다. 사면에 비문이 새겨져 있는데 높이 6.39m, 너비 1.35~2m에 달하는 한국 최대의 비석답게 웅장한 모습을 하고 있다. 특수 유리관 속에 보호되어 가까이에서도 글씨를 잘 볼 수가 없었지만 구석구석 잘 살폈다. 교과서에서만 보던 장군총과 고구려벽화도 실제 눈으로 접하였으니 보람이 크다.

　우리 일행은 어느 한식당에 들러 삼겹살을 안주 삼아 소주를 곁들이며 꿀맛 같은 마지막 저녁식사를 했다. 시종일관 화기애애했으며 다들 한 술 하는 분들이기에 점심이건 저녁이건 늘 반주가 함께했다. 물론 천지연天池淵에 올라서도 정상주頂上酒라는 명분으로 한 잔 하기도 했다. 여행에서는 입으로 즐기는 미락味樂 또한 큰 즐거움 중의 하나다. 장거리 이동을 하면서도 지루함을 느낄 수 없었던 것은 모두가 한마디씩 던지는 구수한 입담이 크게 작용했다. 많은 것을 배우고 느끼는 여행이었다.

　다시 역순으로 귀국길에 오르니 좌측으로 압록강과 북한의 산하山河가 끝없이 이어진다. 한참을 달리다 보니 북녘 하늘에 쌍무지개가 떴다. 진기한 장면을 그냥 지나칠 수 없어 차를 멈췄다. 모두 셔터 누르기에 바쁘다. 마치 성공적인 여행을 축하라도 해주는 쌍무지개의 출현은 흐뭇했다.

백두산 여행은 이렇게 마무리되었다. 백두산 천지天池는 장엄했다. 웅장한 모습으로 우뚝 서 있는 백운봉白云峰을 비롯한 20여 개의 봉우리를 병풍 삼아 펼쳐진 쪽빛 자태는 파노라마였으며 황홀경이었다.

과연 천지天池를 영접할 수 있을까? 최대의 관건이었던 천지天池의 모습을 가슴에 담았고, 오래전부터 상상으로 그리던 광개토왕릉비도 친견했다. 반신반의하며 도전했던 첫 백두산 방문에서 맞이한 천지를 보며 온몸으로 느꼈던 환희를 잊을 수가 없다. 더하여 인생 선배들과의 인연도 고마웠다.

덕분에 첫 개인전 준비도 수월하게 진행되었다. 이 모든 게 천지天池의 기운을 잘 받은 덕분이라는 믿음이 지금껏 나를 지배하고 있다.

- 2021년 5월 20일 Gallery 秋藝廊에서

02
제주도 무전여행의 추억

제주도는 내 인생에서 인연이 깊은 곳이다. 고등학교를 졸업한 1974년 여름, 뜻밖의 일정으로 무전여행을 감행하게 되었다. 친구 8명과 계획한 여행은 애초 홍도가 최종 목적지였다. 그런데 서울역에서 야간열차를 타고 목포에 도착하니 하루 한 편뿐인 홍도행 여객선은 이미 출발한 뒤였다.

혈기왕성한 우리들은 누가 먼저랄 것도 없이 바로 출발이 가능한 제주행 여객선을 탔다. 무모하게도 계획이 뒤틀렸으니 제주여행은 그렇게 험난하기에 이르렀다.

그 당시 1인당 5천 원이라는 돈을 각출했기에 교통비를 제외하고는 함부로 돈을 쓸 수 없는 상황이고 보니 한마디로 무전여행이 된 셈이다. 그나마 나는 그 돈도 내질 못하고 얹혀가는 신세였다.

밤이 이슥해서야 제주 부두에 도착했다. 조명시설이 형편없이 낙후하여 천지가 칠흑같이 어두워서 길찾기에 애를 먹었다. 바닷가 근처로 나지막한 산을 타고 한참을 걸어 올라 적당한 풀밭에 텐트를 치고 밀려오는 잠에 빠지고도 어서 날이 밝기를 빌었다. 몇 시간이 흘렀을까? 스님이 절절하게 불경을 외우면서 목탁 치는 소리가 은은하게 들려오더니 새벽 산을 오르는 사람들의 왁자한 소리가 들려왔다. 훗날 알게 됐는데 그곳은 부두 인근의 '사라봉'이고, 목탁소리는 '보림사' 스님들의 새벽 예불이었다.

뱃가죽이 등에 붙은 정도였기에 날이 밝자마자 가져간 쌀로 버너에 밥을 지어 요기를 하고는 비포장 일주도로를 시외버스를 타고 서귀포 중문해수욕장으로 향했다.

버스 안에서 큰소리로 떠드는 두 할머니의 대화가 궁금했지만 한마디도 알아듣기 힘들어서 마냥 신기했는데 우리나라가 맞나 싶었다.

버스에 놓고 내린 배낭을 찾으려고 맡겨진 파출소를 다녀오기도 했다. 아무튼 우리는 우여곡절 끝에 중문해수욕장 해변에 여장을 풀고 그해 여름 정취를 만끽할 수 있었다. 밤이면 야외전축을 틀어 놓고 몇 친구가 흔들어대면 주변 사람들이 모였고, 끼가 넘치는 한 친구는 흥이 나서 이상야릇한 포즈로 신들린 춤을 추어 박수갈채를 받기도 했다.

그렇게 이틀을 보내고 천제연폭포를 거쳐 5·16 도로를 따라 걷다가 성판악에 이르자 뜻을 모아 한라산 등정으로 계획을 틀게 된다. 쌀도 바닥이 보이고 밑반찬이라곤 꽁치 통조림 하나뿐이지만 한라산 등정에 힘을 모았다. 그렇게 백록담까지 오르게 되는데 나는 운동화가 아닌 슬리퍼 신발을 신어서 돌부리에 체이면서 힘들게 올랐다.

말로만 듣던 백록담은 거대한 분화구다. 지금으로서는 어림도 없지만 우리는 분화구 안에 텐트를 쳤다. 버너 연료가 떨어져서 마른 나뭇가지로 불을 때고 대형 올챙이 같은 연체동물이 서식하는 백록담 물로 밥을 지었다. 마지막 남은 통조림은 제일 큰 코펠에 넣고 물을 많이 붓고 소금으로 간을 맞춰 겨우 한 끼를 해결했는데 다들 배가 고팠기에 그나마도 감지덕지였다.

이튿날 하산을 해서 다시 5·16 도로를 따라 제주시를 향해 하염없이 걸었다. 몸을 씻기는커녕 제대로 먹지도 못했기에 하나같이 몰골이 거지꼴이다. 아무리 무전여행이라도 도저히 버티기 힘들었다. 거기다가 의견충돌로 두 패로 나뉘게 되고 4명은 먼저 제주를 떠났다. 시내에 남은 우리는 앞길이 막막했다. 조미미의 노랫말처럼 '바다가 육지라면' 얼마나 좋을 것인가. 이제 바다는 동경의 대상이 아니고 걸림돌이었다.

우리는 지니고 있던 물건들을 팔았다. 텐트는 허접한 군용텐트이니 제대로 된 값을 받을 수도 없었고, 한 친구의 고등학교 졸업 기념으로 받은 손목시계도 정리했으나 안타깝게도 우리가 움직일 여객선비엔 모자랐다. 고민 끝에 한 명만 여객선을 타고 가서 돈을 보내주기로 하고 남은 돈으로 중국집에서 자장면 곱빼기를 시켜 우선 배를 채웠다. 시장이 극에 달했으니 내가 이제껏 먹어본 자장면 중에 최고의 맛이다.

그리곤 부두 가까운 탑동 근처의 허름한 여인숙에서 외상으로 방을 구했다. 그때만 해도 제주도 인심이 그만큼 좋았던 시절이다. 문제는 끼니를 해결하는 것인데 세상물정에 눈이 뜨지 못했던 우리는 그저 굶어서 버티고 있었다. 설상가상으로 돈을 구해 보내겠다던 친구마저도 함흥차사였기에 우리는 탑동 부둣가를 배회하며 먹을거리를 기웃거리거나 막노동 일감이 있는지 눈여겨 살피기도 했으나 안타깝게도 눈에 띄질 않았다. 어언 2주가 흘렀다. 여인숙비는 점점 쌓여가고 무엇보다도 배고픔이 고통이었다. 불쌍해 보였는지 여인숙 주인은 제사를 지낸 음식물을 드문드문 챙겨주었기에 겨우 기초체력을 부지할 수 있었다.

그해는 광복절 기념식에서 당시 영부인이었던 육영수 여사가 문세광이 쏜 총탄에 맞아 숨진 사건이 발생한 해였다. 이래저래 두려움이 더 컸지만 인척 형에게 연락해 우편환으로 송금을 받고 겨우 제주도를 탈출했다.

50년 전을 회상하는 이 시점에, 제주도 무전여행의 추억이 새삼스러운 것은 아내가 그 당시 탑동 근처 칠성통이라는 마을로 우리가 머물던 여인숙에서 아주 가까운 곳에 살았다는 거다. 생각할수록 신통하다.

"이렇게 평생 인연이 될 줄 알았으면 그때 만나서 도움을 받았을 것을! 그랬다면 내가 당신한테 더 잘 대해줬을 텐데……"

아내는 어이가 없다는 듯 피식 웃었던 기억도 새롭다. 그로부터 8년이 지난 1982년에 직장근무를 위해 다시 제주도를 찾았다.

제주도 여인인 아내를 만나 결혼을 했고, 당시 제주국제공항 확장공사를 시공했던 그 직장에서 27년을 근무하고 퇴직했으니 인연도 무한대의 인연이다.

- 2021년 4월 6일 Gallery 秋藝廊에서

03
제주도에서 찾은 특별한 휴가들

"형님, 휴가날짜는 잡았나요?"

직장생활을 하던 시절, 해마다 6월이 되면 제주도에 사는 동서로부터 받는 전화다. 아직 못 정했다고 하면 이어지는 대화도 매번 똑같다.

"정해지면 바로 연락 주세요. 저도 맞춰서 휴가 잡으려 합니다."

이렇게 동서네 여름휴가는 해마다 우리 가족을 위한 배려가 우선이었다. 제주도에 처가를 둔 덕분에 여름휴가는 특별한 경우를 제외하곤 의례 제주도 여행을 다녀왔었다. 직장동료들은 이런 나를 부러움과 선망의 대상으로 바라보곤 했다. 하지만 문제는 우리 가족의 제주 휴가엔 항상 군식구가 따라붙었다. 주로 가깝게 지내는 동료직원 가족들을 동행하곤 했는데 복잡한 가정사로 힘들어하던 직원 가족도 머리 좀 식히고 오자며 데려간 적이 있었다. 그러다 보니 우리 가족만 오붓하게 다녀온 적은 손에 꼽을 정도다.

어느 해에는 두 딸의 영어를 담당했던 과외선생 가족도 함께 여행한 적이 있었는데, 출발을 며칠 앞두고 수학 담당선생 가족까지 합류한 적도 있었다. 아마도 영어선생이 평소 알고 지내던 수학선생에게 자랑을 했나 본데 얼마나 부러워하던지 도저히 뗄칠 수가 없어서 동행했던 것이다. 12명이 제주도 여행길에 오르게 되고 말았으니 휴가의 의미는 벌써 사라지고, 한마디로 아수라장의 연속 상영이 펼쳐지는 고역의 행군이 되고 만다.

숙소로 제주 시내의 동서네 아파트에서 머물게 되는데 12명이 들이닥치면 그야말로 정신이 떠나갈 지경이 된다. 외식을 하는 것도 그렇고 집에서 식사를 해결하는 것도 만만치가 않다. 섬에서 섬을 찾는 이벤트 여행으로 우도 해수욕장에서 야영을 하기 위해 이동을 하려면 텐트 준비로부터 시작해서 밑반찬을 챙기기까지 잡다한 일들이 끝없이 이어진다. 거기다가 서툴게 배운 낚시도구까지 챙기려면 한나절은 기본으로 흘러간다. 그런 일련의 과정들을 동서와 처제는 묵묵히 수발하며 뒷바라지를 해주곤 했다. 그래서 일행들은 동서부부의 헌신적인 모습을 보면서 감동하고는 잊을 수 없는 휴가였으며, 제주도의 멋진 추억을 잘 경험했다고 고마워하고 있다.

서귀포 어촌 출신인 동서는 이른 나이에 공직자로서 사회생활을 시작했으며, 같은 직장에 다니던 처제와 부부의 연을 맺었다. 오지랖이 넓어 분주하게 사는 나와는 달리 매사에 차분하고 과묵한 성

품에다 다양한 손재주까지 겸비했으니 손위 동서인 나를 위한 휴가채비는 기본이요, 다각도로 활용도가 높은 맥가이버 같은 존재이다.

우리는 해마다 장소를 바꿔가며 여름휴가를 다녔는데 낚시를 즐기던 때라서 물때에 익숙한 동서를 믿다 보니 주로 섬이나 해변을 두루 찾아다녔다. 우도는 2~3년에 한 번씩 가고, 차귀도나 비양도는 물론이고 마라도와 가파도도 다녀왔고, 심지어 서귀포 범섬도 낚시하러 둘만 갔다 온 적도 있다. 아무튼 함덕해수욕장을 비롯한 여러 해수욕장을 두루 섭렵하였다.

지금도 강하게 남아있는 기억으로는, 30년 전인데 동서가 비양도 바다에서 맨손으로 잡아 올렸던 문어와 '크로마뇽인' 얼굴이 새겨진 현무암 수석을 찾아냈던 일이 엊그제같이 생생하다. 하지만 세월은 덧없이 흘러 그 동서도 정년퇴직을 눈앞에 둔 '공로연수' 중이다.

새삼스럽게 돌이켜보니 우리 가족이 너무 심하다 싶을 정도로 의지하며 귀찮게 한 것 같아 그저 고맙고 미안한 마음뿐이다. 덕분에 우리 딸들과 이종사촌지간인 조카들과의 사이도 친밀하게 지내고 있어서 흐뭇하다. 더하여 나의 손자손녀들까지도 내 동서를 제주 할아버지라고 부르며 아주 특별한 존재로 각인되어 좋아하는 걸 보면 우리의 관계는 오래도록 대물림하게 될 것 같다.

지금은 친족 간에도 뿔뿔이 흩어져 살고 있어 이웃사촌만도 못하다. 가까운 사촌이나 육촌형제도 대소사가 있거나 늦가을에 지내는 시향제를 참석해야 겨우 얼굴을 보는 정도로 교류가 없다.

　서예가의 길에서 개인전을 여러 번 펼쳤었다. 그때마다 휴가를 내서 작품 걸기를 비롯해 온갖 수발을 다 했던 동서의 마음 씀씀이가 얼마나 고마운지 말로 다 표현할 수가 없다. 이제 몇 달이 지나면 동서도 공직을 마치고 자유인이 되는데 인생 3막에 대해 어떤 구상을 가지고 있는지 아직 구체적인 대화를 나눠본 적이 없다. 단 둘이서 낚시여행을 핑계 삼아 유명한 섬을 찾아다녀 볼까?
　앞으로 뭘 하든지 내가 도움을 주고 싶은 생각이다. 비록 몸은 바다 건너 멀리 떨어져 있지만 마음만은 늘 곁에 있음을 크게 느끼는 작금의 내 심정이다.

- 2021년 4월 8일 Gallery 秋藝廊에서

04
한라산 등반 이야기

광복 70주년이 되던 2015년 8월 15일, 한라산 등반을 감행했다. 이 등반은 각별하다. 동서지간 셋이서 감행했던 등정이었는데 윗동서인 일본 형님의 연세가 당시 76세였기에 가족들 모두가 무리라고 염려했지만 그런 우려를 불식시키고 무사히 잘 마쳤기 때문이다.

제주도 처가는 6남 3녀다. 3녀 중 첫째딸인 처형은 어린 나이에 일본으로 건너가 생활하다가 제일교포 2세를 만나 결혼했다. 윗동서인 형님은 일본에서 성장해서 한국말을 거의 하지 못한다. 그나마 다행인 것은 처형을 만나 오래 함께했기에 한국말을 어느 정도 알아듣고 이해는 하는 편이다.

젊은 시절 '교토'에서 일본의 전통의상인 '기모노' 제작 전문가로 명성을 떨치다가 사업 확장으로 오사카에서 고급 기성복을 마무리하는 공장을 운영하였다. 그때 한국인 종업원들을 쓰다 보니 그들의 대화에서 한국어를 쉽게 익혔을 것이다.

아랫동서는 제주 토박이로 제주에서 공직생활을 하고 있어서 아무래도 동서끼리 자주 얼굴을 대하는 곳이 주로 제주도였다. 지금은 돌아가셨지만 장모님께서 95세까지 제주도에 사셨으니 의당 장모님을 중심으로 제주도에서 주로 만나게 되었다.

일본과 서울에서 제주도를 거점에서 함께하는 동서끼리의 회동은 늘 화기가 넘쳤다. 더하여 모두가 술을 좋아하다 보니 하루 저녁에 맥주 몇 박스가 화기애애한 제물이 되어 얘기꽃을 피웠다. 물론 서울이나 일본을 방문했을 때에도 동서 간의 우애는 변함이 없었다.

마침 2015년 회동에서 일본 형님이 느닷없이 한라산 등반을 제의했다. 나이가 더 들기 전에 한라산 정상을 밟아보고 싶다는 말에 모두는 놀라지 않을 수 없었다. 솔직히 그 당시 회갑인 나도 자신이 없어 눈치를 살폈다.

다행히 운동 삼아 남한산성을 오른 적이 많아서 일단 감행하기로 작정하고 의견을 모았다. 신체 건강한 막내동서가 있어서 든든하였다.

드디어 우리 셋은 간단한 짐을 챙기고 성판악 휴게소를 향했다. 내가 앞에서 걷고 일본 형님은 중간에, 막내동서는 뒤따라오며 만일의 사태를 대비하며 등정을 시작했다. 나로서는 1974년에 무전여행을 하느라고 맨발에 슬리퍼형 신발을 신고 백록담에서 땀을 씻었던 41년 만의 등반이다.

다소 덥기는 했지만 날씨는 화창했다. 순조롭게 '사라오름'을 거쳐 3시간 넘게 걸어올라 '진달래 대피소'에 다다랐다. 이제 왕관능을 바라보며 정상을 정복하는 마지막 단계만 남았다. 형님의 표정엔 힘든 기색이 역력하여 하산 여부를 물으니 단호히 No다. 김밥을 먹고 휴식을 취하고는 다시 오르기 시작했다. 과거와는 다르게 등산로가 잘 정비되어 있어 큰 어려움은 없었는데 아무래도 나이에 따른 기초체력이 염려스러워서 천천히 걸었다.

오름군락과 한라산 자생지인 구상나무 숲들이 화산섬의 신비를 눈앞에서 보았다. 벌거벗은 고사목도 그대로다. 안타깝게도 오소리나 노루는 눈에 띄질 않았지만 부지런히 셔터를 누르며 걷다 보니 정상이 보인다. 우리는 마음을 다잡고 힘찬 발걸음을 내딛었다.

드디어 정상에 올랐다. 백록담 표지석과 고사목에 새긴 한라산 정상 글씨가 보인다. 백록담은 통제구역이라 눈으로만 감상할 수밖에 없었다. 예전에 올챙이가 우글거리던 백록담 물로 밥을 지어 먹고 하룻밤을 묵었던 기억이 새롭다.

마침 광복절 70주년을 기념하느라고 표지석 뒤로 태극기가 준비되어 있었다. 등정인들이 독립투사라도 된 듯 태극기를 들고 사진찍기에 바빴지만 잠시 휴식을 취하고 하산을 시작했다. 정상을 찍은 발걸음이 가볍다. 오를 때 못 봤던 한라산 자생화도 눈에 띈다. 화창한 날씨 덕분에 시야가 한눈에 들어오는 산 아래 풍경은 그야말로 황홀경이다.

돌이켜보니 그날의 등반은 다시없는 기회이고 실천이라서 의미가 크다. 이런저런 사정으로 등반 이후로는 형님을 뵙지 못했다.

올해로 82세이신 형님과 가끔 통화를 해보지만 전해지는 소식은 많이 쇠약해져 자주 병원신세를 진다고 한다. 좋아하던 맥주도 멀리한다고 하니 걱정이다. 코로나가 잠잠해지면 막내동서와 같이 오사카로 달려가야 되겠다. 일본의 오사카와 제주도, 서울의 삼각편대가 하루바삐 만날 수 있기를 기대해본다.

- 2021년 4월 10일 Gallery 秋藝廊에서

05
시드니 오페라하우스를 보던 날

　2007년 여름, 두 딸과 함께 호주 시드니의 오페라하우스를 방문했던 기억이 새롭다. 오페라하우스는 '시드니'의 상징이며 자존심이기도 하다. 세계에서 가장 아름다운 건축물 중에 하나로, 준공된 지 35년도 채 지나지 않아 2007년 유네스코 세계문화유산에 등재된 것은 물론 '세계 신 7대 불가사의'의 후보로 선정되는 영예를 얻으며 오스트레일리아 대륙 전체를 상징하는 대표적인 건축물이 되었다.
　조가비 모양으로 알려진 독특한 지붕의 디자인 모티브는 조개껍데기가 아닌 벗겨진 오렌지 껍질이라고 하는데 오렌지를 까다가 영감을 받아서 디자인한 것이라고 한다. 아무튼 '하버 브릿지'와 함께 한 폭의 그림 같은 시드니 해변을 끼고 자리한 오페라하우스는 그 자체로서 독창적인 아이디어가 돋보이는 명품 건축물임에 틀림없다.

1957년 1월 덴마크 건축가 '외른 오베르그 우드손'은 당선소식을 들었는데 뜻밖의 일이었다. 그의 스케치는 1차 심사도 통과하지 못하고 쓰레기통에 버려졌다. 그런데 심사위원인 세계적인 건축가 핀란드의 에로 사리넨은 제대로 된 작품이 없자 마음에 들지 않는 작품을 당선작으로 선정할 수 없다며 낙선된 작품들을 다시 검토했다. 이렇게 해서 쓰레기통에 버려진 우드손의 작품이 빛을 보게 된 것이다.

하지만 막대한 건축비 지출로 자금 조달이 어려워 오스트레일리아 정부에서는 복권을 발행하기도 했다. 착공한 지 14년 만에 완공된 오페라하우스는 1973년 개관한 이래 세계에서 공연이 가장 많이 열리는 예술센터로 자리 잡았다. 또한 국가의 주요 행사가 진행되는 곳으로 오스트레일리아 사람들에게 매우 중요한 문화적 공간이기도 하다. 토요일과 일요일에는 비 오는 날을 제외하고 오전 8시부터 저녁까지 벼룩시장이 열린다고 한다.

시드니 오페라하우스 주변을 거닐며 많은 생각에 잠겼다. 급속한 산업 발달로 초일류 경제대국으로 가는 길목에 서 있는 우리나라도 이제 세계인들이 부러워할 만한 예술산업을 상징하는 건축물이 하나쯤 있어도 좋겠다는 생각에 미치다 보니 문득, 부산 해운대 인근 동백섬 바닷가와 서울 한강의 '밤섬'이 떠오르며 그곳에 세워진 멋진 건물을 상상해보기도 했다.

나의 젊은 시절, 서울에서 문화예술 공간으로는 세종문화회관이 유일했다. 광화문에 위치했기에 접근성이 좋기도 했지만 건물

외관을 비롯해 제반시설 또한 훌륭했기에 그곳에서 열리는 단체전 전시에 참여하면서 대단한 자부심을 느끼기도 했다.

그러나 문화강국으로 발돋움하는 대한민국의 위상에 비해서는 제반시설들이 턱없이 부족할 뿐 아니라 열악해 서초동 우면산 자락에 '예술의 전당'이 세워지게 된다.

1984년에 기공된 서울 예술의 전당은 86아시안게임과 88서울 올림픽을 계기로 단계적 개관을 마치고, 드디어 92년에는 오페라 하우스가 준공이 된다. 이어서 93년에는 개관기념으로 다양한 공연이 펼쳐지기도 했다. 서예인들이 그토록 염원하던 서예박물관도 생겼다. 명실상부한 대한민국 최고의 문화예술 공간이 탄생한 것이다.

'문화강국'의 문화는 인류가 삶의 지혜로 일궈낸 각종 유산과 생활양식을 가리킨다. 유네스코 세계기록유산에 등재된 훈민정음, 조선왕조실록, 고려대장경, 동의보감 등을 비롯하여 족보, 난중일기, 토정비결, 금속활자와 같은 뛰어난 기록 관련 유산을 보유한 우리나라는 분명 문화강국이다. 물론 굴곡진 역사를 거치며 아직도 회수되지 못하고 해외에 외롭게 머무는 문화재도 상당수 존재하고 있는 것이 엄연한 사실이다. 이제 우리는 스스로 고유문화와 훌륭한 문화유산을 현대생활에 맞춰 계승 및 발전시켜 자타가 인정하는 진정한 '문화강국'이 되는 일이 시급한 실정이다.

인공지능AI에 의한 4차 산업혁명 시대를 맞아 문화콘텐츠의 위력은 더욱 빛을 발하게 될 것이다. 이제는 모두가 문화생활에서 삶의 가치를 찾아 삶의 질을 높이고, 우리 젊은이들이 국제화된 전통문화에 힘입어 세계무대에서 활약할 수 있는 날이 오기를 기대해본다.

얼마 전 한국예술인복지재단을 통해 '문화예술인' 등록을 마쳤다. 내가 참여하는 서예書藝라는 장르는 '전통미술'로 구분되어 있었다. 오래전 지인으로부터 이런 제도가 있다는 정보를 들었지만 나 같은 무명서예가에게는 해당이 안 될 거라는 선입감이 있어 신청을 미루다가 반신반의하며 신청서를 접수했는데 3개월 보름여 만에 통과됐다는 연락을 받은 것이다. 나의 소박한 작품활동을 국가에서 인정해준다는 생각에 미치니 기쁘기 그지없다. 30여 년 전 직장생활을 병행하며 쓰기 시작하여 퇴직 후 전업작가로 활동하는 지금까지 쉼 없이 달려온 지난 세월을 한꺼번에 보상받는 기분이다. 그러나 반사적으로 책임감 또한 크게 다가오기에 흔들리지 말고 더더욱 정진해야겠다는 각오를 다져본다. 글 좀 몇 년 썼다고 거들먹거리거나 어느 단체에서 무슨 상을 받았느니 자랑해가며 폼 잡는 이들을 많이 보아왔다. 그럴 때마다 스스로를 다독거리며 여기까지 왔고 결국 나라에서 인정해주는 문화예술인이 되었으니 이제 뒷감당은 오롯이 나의 몫이 된다.

예술인은 어떤 지위를 가지는가? 1980년 10월, 유네스코는 제21차 총회에서 '예술인의 지위에 관한 권고'에서 예술인을 다음과 같이 정의했다고 한다.

"예술인이란 예술작품을 창작하거나 독창적으로 표현하고 혹은 이를 재창조하는 사람, 자신의 예술적 창작을 자기 생활의 본질적인 부분으로 생각하는 사람, 이러한 방법으로 예술과 문화 발전에 이바지하는 사람, 고용되어 있거나 어떤 협회에 관계하고 있는지의 여부와는 상관없이 예술인으로 인정받을 수 있거나 인정받기를 요청하는 모든 사람을 의미한다."

이 정의에서 주목할 것은 예술인의 '생활'과 '인정'에 대한 설명이다. 독창적인 표현능력으로 창작행위를 하는 사람이라는 예술인의 일반적 정의는 여기서 그다지 중요하지 않다. 중요한 것은 그러한 예술인의 창작활동과 자기 생활 사이의 관계는 무엇이며, 예술인은 어떻게 인정받는가 하는 것이다.

이 글을 접하고 내가 주목했던 대목은 "고용되어 있거나 어떤 협회에 관계하고 있는지의 여부와는 상관없이 예술인으로 인정받을 수 있거나 인정받기를 요청하는 모든 사람을 의미" 바로 이 부분이다. 이는 예술인을 정의하는 가장 폭넓은 정의에 해당되는데, 다음 해설을 주목해볼 필요가 있다.

"예술인으로서 복지의 혜택을 받기 위해서는 한국예술인복지재단에 예술활동 증명을 신청해야 한다. 졸업증, 자격증, 작품활동 경력, 수상실적과 같이 자의적 인정이 아니라 객관적 인증이 가능한 제도 안에 포함되어야지만 예술인으로 인정받을 수 있다. 그러나 예술인의 네 번째 정의는 제도화된 예술인이 아니라 자발적, 자율적, 자생적 요청에 의한 호혜적 정의라는 점에서 예술인의 주체적 역량을 가장 강조한 것이다. 한 가지 논쟁적일 수 있는 점은 자발적, 자율적, 자생적 예술인으로 요청하는 과정에서 현재 상당한 발전을 이루고 있는 생활예술인에 대한 사회적 인정을 어떻게 하는가이다."

곱씹어볼 대목이다.

문득, 2013년 인사동에서 첫 개인전을 펼칠 때처럼 순수한 마음을 유지하고 있는지 스스로 점검해보게 된다. 벌써 8년이 흘렀다. 그리고 그 사이 3번의 전시를 더 했으니 나름 쉬지 않고 열심히 달려온 셈이다. 그 결과 국가가 인정하는 문화예술인으로 등록되었다. 무엇보다도 기득권 세력에 휘둘리지 않고 묵묵히 내 갈 길을 걸어왔다는 사실이 스스로 자랑스럽다. 야합과 권모술수가 판치는 문화예술계에서 외롭게 버티며 지낸 수많은 시간들은 내게 보약처럼 다가온다.

지방자치 분권의 시대를 맞아 지금은 각 시, 도마다 제법 훌륭한 문화예술 공간을 보유하게 됐다. 작금에 대선 정국을 맞아 어느 후보는 문화예술인에 대한 처우 개선을 공약으로 내놓기도 했다. 실로 바람직한 현상이 아닐 수 없다.

이제 우리나라도 10대 경제대국에 접어들었다. 시드니 오페라하우스에 버금가는 세계적으로 주목받는 문화예술 공간이 탄생했으면 하는 바램은 나만의 생각만이 아니기를 기대해본다.

- 2022년 3월 6일 Gallery 秋藝廊에서

06
서해안 '갯벌체험'의 추억

　근간에, 그러니까 작년 가을과 금년 초여름, 두 번에 걸쳐 두 손자 녀석과 서해안 '곰섬'으로 갯벌체험을 다녀온 바 있다. 이미 아빠 엄마와 캠핑을 통해 자주 바닷가를 다녔던 터라 할아버지와 함께한다고 뭐 특별할 게 있냐마는 어린 두 녀석은 할아버지는 무슨 대단하고 특별한 재주를 지니고 있다고 믿고 있는 눈치가 역력해 보여 대충 함께하기가 부담스러워진다. 그래서 그동안 체험하지 못한 새로운 추억거리를 만들어주고 싶었다. 다름 아닌 '바지락 캐기' 체험을 생각하게 되었는데, 나 자신도 미처 경험하지 못했기에 나와 두 손주 녀석에겐 새로운 도전인 셈이다.

　우리 가족은 일상의 사진들을 늘 주고받는다. 내가 가족 Band를 운영하는 탓도 있지만 그보다는 손주 사랑이 남다른 할아버지의 애틋한 심정을 헤아려 어디를 놀러가든지 꼭 사진과 동영상을 보내 근황을 알리곤 한다. 그 사진과 동영상을 확인하며 함께하는 재미도 내게는 큰 즐거움이다.

언제부턴가 사위와 딸은 두 아들을 데리고 캠핑을 자주 다니기 시작했는데, 꼭 나의 젊은 시절을 보는 것 같아 흐뭇하기 그지없다. 벌써 40년이 가까워지는 세월이 흘렀다. 어렵게 살던 시절, 텐트를 비롯한 캠핑도구를 할부로 구입 후 어깨에 둘러메고 두 딸의 고사리손을 잡고는 충청도 화양계곡을 비롯해 여기저기 참 많이 다녔다.

휴가 일주일 내내 남한산성 계곡에 텐트를 치고 지낸 적도 있으며, 심지어는 제주도 처갓집으로 휴가를 가면서도 도구를 챙겨가 해안 이곳저곳을 누비기도 했다. 아마도 딸의 어린 시절 추억이 사위의 취미생활과 일맥상통해 대물림된 듯하다.

첫 갯벌체험을 나가기 얼마 전의 일이다. 사위가 야간에 '해루질'을 하다가 제법 큰 낙지를 잡았다고 호들갑을 떨면서 사진과 동영상을 보내왔다. 아마도 썰물에 제때 빠져나가지 못한 낙지 한 마리가 걸려들었나 보다. 그 외에도 박하지(민꽃게)는 꽤나 여러 마리를 잡았다. 아무튼 사위는 일몰이 시작되면서 밤이 이슥해지고 또다시 밀물이 시작되는 시간까지 온갖 장비를 착용하고는 해루질을 한다. 아마도 정적인 작업인 바지락 캐기보다는 여기저기 움직이며 목표물을 수확하는 게 더 나은 모양이다. 그래서 나는 두 손주 녀석들에게 조용히 앉아서 조개 캐는 모습을 보여주고 싶었던 것이다.

2022년 9월의 막바지 어느 날, 드디어 서해안 '곰섬'을 1박 2일로 함께 찾았다. 그리고 썰물과 동시에 호미를 들고 펜션 앞 갯벌에 당도해 주변 사람들의 작업을 눈여겨보기 시작했다. 바지락은 모래밭에 사는 동죽조개와 달리 돌과 갯벌, 그리고 모래가 함께 어우러진 곳에 살고 있었다. 적당히 헤집기만 하면 어김없이 모습을 나타내는 게 너무도 신기했다. 두 손주 녀석은 할아버지 옆에서 작은 바위들을 뒤집으며 꽃게잡이에 열중하다가도 할아버지가 미처 발견하지 못한 바지락을 낚아채는 재미에 시종일관 할아버지 옆을 떠나지 않는다. 이것이야말로 할아버지와 손자가 함께 누릴 수 있는 최고의 체험학습이자 파트너쉽이 아닌가 싶다. 문제는 가을 바지락은 살집이 적다는 게 흠이었다. 그래서 바지락을 포함한 어패류는 봄이 제철이라고 하나 보다.

 아무튼 꽤나 많은 양을 잡아 찜도 실컷 해먹고 칼국수도 즐겼지만 그래도 남아서 냉동을 하고는 겨울 내내 된장찌개를 해먹기도 했으니 첫 체험치고는 큰 수확이었다.

 2023년 6월에 다시 '곰섬'을 찾았다. 지난해, 가을 바지락 살집이 적었던 아쉬움도 있었고, 어느 정도 잡는 요령도 익혔으니 이제는 두려울 게 없었다. 가는 길에 엉덩이에 부착하는 방석도 구입했다. 누가 봐도 바지락 전문가의 포스다.

 역시 사위는 해루질을 즐기고 두 손주와 나는 바지락 캐기에 열중한다. 간간이 큰 꽃게가 잡히면 열광하며 내게 자랑하는 손주들의 모습에 웃음이 절로 나온다.

세 시간여를 캐니 제법 많은 바지락이 양동이에 쌓인다. 서울의 마켓에서 비닐봉지에 담아 제법 비싼 금액에 파는 것을 생각하면 하루 일당을 톡톡히 한 셈이다. 게다가 봄바지락이라 살마저 통통하니 찜과 또 다른 요리를 해먹는 재미도 쏠쏠하다.

흔히들 갯벌체험을 꺼리는 것은 가슴장화를 비롯한 준비물도 제법 있어야 하고, 더하여 호미로 주구장창 바닥을 헤저으며 움직이는 것이 체력적으로도 다소 힘들기 때문일 것이다.

"뭘 그렇게 힘들게 잡아! 사먹으면 되지."

아마도 이런 심리가 깔려있기 때문에 실행에 옮기지 않는다고 본다. 나 역시도 그랬다. 가끔 TV에서 얼굴에 갯벌 흙을 묻히고는 어패류를 잡으며 여가를 즐기는 모습을 보면서 똑같은 생각을 했었다. 그런데, 두 손주와 함께한 두 번의 갯벌체험을 경험하고는 생각이 정반대로 바뀌었다.

어민들의 고충도 더더욱 이해가 되고, 그들의 땀 흘린 결과물이 여러 유통과정을 거쳐 우리들의 소중한 밥상에 오른다는 것을 실감하게 되었다. 무엇보다도 갯벌체험을 통해 할아버지와 손자 간의 끈끈함이 더욱 돈독해졌다는 것이 큰 수확이다. 할아버지가 잡은 바지락을 보며 두 손자는 그때마다 "할아버지 최고!" 하며 엄지척을 해준다. 나 역시 두 녀석이 잡은 꽃게를 보며 "지유, 승유 최고!"라고 화답해준다. 이 순간만큼은 나는 두 손자에게 최고의 할아버지요, 두 손자는 내게 최고로 보배 같은 존재가 된다. 벌써 내년 봄이 기다려진다.

- 2023년 9월 19일 Gallery 秋藝廊에서

07

'다람쥐 가족'의 유럽여행

〈한 달 살기〉

프롤로그(Prologue)

 여행은 새로운 곳을 탐험하고, 다른 문화와 사람들을 만나고, 자신의 경험과 지식을 넓히는 활동이라고 한다. 또한 여행은 삶에 다양성과 즐거움을 더해주고, 스트레스를 해소하고, 건강을 증진시켜 주기도 한다. 더하여 자신의 가치관을 재고하고, 새로운 시각과 인사이트insight를 얻게 해주기도 한다.
 여행은 종류와 방법에 있어서도 매우 다양하다. 자연과 풍경을 감상하며 힐링하는 여행을 좋아하기도 하고, 어떤 이들은 역사와 문화를 배우고 체험하는 여행을 좋아하기도 한다. 이 외에도 취미와 관심사에 맞춘 여행, 모험과 도전을 추구하는 여행 등 여러 종류가 있다. 여행의 방법에 있어서도 어떤 사람들은 혼자서 여행하는 것을 선호하는가 하면 어떤 사람들은 친구나 가족과 함께 여행하는 것을 좋아하기도 한다.
 함께 여행하면 서로의 의견과 감정을 공유하고, 즐거운 추억을 만들 수 있다. 또한 함께하는 여행이 서로의 관계와 유대감을 강화할 수 있는 것은 분명해 보인다.

　폭염과 장마가 교차하던 2023년 여름, 온 가족이 함께 한 달간의 유럽여행을 다녀왔다. 명분은 체코 '오스트라바'에 거주하는 둘째딸 집방문이지만 실제로는 그곳을 근거지로 해서 유럽 전역을 둘러보는 통 큰 여행이 된 셈이다.
　벌써 4년의 세월이 흘렀다. 모 그룹에 다니는 둘째사위가 유럽의 주재원으로 발령이 나면서 체코로 떠나게 되었다. 딸과 두 손녀딸은 뒤이어 합류하기로 했지만 난데없는 코로나 사태로 출국 보류라는 사태에 이르게 된다. 2020년, 2주간의 첫 휴가를 맞아 잠시 귀국했던 사위가 코로나 감염 유무와 관계없이 무조건 1주일간의 격리기간을 거쳐야만 가족과 대면할 수 있었던 시절이었으니 당시의 코로나 사태는 매우 심각했었다. 결국 1년이 지난 뒤 우여곡절 끝에 딸네 가족은 동반가족 휴직원을 내고 유럽으로 떠났다. 7년여를 돌보던 눈에 넣어도 아프지 않을 두 손녀딸과의 이별은 나와 아내를 너무도 힘들게 했다.

　그리고 3년이 흘렀다. 이제 딸네 가족도 1년 후엔 임기를 마치고 귀국길에 오르게 된다. 다행히도 온 세계를 뒤흔들며 괴롭히던 코로나도 2023년 봄을 기점으로 서서히 잠잠해지기 시작했다. 이때부터 두 딸은 '다람쥐 가족' 유럽여행 한 달 살기라는 대형 프로젝트를 기획했나 본데, 아마도 노년에 접어든 아빠, 엄마가 더 늙기

전에 행복한 시간을 보내기 바라는 배려가 깔려있지 않았나 하는 생각이 든다. 사실 나와 아내는 대략 열흘 정도 머물며 손녀딸이 다니는 학교도 둘러보고 체코 주변만이라도 간단히 살펴보겠다는 생각은 없지 않았다. 그러나 이렇게 한 달을 머물며 유럽 전역, 게다가 북유럽 크루즈 여행까지 기획한 사실에 놀라지 않을 수가 없었다.

이미 주사위는 던져졌다. 7월 14일 출국이다. 그동안 틈틈이 괴롭히던 잇몸질환 치료는 물론, 장마 대비 집단장도 서둘러 끝내야 하고 할 일이 너무 많다.

6월 26일, 딸과 두 손녀딸이 마지막 휴가를 다니러 왔다. 이제 보름여를 한국에서 보내고 나면 나와 아내, 그리고 세종시에 사는 큰딸네 가족과 동반 출국하는 일만 남은 것이다. 큰사위는 직장관계로 크루즈 여행부터 합류한다고 했다.

둘째딸이 머무는 동안 연일 대문 앞에 택배가 쌓여 뭔 일인가 했더니 유럽여행 다니며 먹을 인스턴트 식품이란다. 입맛 까다로운 아빠를 위해 고민하며 노력하는 딸의 모습이 대견하기도 하지만 미안한 마음에 애처롭기까지 하다.

여행은 삶의 선물이며 삶의 재미와 의미를 더해준다. 더욱이 가족이 모두 함께하는 여행이라면 그 의미는 특별히 남다르다 할 수 있다. 누구나 온 가족이 참여하는 여행에 대한 갈망이 있을 것이다. 그러나 그런 완벽한 타이밍을 잡기란 쉽지 않다.

우리 가족도 마찬가지다. 여기저기 여행은 많이 다녔지만 가족 전체가 함께했던 여행은 2007년 두 딸이 결혼하기 전, 4명의 가족이 홍콩을 거쳐 호주 시드니에 다녀왔던 것이 고작이다. 이후 결혼해 각기 두 자녀씩을 낳고 두 사위까지 더해 이제 우리 가족은 10명이 되었다. 막내 손자녀석이 6살이니 제법 긴 시간이 흘렀다.

이제 우리 완전체 10명의 가족은 한 달이라는 결코 짧지 않은 기간 동안 유럽여행을 떠나게 된다. 꿈만 같다. 보석 같은 손주 녀석들과 한 달을 함께 뒹굴며 지낼 생각을 하니 너무도 행복하다. 그래서 이번 여행의 의미를 함축해 다음과 같이 제목을 달아본다.

주제 : '다람쥐 가족' 유럽에서 한 달 살기

부제 : 2023 '손주들과 추억 쌓기' Project

(1) 출발 & 체코생활의 이모저모

유럽으로 떠나는 7월 14일 아침, 며칠 전부터 내리기 시작한 세찬 장맛비가 내리다 멈추기를 연일 반복한다. 소양강댐을 비롯한 한강 상류에서 방류된 물들이 엄청난 유속流速으로 서울을 관통하고 있고, 방송에서는 올림픽대로 여의도 샛강 근처도 통제를 시작했다고 떠든다. 아침 일찍 도착한 콜밴기사는 올림픽대로를 피해 양재대로를 거쳐 광명을 지나 제2인천대교를 향해 달리고 있다.

머릿속이 복잡해진다. 과연 비행기는 정상운행이 가능할 것인지, 마음은 이미 체코에 가 있으나 장마철에 홀로 남겨진 집 걱정에 한숨이 절로 나온다. 크지는 않지만 건물을 소유하고 산다는 것이 이렇게 신경 쓰이고 큰 걱정거리가 될 줄은 미처 몰랐다.

제주도를 비롯한 국내여행인 경우에는 비상시 달려오면 되지만 한 달 간의 긴 유럽여행은 불가능하다. 세입자 한 분에게 간단한 사항을 부탁은 했지만 영 편치 않다.

인천공항에 도착하니 새벽 5시에 세종시에서 출발한 큰딸과 두 손주 녀석이 막 도착해 달려와 안긴다. 그저 마냥 신이 난 천진난만한 모습이다. 근심 어린 표정을 보이기 싫어 같이 호응해준다.

수속을 마치고 입국장에 들어서니 '비즈니스 라운지'로 안내한다. 이게 웬일! 아빠 엄마 편하게 출국하라고 비즈니스석을 예약했단다. 우리 부부에겐 익숙하지 않은 즉, 어울리지 않는 옷을 입은 모양새가 되었다. 빗줄기가 잠시 주춤하면서 비행기는 정상운행을 하게 되고, 드디어 처음 타보는 비즈니스석에 오른다. 편한 자세에서 와인과 맥주를 과하다 싶을 정도로 마시고는 좌석을 펼치고 두 다리 쭉 뻗고 잠을 청해본다.

13시간 남짓 비행 후, 오스트리아 '비엔나' 공항에 도착했다.
둘째사위와 또 다른 예약기사가 반갑게 맞이하는데, 엄청난 양의 트렁크와 짐을 보고는 아연실색한다. 겨우 꾸겨 싣고 체코 '오스트라바'로 향하는데 저녁 8시를 지나 9시가 가까워지는데도 해가 지지 않는다. 덕분에 오스트리아 전원풍경을 마음껏 감상할 수 있었다. 끝없이 펼쳐지는 옥수수밭은 사료용이 주목적이고, 간간이 보이는 해바라기밭은 기름을 짜기 위한 용도란다.

체코 오스트라바 딸집에 도착했다. 결혼을 해서도 늘 우리와 지근거리에 살며 의지하고 했던 딸이 처음으로 낯선 외국에서 몇 년째 살고 있던 터라 많이 궁금했다.

8살, 6살 두 손녀딸은 우리 부부의 보살핌을 받다가 오롯이 아빠, 엄마를 의지하며 낯선 외국인 학교를 다녔을 것이다. 그래서 딸 내외가 사는 집과 두 손녀딸이 다니는 국제학교가 많이 궁금하고 보고 싶었다.

　도착해보니 눈이 휘둥그레진다. 깔끔하게 지어진 넓은 아파트에 서구 스타일이 물씬 풍기는 내부 구조가 한눈에 들어온다. 이곳 체코에서는 최상류층들이 모여 사는 고급 아파트라고 한다. 무엇보다도 넓게 탁 트인 발코니가 시원스레 눈길을 끈다. 이제 이곳은 우리 전체 가족이 한 달을 머물며 유럽여행의 전진기지가 되는 것이다.

　유럽에서 한 달을 머무르는 동안 이곳저곳 여행도 중요했지만 간간이 딸집에 머물며 생활하고 손주들과 놀아주는 것도 그에 못지않게 소중했다. 우선 나는 준비해간 바둑판과 윷놀이 기구를 활용해 많이 놀아주곤 했는데, 바둑이나 오목은 물론 윷놀이에서 말판을 쓰는 것 모두가 머리를 잘 써야 한다는 공통점이 있어 좋았다. 다만, 어린아이들이 승부에서 지면 수긍을 못하고 때로는 울고불고하는 것이 마음에 걸린다.

　그래서 어느 한 날을 잡아 일장연설을 했다. 그저 평범한 얘기지만 심각한 표정을 지을 수밖에 없었고 손주들은 귀를 쫑긋하고 세운다.

　"애들아! 세상 사람들이 다 이기고 살면 얼마나 좋을까? 그러나 그렇지 않단다. 특히 승부의 세계에서는 지는 사람이 있어야 이기는 사람이 있는 거란다. 질 수도 있다. 허나 노력해서 열심히 하다 보면 다음엔 또 이길 수 있는 것이다. 졌다고 울거나 포기하지 말 거라. 알았지?"

그리고는 세뇌를 시키기 위해 나는 다음과 같이 선창을 한다.

"애들아, 지는 사람이 있어야?" 하고 선창을 하면 손주들은 "이기는 사람이 있다!"라고 대답하도록 유도했다. 그 반대의 경우도 마찬가지다. 효과는 적중했다. 그 다음부터는 승부에서 져도 쿨하게 받아들인다.

많은 곳의 여행을 계획표대로 진행하다 보니 집에서 온전히 쉬는 날은 불과 며칠 되지 않았다. 그런 날은 예외 없이 발코니데크에서 바비큐 파티를 즐기곤 했다. 아파트 내에서 한 가구 전체 면적의 발코니를 유일하게 보유하고 있는 집이기에 그런 파티가 가능했으며, 그 일련의 과정이 그림처럼 펼쳐지곤 했다. 체코는 우리나라처럼 고기를 썰어서 팔지 않는다. 그래서 고기 써는 기계를 오래전에 구입했단다. 아무튼 부지런하고 손재주 많은 사위 덕에 집에서 즐길 수 있는 많은 것을 즐겼다. 무엇보다도 고기를 유난이 좋아하는 두 손주 녀석들에게는 천국이나 다름없었을 것이다.

돌이켜보니 두 딸을 키우며 소위 말하는 핵가족 시대를 벗어난지 10년이 흘렀다. 핵가족은 한 남자와 한 여자가 혼인을 함으로써 형성되고, 자녀를 출산함에 따라 성장하며, 자녀가 혼인함으로써 축소되고, 부모가 사망함으로써 소멸하는 과정을 거치게 된다. 나와 아내를 기준으로 볼 때, 어느덧 10년의 세월 속에 두 딸이 출가해 네 명의 손주가 태어나고 두 사위 포함, 10명의 직계가족이 형성된 것이다.

이렇게 형성된 우리 가족 전체가 머나먼 이국땅에서 부대끼며 함께 즐기고 있으니 이보다 더한 행복은 없다는 생각이다. 그 밖에도 두 손녀딸 학교 방문과 인라인스케이트장에서의 오붓했던 시간들, 집 주변 여기저기 함께 다니며 쇼핑했던 시간들, 폴란드 Dream Park에서 자연과 함께하며 하루를 고스란히 보냈던 꿈같은 시간들, 이 모두가 잊을 수 없는 소중했던 추억들이다. 가족애家族愛를 실감하는 한 달이었다.

(2) 폴란드 '자코파네(Zakopane)' 1박 2일

유럽 도착 첫 일정으로 폴란드 '자코파네' 1박 2일 여행을 떠난다. 시차적응은 엄두도 못 내고 간단히 아침을 해결하고는 현지시간 9시에 집을 나섰다. 한국시간으로는 새벽 2시로 한창 잠에 취해 있을 시간인데, 아마도 직장에 다니는 둘째사위가 주말을 맞아 함께하기 위해 그리 일정을 잡은 것 같다. 네비게이션을 켜니 350km가 나온다. 첫 여행지인데 너무 멀지 않느냐고 했더니 이곳에선 그 정도 거리는 약과란다.

자코파네는 폴란드 남부지역에 위치해 있으며 타트라Tatry 산맥을 끼고 있는 동유럽의 알프스라 불리는 곳이다. 체코 오스트라바에서 목적지에 가기 위해서는 슬로바키아 국경을 살짝 거쳐야 하는데 고속도로는 잠시 스치고 대부분 지방도를 이용해야 하기에 거의 5시간 가까이 달려야 한다.

큰딸이 유럽에서 첫 운전대를 잡는다. 20년이 넘는 베테랑 경력이지만 아빠의 입장에서는 걱정이 밀려온다. 슬로바니아 국경에서 잠시 쉬며 만나기로 하고 출발했다. 달리는 내내 차창 밖을 응시하며 풍광에 취해보는데 아기자기한 마을의 형성과 유로풍의 집들이 마음을 사로잡는다. 특히 폴란드땅을 밟으니 구릉진 언덕마다 그림 같은 집들이 전원과 어우러지며 아름다움을 선사한다.

도착 한 시간여를 앞두고 찾은 폴란드 정통 레스토랑의 고풍스런 분위기와 정갈한 음식도 맥주 한 잔과 함께 여행의 피로를 풀어주기에 충분했다. 드디어 타트라 산맥 자연공원 주차장에 도착했다. '모르스키에 오코 Morskie Oko' 호수를 가기 위해서는 두 시간여 오르막길을 걸어야 하는데, 다리가 불편한 아내와 아이들을 위해 마차를 타야 했다. 편도 40분 정도 소요된다고 한다.

우리 가족은 두바이에서 온 가족 일행과 함께 마차에 올라 출발하는데 두 말의 다리 근육이 장난이 아니다. 그러나 자세히 살펴보니 주인의 출발신호와 동시에 힘차게 달리던 말들도 잠시 뒤엔 숨을 헐떡거리며 힘들어한다. 중간지점에 잠깐 쉬며 물을 먹이고는 잠시 보듬어주는 게 고작이다. 두 말의 희생과 노동이 애처롭기까지 하다.

말에서 내려 목적지인 '모르스키에 오코' 호수까지는 다시 30분 남짓 걸어야 한다. 매점들과 화장실이 있건만 이곳 역시 화장실을 이용하려면 한화로 약 700원 정도 돈을 내야 한다. 한국에서는 상상도 못할 일이다. 드디어 호수에 도착했다. 한여름인지라 타트라 산맥 중턱까지는 잔설이 남아있고 그를 배경으로 쪽빛 호수가 그림처럼 펼쳐지는데, 이 계절에서만 볼 수 있는 풍경이란다. 겨울에 오면 온통 사방이 눈으로 덮여 있고 호수는 꽁꽁 언다고 한다. 주말이라 그런지 많은 사람들이 이곳을 찾았다. 폴란드에서는 "삶에 지치면 '자코파네'로 가라"라는 말이 있다고 한다. 그만큼 여름은 여름대로 트레킹 코스로, 겨울은 스키를 포함한 동계스포츠를 즐기기 위해 유럽 전역에서 이곳을 찾는다고 한다. 우리는 한 시간여를 풍경에 취하며 머물렀는데, 흔치 않은 한국인 젊은이들도 만났다. 이곳에서 한국인을 만나다니, 서로 놀라는 눈치다.

아이들은 유유자적하는 물고기들의 모습에 눈을 떼지 못한다.

다시 말을 타고 하산해 숙소로 향하는데 자코파네 시내가 아닌 전원 같은 마을로 향해, 혹시나 했더니 구릉진 언덕에 있는 폴란드 정통양식의 집 한 층을 통째로 예약했던 것이다. 숙소가 너무 마음에 든다. 유럽은 온돌방 개념이 없기에 아이, 어른 따지지 않고 인원수에 맞춰 침대가 구비되어야 함을 처음 알게 되었다. 아무튼 우리는 이곳에 오며 감탄했던 그런 집에서 하루를 묵게 될 것이다.

역시 야외에 나오면 바비큐 파티가 최고, 돼지목살과 와인으로 하루의 피로를 풀어본다. 한국에서 공수해간 소주도 빼놓을 수 없는 메뉴 중에 하나다.

이튿날 아침 일찍 눈을 떠 조용히 혼자 마을 산책에 나섰다. 고

만고만한 집들이 제각기 개성을 드러내며 뽐내고 있었다. 아마도 대부분의 집들이 자코파네 관광객을 상대로 하는 숙소로 이용되는 것 같았다. 숙소로 돌아와 다시 아이들을 데리고 산책에 나서 평화롭게 들판을 노니는 소들이 있는 곳으로 갔다. 카메라를 들이대니 소와 들판을 배경으로 명작 名作이 탄생한다. 거미집이 있는 곳에서는 '거미의 삶'에 대해 장황하게 설명하기도 하고, 그야말로 자연학습을 위한 최고의 장소가 아닌가 싶다.

준비해간 면 요리와 햇반으로 아침을 챙기고는 아쉬운 마음을 뒤로하고 숙소를 나섰다. 이제 자코파네 시내를 둘러보고 오후에는 서둘러 집으로 출발해야 한다.

자코파네는 폴란드 남부 '마우폴스키에 주'에 위치해 있으며, 인구 약 3만 명의 그리 크지 않은 소규모 도시다. 우선 시내를 한 바퀴 둘러보고 자코파네 전망대에 올랐다.

도시의 모습이 한눈에 들어오고 멀리 타트라 산맥이 병풍처럼 펼쳐진다. 과연 동유럽의 알프스답다. 다시 내려와 '피자와 케밥'으로 점심을 먹고 '자코파네 공원'으로 향했다. 사슴 한 마리가 평화롭게 공원을 헤집고 있어 깜짝 놀랐다. 오래된 공원이지만 한국처럼 아기자기한 맛은 없고 그저 평화롭기만 한 모습이다. 박물관을 찾지 못해 다소 아쉽긴 했지만 30여 시간을 보낸 이곳에서의 1박 2일이 오래도록 기억에 남을 것 같다. 더하여 폴란드를 찾는 한국인이 있다면 이곳을 강력히 추천하고 싶은 마음이다.

(3) 체코 '올로모우츠(Olomouc)' 여행(당일)

폴란드 자코파네를 1박 2일로 다녀온 후, 17일은 두 손녀딸의 학교를 잠시 방문하고는 집에서 휴식을 취했다. 시차 적응 및 컨디션 조절이 우선 급선무이기 때문이다.

7월 18일화요일, 두 번째 여행지인 체코 '올로모우츠Olomouc'로 향한다. 집에서 편도 약 230km, 당일로 다녀오기는 다소 무리가 있으나 서둘러 준비한다면 전혀 문제가 없다. 사실 230km라면 서울에서 전주보다도 먼 거리지만 이미 그보다 더 먼 거리를 경험했기에 그다지 멀다는 느낌이 없으니 인간은 적응의 동물이 맞는 것 같다. 아무튼 패키지 여행이라면 가볼 수 없는 곳이기에 설레는 마음으로 출발했다.

우리가 가는 체코의 올로모우츠는 중세시대의 아름다운 건축물과 풍부한 역사가 어우러진 도시로, 유럽의 역사와 문화를 체험할 수 있는 특별한 여행지라고 딸이 설명한다. 중세에는 대모라비아Great Moravia라는 왕국의 중심지였으나, 11세기 보헤미아 왕국에 합병되었고, 20세기에 들어와 지금의 체코에 편입되었다고 한다. 체코에서 5번째로 큰 도시인 올로모우츠는 1640년까지 모라비아 왕국의 수도 역할을 700년이나 수행하던 곳이기에 체코에서 프라하 다음으로 중세시대의 문화재 보유 수가 많은 도시이기도 하다. 더하여 올로모우츠의 구시가지도 프라하의 구시가지처럼 로마네스크, 고딕, 르네상스, 바로크, 로코코 양식이 모여 있어 살아있는 건축박물관이라고 불리기도 한다.

구시가지의 중심 '호르니 광장'에 도착하니 천문시계와 시 청사를 배경으로 '성 삼위일체 석주'가 반긴다. 2000년 세계문화유산에 등재된 문화재로 35m의 높이에 18명의 성인이 횃불을 들고 있는 형상이 매우 아름답고 정교한데, 한때 유럽을 뒤흔들던 흑사병 퇴치와 종교적인 염원이 담겨있다고 한다. 올로모우츠가 관광객들에게 더더욱 사랑받는 이유는 그리스 로마 신화에 나오는 이야기를 토대로 한 7개의 분수가 있기 때문이다. 올로모우츠를 보호한다는 '헤라클레스 분수', 아리온이 노래에 이끌려 돌고래를 구출한다는 신화를 표현한 '아리온 분수', 유일하게 실존 인물인 올로모우츠를 발견해낸 창시자를 표현한 '카이사르 분수'가 있다. 이밖에도 '넵툰 분수', '머큐리 분수', '쥬피터 분수', '트리톤 분수'가 저마다 개성을 뽐내며 시선을 사로잡고 있었다. 우리 아가들은 그중에서도 돌고래가 있는 '아리온 분수'를 가장 좋아한다.

이어서 광장 언저리에 위치한 '성 바츨라프 대성당'을 찾았다. 이 성당의 첨탑은 체코에서는 두 번째로 높고 모라비아 지방에서는 제일 높으며, 1104년부터 시작된 성당 건설은 몇 번의 개축을 통해서 1131년 로마네스크 양식으로 건설되었다가 1265년 화재로 인해 또다시 증축되면서 19세기 말 현재의 모습인 네오고딕 양식과 바로크 양식이 혼재되어 있는 모습을 갖추었다고 한다. 내부 곳곳에 섬세한 조각상과 스테인드글라스 장식이 매우 아름답고 인상적이다. 성당 옆으로는 대주교관 박물관으로 사용하고 있는 '프르제 미술궁전'이 있고, 성당 지하로 내려가면 대주교님의 두개골 및 유물들이 있다고 하는데, 아이들을 위해서 관람을 멈추기로 했다. 또한 이 성당에는 지방 소도시에 위치하면서도 교황 및 테레사 수녀가 다녀간 곳으로도 유명하다.

이렇게 역사의 소용돌이 속에서도 오늘의 모습을 굳건히 지키고 있고, 유럽의 역사와 문화를 체험할 수 있는 아주 특별한 여행지 '올로모우츠' 관광을 마친다.

딸들이 열심히 준비한 샌드위치와 핫도그로 요긴하게 점심을 대신하고 다시 집에 도착해 잠시 휴식을 취하고는, 해가 긴 계절을 감안하여 집 근처에 있는 '인라인스케이트장'으로 향했다. 아이들이 뛰어라 좋아한다. 사실 아이들에겐 노는 것만큼 즐거운 일은 없을 것이다. 우연히 큰손녀딸 인도인 친구도 만나고, 그의 어머니로부터 폴란드 'Dream Park'를 소개받아 다음날 방문하기로 했다. 그러니까 19일 온종일은 '드림파크'에서 놀아주고 20일은 다시 학교를 재방문해야 한다. 지난번 방문 때 방학 중이라 문이 닫혀있어 교실을 못 봤었는데, 다행이도 Shopping 센터에서 만난 교사 한 분이 고맙게도 문을 열어주기로 했기 때문이다. 이래저래 이틀간은 우리 아이들의 날이 된 것은 4명의 손주들이 이번 유럽 방문의 주인공이기 때문이다.

    아내와 나는 잠시 쉬어가며 여유를 찾기로 했다.

(4) 폴란드 '그단스크(Gdansk)' 2박 3일

아이들의 놀이시간을 보장하며 이틀을 보낸 뒤 7월 21일금이다. 또다시 주말을 맞아 폴란드 북부 발트해에 면해 있는 폴란드 최대의 항만도시 '그단스크Gdansk' 2박 3일 코스가 기다리고 있었다. 딸이 말하길 독일의 폭격으로 제2차 세계대전이 시작된 곳이라고 한다. 귀가 번쩍 뜨인다. 사실 이곳에 오기까지 '그단스크'에 대해 들어본 적도 없었고 무지했었기에 그런 역사적인 장소라 말하니 불현듯 호기심이 발동한다. 게다가 '레흐 바웬사'가 울타리를 뛰어넘으며 자유노조 운동이 시작된 곳이란다.

그런데, 여행을 다녀온 후 한국에 돌아와 이 글을 쓰는 순간에 얼마 전 한국의 '새만금'에서 행사를 치루며 곤혹을 치렀던 잼버리 대회의 다음 개최지가 바로 그단스크라 한다. 사실 한국에 있으면서도 그런 대회가 열리는 줄도 몰랐었고, 다음 개최지가 그단스크라고 하면 한 번쯤은 방송에서 들어봄직한데 생소하니 아이러니하다.

　아무튼 나와 아내, 그리고 큰딸과 두 손주 녀석이 선발대로 출발하는데 거리가 무려 620km에 이른다. 서울에서 부산을 찍고 다시 대전까지 올라오는 거리다. 7시간은 족히 걸릴 듯하다. 비장한 각오로 출발하는데 딸이 먼저 운전대를 잡는다. 아니! 이런 장거리 스케줄이 있는데 왜 내게 국제면허증을 발급받지 말라고 했을까? 아빠는 나이가 들어 감각이 떨어졌다는 것이 표면상의 이유였다. 40년 경력을 이렇게 무시하다니. 그럼에도 만약을 대비해 한국에서 출국 전날 면허증을 발급받았으니 참 잘했다는 생각이다. 삼분의 일쯤 달려간 지점에서 결국 교대 후 운전대를 잡는다. 그야말로 내 인생에서 첫 번째로 달려보는 타국유럽에서의 운전이다.

　동유럽의 고속도로도 나름 훌륭했다. 다만 곳곳에 공사가 잦아 그 점만 조심하면 된다. 시설이 썩 좋지는 않지만 휴게소도 요소요소 잘 비치되어 있는 편이다. 한 가지 특이한 점은 고속도로상에 'Mcdonald'와 'KFC'가 간간이 보이는데 방문 때마다 사람들로 인산인해다. 미국의 위대함이 유럽 고속도로에서 빛을 발한다.

　7시간여를 달려 숙소에 도착해 짐을 풀고 첫 일정으로 '제2차 세계대전 박물관'을 찾았다. 세련되고 현대적인 건축물이 인상적인 박물관은 2008년에 개관했는데 공모전에서 우승한 건축물이라 했다. 그래서 그런지 보는 각도에 따라 시시각각 변하는 특징이 있다. 게다가 특이한 건축구조를 반영해 건물의 지하층에 전시실을 마련했는데, 전쟁으로 연상되는 어둠과 공포 분위기가 햇볕 한 줌 들어오지 않는 지하층에서 더욱 실감이 난다. 박물관의 주요 전시는 세 가지 주제로 구성되어 있었다.

첫 번째 전시실의 부제 '전쟁으로 가는 길'에서는 당시 소련을 포함한 유럽 국가들 간의 갈등이 전쟁으로 이어질 수밖에 없었던 이유에 대해 상세히 알 수 있도록 했다.

제2전시실은 '전쟁의 공포'라는 부제가 붙었는데, 전쟁으로 인해 무고한 시민들이 겪어야 했던 고난과 고통에 대해 이야기한다.

마지막 전시실은 '전쟁의 그림자'를 주제로, 2차 대전이 종전되고 난 후의 모습을 담는다. 나치당의 몰락, 전쟁으로부터 해방된 유럽의 자유 등 전쟁의 막바지 상황을 이야기한다. 2차 대전이 종전되면서 대부분의 동유럽 국가들은 소련연합의 일부가 되었고, 독일은 서독과 동독으로 나뉘게 되었으며, 유대인들은 팔레스타인으로 이주했다. 전시관은 마치 전쟁현장 속에 들어가 있는 듯 입체적인 디스플레이다. 어두컴컴하다. 그러나 현장에서는 관람 포인트를 찾기가 무척 어렵다는 것을 느꼈는데, 무려 3시간 가까이 시간을 허비했지만 너무 많은 자료에 마치 미로를 헤매는 것 같았다. 어쨌든 전쟁 이야기는 기분을 다운시킨다.

나름 영어에 능통한 딸이 열심히 자료를 보며 두 녀석에게 설명을 한다. 나치 독일의 히틀러가 이곳에 첫 폭격을 시작으로 전쟁을 일으켰다고 설명하니 다음주 방문 예정인 독일에 안 가겠다고 해서 한참이나 웃었다. 히틀러가 밉단다.

전시장을 나와 숙소로 가는 길에 2차 세계대전 폭격 당시의 건물이 보였는데, 포탄자국 밑에 1939라는 숫자를 크게 써놓아 한참이나 물끄러미 쳐다보았다. 슬프다.

아파트 숙소에 돌아오니 건물 사이로 석양이 붉게 빛나고 있었다. 뒤이어 부리나케 달려온 둘째딸 가족도 도착했다. 이미 와봤던 여행지임에도 장인 장모와 처형 가족을 위해 먼 길 달려와준 사위에게 한없이 고맙고 미안한 마음이다. 소주 한 잔으로 피로를 달래고 내일을 기약해본다.

이튿날, 서둘러 시내관광에 나섰다. 그런데 분위기가 심상치 않다. 오전시간임에도 사람들은 점점 많아지고 길거리 곳곳에 장이 서는 등 부산하다. 알고 보니 오늘부터 축제기간이란다. 기가 막히게 타이밍을 잡은 셈이다. '드우가' 거리를 따라 걷다 보니 '모트와바' 산책로에 다다르고, 구시가지에 위치한 성모대성당은 거리에서 바라본 측면 모습이 눈부실 정도로 아름다웠다. 1379년의 착공을 시작으로 오래된 역사를 지니고 있는 이 성당은 유럽에서 가장 큰 벽돌조로 된 성당으로 손꼽힌다고 한다. 내부도 너무 화려하고 아름다웠다. 다만 수백 계단을 걸어 올라가야 하는 전망대에 오르지 못한 점이 많이 아쉽다.

그단스크는 또한 호박보석으로 아주 유명하다. 길거리는 물론 건물들에도 상점들이 즐비했는데, 눈을 떼지 못하던 아내와 딸이 결국 몇 건 터트렸나 보다. 12시가 되니 축제행렬이 도로를 점거하고, 이를 보기 위한 관광객들이 우르르 몰려든다. 우연히 만난 한국 현지인이 그단스크를 제대로 보려면 이때 와야 된다는 언질을 해준다.

　'모트와바' 강변 레스토랑에서 점심을 주문하는데 9명이라 하니 10%를 더 내야 한다기에 깜짝 놀랐다. 세상에 이런 경우가! 많이 팔아주고 돈 더 주고, 뭔가 앞뒤가 맞지 않는 느낌이다. 어쨌든 오후 일정을 위해 서둘러야 한다.

　다시 숙소로 돌아와 차를 몰고 '소포트Sopot'로 향했다. 바닷가 리조트가 있는 도시이자 바Bar, 카페, 클럽 등이 밀집한 곳으로 특히 여름에 핫한 곳이라고 한다.

　대표하는 관광지로 '비뚤어진 집', 야외극장 '오페라 레시나' 그리고 무려 500m에 달하는 길이의 몰로Molo 부두가 있는 곳이다. 부두 좌우로는 백사장이 펼쳐진 곳이기도 하다. 우리 가족은 비뚤어진 집을 보고 '몰로Molo' 부두로 향했다. 멀리 발트해 수평선 너머로 북유럽 스웨덴이 보이는 듯하다. 갈매기가 천진난만한 모습으로 우릴 반긴다. 부두 끝자락에 다다르니 어젯밤 산책 시 '모트와바' 강변에 있던 해적선이 정박해 있다. 일부 수영을 즐기는 사람이 있기는 하지만 제법 선선한 날씨라 우리 아가들은 모래놀이를 즐기는 것으로 만족해야 했다. 지나칠 정도로 많이 아쉬워한다. 준비해간 수영복은 다음주 크루즈 여행 때 하면 된다고 달래고 또 달래며 숙소로 돌아올 수밖에 없었다.

　다음날 아침 귀갓길에 앞서, 첫 총성이 울려 퍼졌던 베스테르플

라테Westerplatte 항구를 찾았다. 화려하지는 않지만 첫 폭격의 상흔과 그를 기념하기 위한 기념비가 세워져 있어 전쟁을 경험한 나라, 한국 국민의 한 사람으로서 숙연한 마음으로 둘러보았다. 우리 아가들은 곳곳에 보이는 민달팽이 잡기에 열중한다. 뭘 더 이상 바라겠냐마는 이번 그단스크 여행에서 우리 아가들에게는 전쟁을 일으킨 히틀러에 대한 반감만은 확실히 각인된 듯하다. 그나저나 다음주 진짜 독일행을 거부하면 어쩌나?

이렇게 해서 북유럽에 가까운 폴란드의 항구도시 '그단스크' 여행을 마친다. 역사가 깊은 도시, 시대의 상황에 따라 수시로 주인이 바뀌었던 도시, 전쟁의 상처를 딛고 다시 우뚝 선 도시, 그단스크 여행이야말로 내게 큰 울림을 주기에 충분했다.

(5) 체코 '레드니체(Lednice)', '미쿨로프(Mikulov)', '발티체(Valtice)성' 1박 2일

7월 24일은 폴란드 그단스크를 다녀온 바로 다음날이다. 휴식도 없이 다음 여행지로 발길을 옮겨야 되는데, 바로 체코 모라비아 지방에 위치한 '레드니체Lednice', '미쿨로프Mikulov', '발티체Valtice성' 1박 2일 코스가 기다리고 있었다.

세 곳 모두가 지근거리에 있어 묶어서 여행하기가 아주 편하고 용이한 것으로 판단된다. 과거 모라비아 왕국이라 함은 보헤미아, 슬로바키아, 헝가리 지역 일대를 지배했던 왕국으로, 서슬라브인들을 사실상 최초로 규합한 왕국으로 알려져 있으며, 기독교를 받아들이면서 중동부 유럽을 서유럽 가톨릭 체계에 편입시킨 왕국이기도 하다.

체코에 도착한 지 열흘이 지나고 몇 군데를 여행하다 보니 어느 정도 시차도 적응되고 몸과 마음이 한결 가벼워진 느낌이다. 첫 목적지인 '레드니체성' 인근 마을에 도착하니 마을 전체가 붉은 지붕과 함께 동화 속 그림처럼 다가오며 우리를 맞이한다.

레드니체는 유럽의 정원이라는 별칭을 가질 정도로 자연과 건축물이 어우러진 아름다움으로 1996년 유네스코 세계문화유산에 선정되기도 했다. '레드니체성'은 당시 유럽에서 영향력 있는 가문 중 하나였던 '리히텐슈타인' 가문이 소유한 성으로 그들의 여름 별장으로 사용되었다고 하는데, 1845년 만들어진 영국식의 넓고 아름다운 정원에 19세기 네오고딕 양식으로 지어진 건축물이 조화를 이루며 오늘에 이르고 있다.

우리는 먼저 정원을 거닐고 점심식사 후 성 내부를 관람하기로 했다. 아기자기하게 조성된 드넓은 정원은 어느 한 곳도 허점을 찾을 수 없을 만큼 완벽하고 조화로웠다.

드디어 성 내부 관람, 체코어로 설명을 한다면서 우리에게는 영어로 된 팜플렛을 건넨다. 들어서자마자 엄청난 크기의 샹들리에와 곳곳에 걸린 사슴뿔이 눈길을 끈다. 리히텐슈타인 가문이 그렇게도 사냥을 좋아했다고 한다. 응접실의 고풍스런 가구들도 옛 모습을 그대로 지키며 우아함을 뽐내고 있었다. 드디어 그 유명한 통나무를 그대로 조각한 원형 계단에 다다랐다. 장인 셋이서 꼬박 8년을 매달려 완성했다고 하는데, 정교한 포도넝쿨 조각에 눈을 뗄 수가 없었다. 입이 다물어지지 않는다.

다음 목적지이자 숙소가 있는 '미쿨로프'에 도착했다. 이 지역 전통가옥의 평범한 집이었는데 마당에 들어서니 와인의 고장답게 포도나무에 청포도가 알알이 열려가고 있었다. 숙소 앞에는 정통 베트남인이 운영하는 식당도 아담하게 자리하고 있어 이곳에서 저녁을 해결하기로 하고 광장 산책에 나섰다. 광장은 아담하면서도 짜임새가 있다.

멀리 산등성이로 '세바스찬 성당'이 보이고 광장 중앙에는 기념탑이 보이는데, 이 역시 14세기 유럽을 강타했던 흑사병 퇴치기념으로 세워진 것이라고 한다. 당시 유럽에서 1억 명 이상이 사망했다고 하니 얼마나 심각한 상황이었는지 상상이 간다.

다음날, '미쿨로프' 성내를 찾았다. 미클로프를 대표하는 랜드마크이자 바로크 양식의 건물 모습은 외관에서부터 분위기에 압도당할 만큼 웅장한 모습이다. 그야말로 경이로운 건축물이다. 와인박물관이 있다고 해서 잠시 머물기로 했는데, 아기자기하게 꾸민 내부시설과 함께 체코 와인의 90% 이상을 생산한다는 이 지역 와인의 역사에 대해 소상히 설명되어 있었다. 무엇보다도 나이 지긋하신 여성 관리자분의 친절한 설명과 아이들을 배려하는 모습에 깊은 감명을 받았다. 한국에서 왔다고 하니 방명록을 남겨달란다. 자랑스러운 한글로 다음과 같이 썼다.

이 지역 와인의 역사에 대해 잘 배우고 갑니다.
- Korea 엄기철

미쿨로프성 관람을 마치고 마지막 목적지인 '발티체성'을 찾았다. 역시 가까운 거리에 위치해 있었다. 앞서 설명한 레드니체성은 여름별장이었고 발티체성은 '리히텐슈타인' 가문이 거주하던 곳이다. 얼마 전까지 내부 인테리어를 끝내고 가이드투어를 신청하면 성 내부를 볼 수 있다고 하는데 우리는 포기하고 그 유명한 지하에 있는 와인 저장고를 찾았다. 그곳에는 다양한 와인들이 자세한 설명과 함께 쌓여 있었다.

저장고의 온도는 와인 보관의 최적화된 온도를 일 년 내내 유지한다고 한다. 시음코너도 있다. 한화로 환산해 약 2만 원을 내면 6종류의 와인을 맛볼 수 있었다. 얼떨결에 계산을 하고 여기저기 기웃거리는데, 어떤 외국인들이 코너마다 있는 와인을 잔에 부어 마시는 것이 아닌가! 나도 열심히 따라 하는데, 카운터에서 CCTV로 확인하던 남자직원이 다가와 점잖은 말투로 선생님은 저쪽의 코너에서 6종류를 맛보는 쿠폰이라고 일러주는 게 아닌가! 아차 싶었다. 여기저기서 마시던 이들은 더 큰돈을 내고 그야말로 300종류의 와인을 다 맛볼 수 있는 특권을 가진 그야말로 와인 애호가였던 것이다. 아무튼 나도 멋모르고 잠시나마 와인 애호가로 행세한 셈이니 웃음이 절로 나온다. 큰딸이 선물용으로 고급 와인 6병을 구입했다.

발티체성에서 내려다본 마을의 모습은 너무도 아름답고 평화로워 보인다. 붉게 뒤덮인 지붕들과 포도송이 영그는 벌판처럼 늘어진 밭들이 수채화처럼 눈앞에 펼쳐지고 있었다. 저마다 개성을 지닌 성의 모습도 훌륭하지만 성을 둘러싼 고즈넉한 마을의 풍경이 너무도 인상적이다. 청포도가 익어가는 시절에 와인 애호가라면 꼭 이곳을 둘러보라고 권하고 싶다. 아니 꼭 와인 애호가가 아니더라도 이곳 레드니체성, 미쿨로프성, 발티체성 투어는 강력히 추천할 만하다는 생각이다.

(6) 폴란드 '브로츠와프(Wrociaw)'에서

7월 27일, 드디어 이번 여행의 하이라이트라 할 수 있는 북유럽 크루즈를 타기 위해 독일로 이동해야 한다. 작은사위도 여름 정기휴가를 맞아 함께 떠난다. 독일의 '키엘Kiel' 항까지는 1,000km가 넘는 거리다. 29일 승선까지는 이틀의 여유가 있어 우선 폴란드 '브로츠와프'에서 1차로 짐을 찍고, 독일 베를린으로 이동해 1박을 하기로 했다. 그러니까 '브로츠와프'는 일종의 경유지인 셈이다. 그 짧은 기간을 이용해 베를린, 함부르크를 비롯해 한 곳이라도 더 관광할 수 있도록 배려해주는 딸과 사위가 마냥 고맙고 기특하다. 선발대로 출발해 교대로 운전하며 브로츠와프에 도착했다.

고속도로를 벗어나 시내로 접어드는 길목에 커다란 LG 간판과 먼발치로 대형 공장이 보인다. LG에너지솔루션 폴란드 현지공장이다.

사실 이곳은 경유지로 택한 곳이기도 하지만 곧 뒤이어 달려오는 둘째딸 가족과 만나 한인식당에서 저녁식사를 하고 독일 베를린으로 넘어가기로 했던 곳이다. 따라서 오후 5시를 전후해서 만나기로 했으니 우리에게 주어진 시간은 3시간 남짓, 부지런히 움직일 수밖에 없었다. 우선 '성 엘리자베스 성당'을 찾았다. 그단스크에서 보았던 벽돌조로 된 성당이었다. 내부는 관람을 포기하고 겨우 인증샷을 찍고는 손주들과 난쟁이 동상 찾기에 나선다. 이곳 브로츠와프에는 곳곳에 600개가 넘는 난쟁이 동상이 있다고 한다. 이 동상들이 만들어지기 시작한 건 2001년부터라고 하는데, 1980년대 브로츠와프에서 시작된 반공산주의 운동을 기념하기 위해서 만들기 시작했다고 한다. 이후 폴란드에 민주정권이 들어서면서 난쟁이가 민주화의 상징이 되었다.

'르넥' 광장에 들어서니 시청사가 보이고 멋진 도시의 풍경이 한눈에 들어온다. 이곳은 한때 독일의 영토였다고 하는데, 그래서인지 체코의 분위기도 느낄 수 있었지만 폴란드 '그단스크'의 모습도 보이고, 오드라 강변에서 바라보는 풍경은 다소 독일의 분위기도 느낄 수 있었다.

나와 손주들은 하나, 둘 숫자를 세어가며 난쟁이 동상 찾기에 나서 한 시간여 만에 40개를 찾았다. 두 손주 녀석은 찾을 때마다 인증샷을 찍어가며 뛰어라 좋아한다. 시간이 허락된다면 600여 개를 다 찾고 싶을 만큼 재미가 있다. 모처럼 동심으로 돌아가 본다. 할아버지와 손자가 어울려 난쟁이 동상 찾기에 진심을 다하는 모습은 유럽여행에서 아주 색다른 경험을 심어주기에 충분했다. 이 외에도 브로츠와프에는 볼거리가 너무 많아 사실 몇 시간을 머물다 가기에는 너무도 아쉬웠다. 그러나 다시 먼 길을 가야 하는 상황, 아쉬움을 뒤로하고 발길을 돌린다.

저녁식사가 약속된 한인이 운영하는 '백종원의 본가本家'는 고속도로 톨게이트 근처에 위치해 있었다. 한옥으로 멋지게 지은 대궐 같은 식당이었는데, 세 명의 장인 목수가 3년에 걸쳐 완공했다고 한다. 대구 출신이라는 연배가 지긋하신 주인장께서 반갑게 맞이해주신다. 3대가 함께 움직이는 모습이 흐뭇하신지 연신 말을 걸으며 온갖 서비스를 다 주신다. 덕분에 오랜만에 '국순당' 막걸리 맛에 취해본다.

아! 한국의 맛!!! 이 외에도 불고기를 비롯해 된장찌개, 김치 등 모처럼 한국 맛에 흠뻑 젖어보는데 두 손자 녀석이 공기밥을 세 공기나 추가한다. 더하여 계산을 마치니 여행하면서 먹으라며 김치와 깍두기를 우리에게 듬뿍 싸주는 게 아닌가. 역시 한국인의 인심은 후했다.

식사를 마친 후 다시 독일 베를린으로 향한다. 서너 시간을 달려야 하는데, 막걸리를 마셨으니 이제 그곳까지의 운전은 오롯이 큰딸 몫이다. 거절하지 못한 것이 못내 아쉽다. 독일땅에 들어서니 해가 뉘엿뉘엿, 부자나라라 그런지 고속도로아우토반도 산뜻하고 벤츠를 비롯한 고가의 차량들도 점점 많아진다. 간간이 현대, 기아차가 달리는 모습을 보면서 한국인으로서의 자부심도 느낀다. 아무튼 독일에서의 2박 3일도 크게 기대가 되면서도 마음은 그 다음 일정인 북유럽에 가 있는 듯하다.

(7) 독일 '베를린(Berlin)', '함부르크(Hamburg)' 1박 2일

　폴란드 '브로츠와프'를 벗어나 달리고 달려 독일 '베를린' 숙소에 도착하니 밤 11시가 가까워진다. 비가 부슬부슬 내리는 데다 상점들도 모두 문을 닫은 숙소 인근의 거리 풍경이 을씨년스럽기까지 하다. 숙소에 들어서니 조명도 유럽 특유의 밝지 않은 간접조명인지라 마치 그단스크 '제2차 세계대전 박물관' 지하전시장의 분위기를 연상케 한다. 게다가 방 한구석의 지하로 내려가는 공간이 '출입금지'라는 팻말과 함께 오픈되어 있었고, 옷장 위에는 아주 오래된 가방과 악기 하나가 장식품으로 놓여 있었는데, 아니나 다를까 아이들이 기겁을 하며 무섭다고 난리다.
　"아! 저 가방 히틀러가 쓰던 가방이다!!!"
　결국 히틀러에 대한 공포는 가방을 마주하는 순간 터지고 말았다. 막내손자는 할아버지 침대에서 자겠다고 한다. 어쨌든 비가 내리는 베를린 숙소에서의 늦은 밤 풍경은 아이들에게는 또 다른 공포로 다가온 듯하다.

　겨우 잠을 청하고는 독일에서의 첫 아침을 맞이한다. 비가 개이고 거리에 사람들이 움직이는 모습들이 보이니 어제의 그 삭막했던 분위기는 눈 감듯 사라져버렸다.
　이제 부지런히 베를린 관광을 마치고는 저녁시간에는 '함부르크'로 넘어가 뒤늦게 합류하는 큰사위를 만나야 한다. 오래전부터 꼭 와보고 싶었던 분단의 아픈 역사가 고스란히 묻어 있는 이곳 베를린에서의 일정이 여유 없이 매우 촉박하다는 사실이 기분을 다운시킨다.

　베를린 광장에서 가까운 주차장에 차를 세우고 제일 먼저 찾은 곳은 관광지가 아닌 DM이라는 기념품 가게였다. 어찌 됐든 모처럼 나온 외국여행이니 챙겨야 할 사람들은 많고, 그나마 다른 곳보다 싸게 판다는 이곳은 여행사들에겐 아주 핫한 곳이라고 하는네, 우리 말고도 한국인 관광객이 제법 눈에 띈다. 아내와 두 딸들이 분주하게 움직인다. 관심이 없는 나는 그 와중에도 손주들과 놀아주기 바쁘다.
　쇼핑을 마치고 첫 번째로 찾은 곳은 베를린 장벽의 체크포인트라 할 수 있는 '찰리'로 향했다. 이곳은 동서독 분단시절, 미국이 통치하던 서베를린 지역의 국경검문소다. 통일 후 동서를 가른 모든 국경검문소는 철거되었지만 이곳은 관광상품으로 보존되었다고 한다. 우리는 초소와 군복 입은 사람을 배경으로 사진 찍느라 바쁘게 움직였다. 바로 옆 박물관 근처에는 장벽의 일부를 그대로 걸어 둔 모습도 보였다.

다음으로 이동한 곳은 '브란덴부르크 문'이 있는 베를린 광장이다. 독일 국기가 멋있게 휘날리는 국회의사당 건물이 보이고, 그 옆으로 아크로폴리스 신전 입구를 모델로 했으며, 초기 고전주의 양식으로 지어진 웅장한 모습의 '브란덴부르크 문'이 보인다. 이 개선문은 1791년에 완공된 당시 프로이센 제국의 개선문으로 만들어졌다고 한다. 한때 나폴레옹이 이끌던 프랑스군에게 빼앗겨 파리로 옮겨지기도 했지만 되찾아왔다.

동서독으로 분단되었을 때, 이 문은 분단선 역할을 했고, 문 옆으로는 베를린 장벽이 둘러싸고 있었다. 하지만 베를린 장벽이 무너지고 독일이 통일되자, 이 브란덴부르크 문은 자유의 상징이 되었다.

바쁘게 움직이는 와중에 간간이 세찬 비가 뿌린다. 지근거리에 있는 '유대인 박물관'으로 이동했다. 무덤을 상징하는 각각 크기가 다른 시멘트 구조물들이 미로처럼 얽혀 있었다. 한쪽 지하공간에 마련된 박물관을 들어가기 위해서는 안내자의 설명을 들어야 한다. 아이들이 있는 우리 가족에게 당부하기를 전시사진 중에 참혹한 장면이 있어 아이들이 놀랄 수도 있으니 주의하라는 거다. 안 그래도 히틀러 공포증이 생긴 아이들이 걱정되어 눈치 보기 바쁘다 보니 소상히 관람하는 것은 불가능했다. 아무튼 나치 독일의 히틀러가 저지른 유대인 대학살은 평생을 두고도 세계인의 뇌리에서 잊히지 않을 것 같다. 그나마 다행인 것은 독일 정부는 과거사에 대한 잘못을 백 번 인정하고 참회한다는 사실이다. 들리는 이야기로는 독일에 고속도로 통행료가 없는 이유가, 즉 과거사를 반성하는 의미로 그렇다는데, 이 이야기는 확인이 필요하다. 아무튼 우리의 이웃 일본도 이런 부분만큼은 독일을 본받아야 하지 않을까라는 생각을 문득 해본다.

서둘러 베를린 장벽으로 향했다. 1989년, 동서 냉전의 상징이던 베를린 장벽이 갑작스레 붕괴한 뒤 남은 일부 장벽에는 세계 각국의 미술가가 몰려들어 그림을 그려 넣었다. 우리는 그 유명한 '형제의 키스' 그림을 향해 가는데, 감당하기 힘든 소나기가 내린다. 잠시 쉬어가기로 하고 비를 피해 아시안 식당을 찾았다. 스시와 카레로 허기진 배를 채우고 장벽으로 가는데 많은 사람들이 몰려있는 곳으로 가보니 '형제의 키스' 그림 앞이다. 브레즈네프 전 소련 공산당 서기장과 에리히 호네커 전 동독 공산당 서기장의 입맞춤 장면을 해학적으로 묘사한 이 작품은 '브루벨'이라는 화가가 그렸다고 하는데 안타깝게도 이 화가는 2022년 세상을 떠났단다. 아무튼 세계 21개국 118명의 화가가 베를린 장벽에 그림을 그려 조성한 'East side Gallery'는 이 지역의 대표적 관광명소가 됐다.

안타깝게도 일정에 밀려 베를린 구석구석을 답사하지는 못했다. 베를린 대성당도 외관만 바라볼 수밖에 없었고, 베를린에서 가장 상징적인 건축물 중 하나인 '베를린 TV 타워'도 먼발치에서 눈으로 감상하며 상상의 나래를 펼 수밖에 달리 방도가 없었다.

다행히도 베를린 장벽 너머 유유히 흐르는 '슈프레강'과 '오버바움' 다리는 그나마 지척에서 볼 수 있어서 위안을 삼고 다음 목적지인 '함부르크'로 떠난다.

'아우토반'을 신나게 달려 도착한 함부르크 숙소는 베를린 숙소와 달리 사방에 창이 개방된 그야말로 독일의 멋스러움이 가미된 고급스러움을 풍기고 있었다. 한국의 온돌방 개념으로 본다면 40~50명도 족히 수용 가능한 넓은 구조였다. 짐을 풀고 간단히 저녁을 해결하고는 함부르크 도심 야경을 감상하러 가자는데, 이틀을 꼬박 여러 곳을 경유하며 달려온 큰사위는 부족한 잠을 해결하겠다고 한다. 남겨진 아이들을 위해 나도 그냥 숙소에 머물기로 했다. 사실은 아이들 돌봄은 핑계고 쉬고 싶었다.

900여 km를 달려 어렵게 도착한 함부르크는 그야말로 제대로 구경도 못하고 잠시 스쳐가며 하룻밤 머무는 경유지가 된 것이다.

(8) 북유럽 크루즈 여행 7박 8일

독일 '키엘(Kiel)' 항
& 크루즈 승선과 일상(日常)

편안한 분위기의 함부르크 숙소에서 꿀잠을 잔 후, 가족들의 표정을 보니 모두가 밝아 보인다. 이제 이번 여행의 하이라이트인 '북유럽 크루즈' 여행이 눈앞에 다가왔기 때문일 것이다. 1시간여를 달려 독일 서북부에 위치한 '키엘Kiel' 항에 도착하니 이태리 회사 소속의 거대한 MSC 크루즈선이 기다리고 있었다. MSC는 건조한 지 1년이 채 되지 않았기에 외관상으로도 너무도 깔끔하고 훌륭했다. 그야말로 거대한 도시 하나가 바다에 떠 있는 듯했다. 우리는 반 넋이 나간 상태로 '키엘Kiel' 항 주변 관광은 아예 생각지도 않은 채 배를 타기 위한 수속에 들어간다.

독일 북부의 발트해 연안에 위치한 키엘은 13세기로 거슬러 올라가는 기원을 가진 도시로 처음에는 작은 어촌마을이었지만 조선, 무역 그리고 해군기지를 갖춘 번화한 해상 중심지로 번창했다고 한다. 아무튼 지금은 북유럽 크루즈 여행에서 독일이라는 곳을 스치는 기항寄港지로 각광을 받고 있으니 어촌마을의 변천사로는 획기적인 변화와 발전을 거듭한 도시임에는 분명한 듯하다. 나는 사실 이곳 키엘이 첫 출항지인 줄 알았다. 그래서 이번 여행에 함께하는 모든 이들이 이곳에서 다 승선하는 줄로만 알았는데, 알고 보니 여러 기항지 중에 한 곳이었다. 즉, 여행을 마치고 내리는 사람들도 있고, 우리같이 새롭게 승선하는 사람들도 있는 것이었다. 수속은 기계처럼 빠르게 진행되고 드디어 배에 오른다. 오르기 전 크루즈선을 배경으로 기념사진은 필수, 우리 가족 여행사에 길이 남을 흔적을 남긴다.

드디어 배에 오르니 휘황찬란한 그림이 끝없이 펼쳐지는데 어느 한 곳도 눈을 뗄 수가 없다. 세계적인 명품들을 파는 상점들을 지나 13층 룸을 가기 위해 엘리베이터를 오르는데 가동시스템 또한 특이하다. 아담한 크기의 숙소는 제법 짜임새 있는 구조와 외부를 내다볼 수 있는 베란다도 갖추어져 있었다. 아빠, 엄마를 위해 제법 비싼 룸으로 예약했다더니 뭐가 달라도 다름이 확연히 구분이 된다.

대충 짐을 정리하고 15층에 위치한 뷔페식당으로 향했다. 산해진미가 따로 없다. 수백 가지가 넘는 고급 음식들이 진열대에서 빛을 발하는데, 도대체 뭐부터 먹어야 할지 선뜻 손이 가지 않는다. 안타깝게도 밥이 있기는 한데 밥알이 바람 불면 날라갈 정도로 따로 논다. 술 좋아하는 나를 위해 원하면 무제한으로 제공되는 와인과 맥주, 그리고 음료 패키지를 신청했기에 그 또한 가족 모두가 원 없이 먹을 수 있었다. 아무튼 얼떨결에 맞이한 첫 식사부터 크루즈선의 위엄을 다분히 느낄 수 있었다.

식사를 마친 후 역시 같은 층에 위치한 야외수영장을 대충 둘러보고는 키즈Kids 프로그램이 운영되는 16층에 오르니 농구대와 실내축구를 즐길 수 있는 운동장이 보인다. 이곳은 시간대별로 옥외 프로그램이 진행되는 곳이라고 한다. 오후 4시부터 진행되는 키즈 프로그램에 참여신청을 마친 후 우선 아이들과 축구를 즐기는데, 두 손주 녀석이 너무도 좋아한다. 동남아계가 대부분인 직원들의 유창한 영어 실력과 친절함에 감동을 듬뿍 받는다. 아이들을 맡기고 반드시 해당 부모가 인수해야 하는 시스템 또한 완벽하기에 아이들이 노는 시간만큼은 편안하게 선내 여기저기를 기웃거릴 수 있어서 참으로 좋았다.

조식과 저녁식사는 6층에 마련된 정찬식당에 지정석이 있어 원하면 언제든지 즐길 수 있는 점 또한 만족스럽다. 다만 어느 정도 시간을 맞춰야 가능하다. 매일 바뀌는 메뉴 또한 훌륭해 우리 가족의 저녁식사는 거의 매일 이곳에서 해결했다. 아르헨티나 축구신동 '마라도나'를 쏙 빼닮은 인도인 청년 담당직원의 익살스런 농담과 친절함도 분위기를 업시킨다. 저녁식사를 마치면 7시부터 시작하는 공연 프로그램을 즐기는 타임인데, 1,000명 이상 수용이 가능한 대형 무대에서 다양한 출연진들이 펼치는 노래와 춤, 서커스, 뮤지컬 공연 등 프로그램 또한 다양해서 좋았다.

그중에서도 내가 제일 좋아하고 흡족했던 것은 여기저기 마련된 바Bar에서 역시 무제한 제공되는 술을 마음껏 마실 수 있다는 점이다. 공연을 마치고 나면 인도네시아 청년이 늘 반갑게 맞이해주는 16층 칵테일 코너에 들러 위스키와 하이네켄 맥주를 적당히 즐기고 잠자리에 들곤 했다. 때론 너무 마신다고 아내와 딸들에게 혼나면서도 습관처럼 행동하고 있으니 이 또한 과유불급過猶不及인 것만큼은 분명해 보인다.

아무튼 크루즈 선내에서의 일상은 부지런한 만큼 각종 시설들이 보이고 즐길거리가 많다. 운동을 위한 헬스시설도 매우 훌륭하고, 그 주변으로 조깅코스도 있다. 각자의 취향대로 즐기면 되는 것이다. 우리 가족은 어느 한 날, 경험 삼아 카지노를 체험하기도 했다. 더더욱 놀라운 것은 직원 포함 수천 명이 하나의 배 안에서 생활하면서도 한 치의 오차 없는 질서정연함이다. 일사불란一絲不亂한 관리시스템이 놀라울 정도로 완벽했다. 일선에서 근무하는 직원들은 필리핀, 인도네시아, 말레이시아, 인도 등 아시아계가 대부분이다. 수개월을 배 안에서 생활하면서도 늘 밝은 미소를 잃지 않으며 손님들을 대하는 그들이 존경스럽기까지 하다. 승선 전 체계적인 교육이 참으로 잘 되었다는 생각을 해본다.

덴마크 '코펜하겐(Copenhagen)'에서

7월 29일 하룻밤을 꼬박 항해해 첫 기항지로 도착한 곳은 덴마크 '코펜하겐'이다. 북유럽 자체가 처음 여행인 데다 그중에서도 '코펜하겐'은 많이 궁금했었고, 꼭 와보고 싶었던 도시다. 코펜하겐은 1400년대에 덴마크의 수도이자 왕실 거주지가 되었으며, 종교개혁에 따른 갈등으로 자주 약탈당했던 도시이기도 하다. 1658년에는 스웨덴과의 전쟁을 치루며 점령당한 적이 있고, 19세기 초반에는 영국의 폭격을 받기도 했다.

1856년 성벽이 해체된 후로 도시의 권역이 크게 확장되어 주변의 많은 행정구들을 합병하게 되면서 오늘의 모습에 이르게 된다.

우리에게 주어진 시간은 오후 5시까지 약 7시간이 된다. 정박지 근처에서 버스를 타고 지하철역으로 이동해 시청사가 있는 광장으로 향했다. 둘째딸과 사위가 빈틈없이 안내를 한다. 광장 중앙으로는 거대한 용과 황소가 한 판 승부를 벌이는 모습의 분수대가 보이고, 천문시계를 장착한 시청사가 보인다. 북유럽 특유의 오래된 건물들이 현대식 건물과 적절히 어우러져 잘 조화를 이루고 있는 모습이다. 시청사 옆으로 그 유명한 '안데르센 동상'이 있다. 그의 눈은 티볼리 놀이공원 쪽을 향하고 있는데 실제로 그는 살아생전에 자주 이 놀이공원에서 어린이들과 교감하며 동화 속 주제의 영감을 얻었다고 한다. 아이들을 위해 티볼리 놀이공원을 찾고 싶었지만 주어진 시간이 넉넉지 않아 포기하고 인근의 '로젠부르크 궁전'을 방문했다. 이곳은 18세기까지 왕실 보물을 소장한 세계 최초의 궁전박물관이다.

이어서 '뉘하운 운하'로 이동했다. 인어동상과 함께 덴마크를 소개하는 사진들에 어김없이 등장하는 곳이다. 그래서 그런지 사람들로 인산인해다. 뉘하운Nyhavn은 덴마크어로 '새로운 항구'라는 뜻인데, 코펜하겐 앞바다에서 시내 안쪽으로 쑥 들어오는 운하 형태의 아름다운 항구다. 많은 이들이 유람선을 타고 관광을 즐기는데 항구 주변의 건물들과 어우러져 어찌나 아름다운지 그 모습을 사진으로 담는 것만도 행복하다. 인근에 동화작가 '안데르센'이 살던 집이 있다는데 가보지는 못했다. 아무튼 '뉘하운 운하'의 청아淸雅한 모습은 오래도록 잔상殘像으로 남을 것 같다.

다음으로 이동한 곳은 '게피온 분수대'다. 제1차 세계대전 당시 사망한 덴마크의 선원들을 추모할 목적으로 1908년, 조각가 '안데르스 분드가르드'가 분수대를 만들었다고 한다. 4마리의 황소를 몰고 있는 조각상이 이 분수대의 상징인데, '게피온'은 덴마크 수호의 여신이라 한다. 분수 주변으로 적당한 크기의 잔잔한 호수와 함께 이색적인 건물, 그리고 멀리 보이는 발트해와 어우러져 묘한 분위기를 자아내고 있었다.

　마지막으로 그 유명한 인어공주 동상을 찾았다. 1913년 조각가 '에드바그 에릭슨'에 의해 세워진 이 작은 동상이 '코펜하겐 하면 떠오르는 이미지' 1위라고 한다. 또한, 안데르센 동화의 주인공들 중 동상까지 세워져 있는 건 인어공주뿐인지라 그 명성에 걸맞게 근처에는 전 세계에서 온 관광객들로 장사진을 이룬다. 또 어떤 이들은 이 인어공주 동상이 세계 3대 허무한 관광지로도 손꼽힌다고도 했다. 그 이유는 유명하지만 막상 가보면 허무해진다는 얘긴데, 약 80cm 정도로 사람보다도 작은 크기의 동상을 보고는 순간 느끼는 감정이 아닐까라는 생각이 든다. 아무튼 우리 가족은 비가 부슬부슬 내리는 가운데, 사진에 담기 바쁘다 보니 허무하다는 생각은 전혀 들지 않았다.
　이렇게 해서 첫 기항지 덴마크 '코펜하겐' 관광을 마친다. 늘 그래왔듯이 점만 찍고 끝내는 기분이다. 허나 크루즈 여행 중 기항지에서 잠시 내려 주변을 살피는 관광이니 다른 대안은 없는 것이다. 인어동상 바다 건너로 멀리 우리가 탈 MSC 크루즈선이 보인다. 부지런히 왔던 길을 되돌아가는데 뭔가 허전하다. 생맥주가 지긋이 당긴다.

노르웨이 '게이랑게르(Geirranger)'에서

7월의 마지막 날인 31일은 온종일 노르웨이로 향하는 배에서 머물며 긴 항해에 동참해야 했다. 그럼에도 앞으로 남은 일정이 그 유명한 노르웨이 '송내 피오르' 곳곳을 누벼야 하기에 설레는 마음만 부풀어 오를 뿐 전혀 지루하지가 않다. 우선 아이들을 위해 실내수영장으로 향한다. 북유럽의 날씨가 다소 선선하게 느껴지기도 해 옥외수영장은 무리라는 생각에서다. 수영을 마치면 KIDS 프로그램이 기다리고 있어 그야말로 아이들에겐 즐거움의 연속이자 천국이다.

'피오르Fjord'는 노르웨이어로 '내륙으로 깊게 뻗은 만灣'을 의미하는데, 빙하가 이동 침식하면서 형성된 U자곡이 바다와 만나면서, 바닷물이 U자곡으로 들어와 침수된 해안지형을 가리킨다. 노르웨이에 전형적으로 나타나는 지형이기 때문에 그 명칭이 일반

화되었으며 유명한 '피오르'들은 노르웨이 남서 해안에 자리 잡고 있다. 놀라운 것은 송네 피오르의 경우 바다 입구 쪽은 수심이 약 200m인 반면, 내륙 쪽 가장 깊은 곳은 수심이 무려 1,300m에 이르러 주변 바다의 수심보다 더 깊다는 사실이다.

아무튼 세계에서 가장 긴 204km의 길이를 자랑하는 '송네 피오르' 일대 섭렵涉獵이 눈앞의 현실로 다가오니 우리 아이들 못지않게 설레는 마음으로 하루를 보낸다.

설치듯 잠을 청하고 아침 동틀 무렵이 되자 이웃 베란다 여기저기서 탄식과 함께 웅성거리는 소리가 들렸다. 한 칸 건너에 위치한 방에서 손자 녀석이 애타게 할아버지를 부른다.

"할아버지! 밖에 좀 보세요!"

아내와 함께 뛰쳐나가니 그야말로 환상적인 그림이 눈앞에 펼쳐지는데 입을 다물 수 없을 정도의 풍경이 눈을 아프게 한다. 수직으로 떨어지는 폭포가 간간이 보이고, 산 중턱으로는 양의 창자처럼 꼬불꼬불한 구절양장九折羊腸 도로가 끝없이 이어져 있는데, 호수 주변으로 위치한 집들은 어찌나 예쁘게 자리하고 있는지 마치 달력 속의 그림을 보는 듯했다. 좀 더 넓게 좌, 우를 살피기 위해 18층으로 달려갔는데, 이미 사람들로 발 디딜 틈이 없을 정도다. 저마다 이 멋진 풍광을 카메라에 담느라 바삐 움직이는 틈새로 겨우 촬영을 마칠 수 있었다.

드디어 '게리랑게르' 항에 도착했다. 가볍게 아침을 챙기고는 들

뜬 마음으로 배를 나서는데, 딸이 한걱정을 한다. 높이 1,476m에 위치한 '달스니바' 전망대를 갈 수 있는 표를 구하지 못했다는 것이다. 10명의 가족이 움직이다 보니 어쩌다 한두 장씩 취소되는 티켓도 구입할 수 없는 입장이다. 우리 가족은 할 수 없이 어느 정도 걸어서 올라가기로 하고 부지런히 움직여보는데, 아내와 아이들이 힘들어한다. 결국 30분 정도 올라간 지점에서 두 딸과 사위만 올라가기로 하고 주변 놀이터에서 기다리기로 했다. 이곳에서 내려다보는 풍경도 너무나 훌륭했다. 사방 어디를 둘러보아도 명화가 펼쳐진다. 그런데, 놀이터에서 노는 와중에 난감한 일이 벌어지고 말았다. 그네를 타던 둘째 손녀딸을 신기하게 바라보는 외국인 아이가 있어 이제 그만 타고 양보하라 했더니 대뜸 말한다.

"할아버지! 여기는 한국이 아니고 유럽이에요."

이곳 애들은 양보를 잘 안 한다며 자기는 체코 놀이터에서 몇 시간을 기다리다 포기한 적도 있다면서 고집을 피우기에 가볍게 야단을 쳤더니 그만 터지고 말았다. 한참이나 대성통곡을 한다.

독서를 하며 이 모습을 지켜보던 옆 의자의 금발미녀가 지긋이 웃는데, 어찌나 아름답던지 탄성이 절로 나올 정도다. 아이들 찍는 척하고 몰래 사진 한 장 찍었다.

노르웨이 중서부 내륙지역에 위치한 '게리랑게르'는 작고 아담한 소도시임에도 불구하고 노르웨이에서 세 번째로 큰 크루즈 유람선이 정박할 수 있는 항구를 보유한 만큼 전 세계에서 많은 관광객이 이곳을 방문한다고 한다. 비록 나는 보지 못했지만 한국의

EBS 교양프로그램과 '세계테마기행'에서도 소개되었던 이곳은 빙하가 깎아낸 U자형 협곡을 비롯한 멋진 자연환경이 모두를 사로잡는데, 일곱 갈래 물줄기가 떨어지는 '칠 자매 폭포'와 이를 바라보는 '구혼자 폭포'의 신비한 모습과 주변의 작은 마을들이 잘 어우러져 환상적인 콤비를 이루고 있었다. 능력이 된다면 이곳에서 오래 머물고 싶다는 생각이 문득 뇌리를 스친다.

노르웨이 '올레순(Alesund)'에서

    8월 2일은 세 번째 기항지이자 노르웨이 '송네 피오르' 탐사 두 번째 코스인 '올레순Alesund'에 정박하는 날이다. 이미 '게리랑게르'에서 호강한 눈에 이곳은 어떤 모습으로 비춰질지 자못 궁금하다. 앞선 정박지와 지근거리에 있어 밤 사이 항해를 마치고 이른 아침, 목직지에 도착했다. 역시 18층에 오르니 수많은 답승객들이 몰려 있었다. '게리랑게르'가 폭포를 비롯한 자연의 모습으로 감동을 주었다면 이곳은 독특한 양식의 건축물과 바다에 떠 있는 듯 고요한 도심의 모습으로 또 다른 신비함을 안겨준다.

    '올레순'은 노르웨이 서부에서 가장 큰 항구도시로 1890~1910년 유행했던 '아르누보' 건축양식이 집중된 도시로도 유명하다. 그 이유는 1904년 도심의 대화재로 당시 대부분 목조건물이었던 도심 전체가 소실되고 1만 명이 넘는 시민이 집을 잃었는데, 휴양차 이곳 인근을 자주 찾던 독일의 '빌헬름' 황제가 비보를 접하고 이재민들에게 임시대피소와 막사를 지어주었다고 한다. 이후 '올레순'은 도시재건 계획을 수립하고 유럽과 노르웨이 전역의 건축가들을 동원해 1904~1907년 '아르누보' 풍으로 독특하고 새로운 모습의 도시를 건설했다. 그래서 도시 전체가 '아르누보' 풍으로 건설된 독특한 형태는 이곳 '올레순'이 유일하다 할 수 있다.

배에서 내려 '브로순데' 선착장에 도착하니 항구에 정박해 있는 각양각색의 고급 요트들이 보인다. 우리 가족은 나중에 천천히 둘러보기로 하고 우선 '스칸디그' 공원을 지나 약 400여 개의 계단을 올라가면 마주하는 '룬드스케' 전망대에 올랐다. 도심 전체가 한눈에 들어와 감상하기에 제격이다. 마치 도시 전체가 바다에 떠 있는 듯, 이래서 이곳을 북유럽의 베네치아로 불리나 보다. 전망대 옆으로는 노르웨이의 유명한 시인이자 연극평론가인 Kristofer Randers의 동상이 지긋이 '올레순' 시내를 내려다보고 있었다. 동상 옆 풀밭에서 현지인 한 분이 뭘 열심히 채취하고 있어 물어보니 자연산 블루베리를 딴다고 했다. 자세히 살펴보니 지천에 널려 있었다. 손녀딸과 사위가 신이 나서 따는데 그 모습을 보고는 주변의 많은 이들이 함께 동참한다.

전망대에서 내려와 놀이터에서 잠시 휴식을 취한 후 시내 구석구석을 살핀다. 예스러움을 간직한 건물 하나에 1904라는 숫자가 또렷이 새겨져 있다. 아마도 대화재 이후 새로 복원한 것을 기념하기 위해 숫자를 넣었을 것이다. 119년이라는 그리 긴 세월은 아닌데, 풍기는 이미지는 몇 백 년이 흐른 듯 고풍스럽게 느껴진다.

　다시 항구를 찾았다. 손주들이 요트를 가리키며 질문하기를 이 작은 배들은 누가 타는 거냐고 묻는다. 돈 많은 사람들이 주인인데 이거 타고 이곳저곳 바다를 떠돌며 여행을 다닌다고 하니 하나 사달라고 해 한참 웃었다. 정박해 있는 크루즈선을 배경으로 주변 풍경도 아름답지만 이곳 '올레순'의 최고의 매력은 동시대에 각양각색으로 지어진 '아르누보' 양식의 건축물이 멋진 조화를 이루는 도심의 모습이 아닐까라는 생각이다.

노르웨이 '플롬(Flam)'
& 크루즈 여행 마무리

　8월 4일 금요일, 마지막 기항지이자 '송네 피오르'의 끝자락에 위치한 '플롬Flam' 항에 도착했다. 이제 이곳 일정을 마치면 토요일 하루를 꼬박 항해해 우리가 승선했던 '키엘Kiel' 항에 다다르게 되고 북유럽 크루즈 여행을 마치게 된다.

　노르웨이 '플롬Flam'은 '송네 피오르'의 지류인 '에울란 피오르Aurlandsfjord' 안쪽 끝에 위치하는데, 19세기 말 이래 관광지로 알려지면서 매년 약 50만 명의 관광객들이 이곳을 찾는다고 한다. 또한, 송네 피오르의 관문 역할을 하기 때문에 주변의 폭포나 자연 풍경을 보려는 사람들이 반드시 이곳을 통과해야 하는 곳이기도 하다. 이에 따라 교통시설이 발달해 있고, 그중에서도 플롬과 뮈르달Myrdal을 잇는 20km '플롬바나' 산악열차는 까마득한 협곡과 6km에 이르는 20개의 터널을 통과하는데, 경사가 심하면서도 주변 경관이 매우 뛰어나 많은 이들이 이곳을 피오르 여행의 백미로 꼽는다고 한다. 안타깝게도 우리는 끝내 이 열차표를 구하지 못했다. 딸이 오래전부터 대기를 걸며 기다렸지만 10명의 취소표는 끝내 나오지 않았기 때문이다. 피크타임 여행의 한계를 극복하기가 참 어렵다. 대신 '스테이가스틴 전망대 Stegastein Viewpoint'를 보기 위한 버스 예약으로 대체할 수밖에 없었다.

선상에서 바라본 '플롬' 항의 모습도 동화 속 그림처럼 다가오고, 대충 셔터를 눌러도 멋진 풍경 액자가 되어 화면에 출력이 된다. 서둘러 배에서 내려 주변을 살피는데, 15도 내외의 기온임에도 수영을 즐기는 이들이 더러 있어, 우리 아이들이 자기도 수영하겠다고 난리다. 선착장 주변의 물빛은 빙하가 녹은 물이라 그런지 석회를 많이 함유하고 있어 그리 투명하지는 않았다. 주홍빛 건물의 관광안내소를 비롯해 면세점과 함께 아기자기한 상점들이 즐비하다. 버스 예약시간을 기다리며 주변을 살피는데, 이곳 '플롬'은 가죽제품이 유명하다기에 혁대와 반지갑도 냉큼 구입했다.

드디어 전망대를 가기 위한 버스에 오른다. 역시 길이 만만치 않다. 오고 가는 차들이 묘기를 부리듯 교차하는 모습에 넋을 잃고 쳐다보게 된다. '피오르'에서 650m 떨어진 산 중턱에서 앞으로 30m 튀어나오도록 설치된 이 전망대는 서는 순간 가슴이 뻥 뚫리는 시원함을 느낄 수 있었다. 다만 한꺼번에 인파가 몰리다 보니 차분히 곳곳을 살피기가 어려운 점이 몹시 아쉽다. 그럼에도 쾌청

한 날씨와 함께 시야에 들어오는 유려한 협곡의 물줄기, 주변의 절벽과 적절히 어우러진 산봉우리들, 해변에 생성된 붉은색 지붕의 집들이 옹기종기 모여 있는 마을의 모습들을 한눈에 볼 수 있는 기가 막히게 아름다운 전망대이다.

이렇게 해서 노르웨이 '송네 피오르'의 일정은 끝이 났다. 정박했던 세 곳 모두 환상적인 아름다움을 선사해 눈이 분에 넘치는 호강을 했다는 생각이다. 가는 곳마다 평화로움이 넘쳐흘렀고, 사람들의 표정에서도 한껏 여유를 느끼게 해준다. 알고 보니 1인당 국민소득이 세계 1위라고 하는데, 노르웨이는 1960년대에 북해 유전이 개발되면서 유럽 최대의 산유국이 되었고, 바이킹의 후예답게 선박 제조업이나 석유화학 가공 등에서 강점을 보이며 부자 나라가 된 것이다. 그래서 대학까지 모든 교육은 무상이라고 하니 많이 부럽다. 크루즈 여행이기에 수도인 '오슬로'를 밟지 못해 많이 아쉽다. 이곳 '플롬'에서 차로 4시간여 소요된다는데, 해마다 노벨평화상이 수여되는 노벨평화상위원회가 수도 '오슬로'에 있다고 한다.

8월 4일 토요일은 온종일 선내에서 하루를 보내야 했다. 날씨가 협조해주는 덕분에 대부분의 시간을 옥외수영장에서 보내고 나는 틈틈이 알코올 보충을 하며 휴식에 들어가는데, 거울을 보니 몰골이 말이 아니다. 머리는 더부룩해지고 손톱도 마냥 자라 있고, 피부도 까매져 그야말로 촌티가 물씬 풍긴다. 지난 일주일을 되돌아보니 눈으로는 호강을 하고 입으로는 그놈의 알코올 때문에 몸을 혹사시킨 게 분명했다. 일주일 내내 서양 음식만 섭취하다 보니 한계를 느낀다. 얼큰한 김치찌개와 구수한 된장찌개가 한없이 눈에 아른거려 결국 비상용으로 준비해간 컵라면을 하나 거덜내고야 말았다.

1년을 타면서 7천만 원 내는 세계일주 크루즈가 있다던데, 돈도 돈이지만 그 1년을 여행하는 사람들은 도대체 어떤 부류의 사람들인지 궁금하다.

8월 5일 일요일 오전에 드디어 크루즈를 마치고 하선한다. 꿈같은 7박 8일을 보내고 다시 1,000km를 달려 체코로 돌아가야 한다. 워낙 장거리인지라 중간 정도 지점인 폴란드 '브로츠와프' 한인식당에서 저녁을 먹기로 했다. 아무리 서둘러도 밤 12시는 돼야 집에 도착할 것으로 보인다. 게다가 브로츠와프 '코리아타운'이라는 중식당을 가는 길이 퇴근시간과 맞물려 많이 막힌다. 우여곡절 끝에 도착해 먹는 짬뽕이 꿀맛이다. 아이들 역시 자장면과 탕수육을 게 눈 감추듯이 해치운다.

다시 전열을 가다듬고 체코로 향하는데 폴란드 끝자락 체코 국경선이 다다른 고속도로상에서 문제가 발생했다. 큰딸이 몰던 차량 바퀴 쪽에서 덜덜거리는 소리가 나는 거였다. 사방이 칠흑같이 어두운지라 갓길에 세우는 것도 위험하고 아차 싶은데 다행히도 1km 정도만 가면 휴게소라는 팻말이 보인다. 저속으로 주행해 휴게소에 겨우 도착해보니 아니나 다를까 오른쪽 뒷바퀴 타이어가 박살이 나 있었다. 시간은 밤 12시, 비상타이어라도 갈아보겠다고 트렁크에 있는 짐을 모두 내렸지만 40년 전에 갈아봤던 기억이 희미해 어찌할 바를 모르고 있는데, 지나가던 폴란드 청년 3명이 달려들어 순식간에 해결해주는 거였다. 세상에! 어찌 이리 고마울 수가! 30여 km 거리인 집에까지 가는 데 전혀 문제없으니 내일 정비소에 다녀오라며 친절하게 설명까지 해준다. 게다가 음료 대접까지도 극구 사양한다. 체코 청년들의 조건 없는 친절에 나와 딸은 큰 감동과 함께 안도의 한숨이 절로 나왔다. 폴란드를 다시 보게 된다.

 겨우 집에 도착해보니 새벽 2시가 가까워진다. 정신이 몽롱하다. 마치 구사일생으로 살아 돌아온 느낌이다.

(9) 체코 '체스키 크룸로프 (Cesky Krumlov)'

크루즈 여행을 마치고 돌아온 다음날인 8월 6일일은 집에서 휴식과 함께 보냈다. 그러나 그것도 잠시, 모처럼 시도하는 바비큐 파티 준비하느라 부산하게 움직인다. 아이들은 아이들대로 밀린 공부와 일기쓰기, 그리고 틈틈이 노느라고 집 안이 시끌벅적하다. 내일부터는 2박 3일 '프라하' 여행을 떠나야 한다. 작은사위는 휴가를 마치고 직장에 복귀하기에 이제 9명이 움직이는 여행이다. 저녁식사를 마치고 프라하 가는 길에 경유지 여행을 어디로 할지를 논의하는 과정에서 결정된 곳은 '체스키 크룸로프'였다. 작은사위가 보여준 동화 속 마을을 연상케 하는 사진 한 장이 결정타였다.

8월 7일월, 김밥과 샌드위치를 준비 후 3시간여를 달려 주차장에 도착하니 거대한 성벽이 웅장한 모습으로 우릴 반긴다. 체코 남부 보헤미아 지방 산속에 숨겨놓은 보석 같은 '체스키 크룸로프'는 세계에서 가장 아름다운 소도시 중 하나로 불린다. 이곳은 인구가 1만 3천 명으로 작지만 1년에 100만 명이 넘는 관광객이 이곳을 찾으니, 체코에서는 '프라하' 다음으로 중요한 관광명소가 되는 곳이다. 성문을 통과하니 블타바강 물줄기가 보이고, 그 주변으로 예쁘게 단장된 고딕, 르네상스, 바로크 양식의 건축물들이 찬란한 빛을 발하며 감싸고 있었다. 어느 시골 도시와는 확연히 격조가 다르고 품위가 있다. 현대 건축물이라곤 전혀 찾아볼 수가 없어 마치 300~600년 전의 시간이 그대로 굳어져 버린 듯하다. 우리 가족은 구석구석 골목을 누비다가 점심을 해결하기 위해 한국인을 비롯한 아시아계가 많이 찾는다는 베트남 식당으로 향했다. 한국인 손님들이 곳곳에 보이는데, 아마도 다들 자유여행으로 이곳을 찾았을 것이다.

식사를 마친 후 '스보르노스티 광장'을 따라 '라트란' 거리 산책을 마치고 세계 300대 건축물로도 선정된 '체스키 크룸로프성 Cesky Krumlov Castle'에 올랐다. 체스키 크룸로프의 구심점이자 랜드마크다. 성의 지붕을 뚫고 나온 분홍과 초록 색조의 원통형 탑이 인상적인데, 하늘로 솟아오를 듯한 모습이지만 전혀 위압적이지 않고 친근하게 보인다. 성에서 내려다본 도심의 풍경은 한마디로 입을 다물지 못할 정도로 아름다웠고 특히, 성 개구부를 통해 내려다보면 그림액자를 보는 듯한 느낌이 든다. S자처럼 굽어 휘어진 블타바강과 그 주변으로 형성된 도심을 보노라니 마치 우리나라 안동의 강물이 휘어 돌아가는 곳에 형성된 '하회河回마을'을 보는 듯하다.

 성에서 내려와 주차장으로 향하는데 많은 사람들이 담자락에 매달려 아래를 응시하고 있어 궁금해 쳐다보니 성 안으로 들어가는 다리 아래에 사육 중인 곰을 보기 위해서란다. 과거 성을 중축하면서 적의 침입을 막기 위해 사육하던 곰의 후예들이 지금까지 이어져 사육 중이라고 하니 그저 놀라울 뿐이다. 이렇게 해서 '체스키크룸로프'의 일정을 마친다. 비록 짧은 시간에 이루어진 스쳐가는 일정이었지만 고즈넉한 이곳 구석구석의 아름다운 모습은 눈에 담아두어도 아프지 않을 만큼 오래 기억될 것이다.

(10) 체코 '프라하(Praha)' 2박 3일

체스키 크룸로프 경유지 관광을 마치고 프라하 숙소에 도착하니 밤이 이슥해졌다. 거실 한쪽으로 테이블 축구대가 설치되어 있고, 반대편 벽으로는 화살던지기 게임기도 있었으며, 더하여 체스 놀이기구도 있다. 처음 대하는 광경에 무척이나 신이 난 아이들은 자기네는 내일 게임하며 놀겠다고 한다. 사실 나와 아내는 오래전에 패키지 여행으로 이곳을 방문했었다. 그러나 동유럽이 처음인 큰딸과 두 손자를 위해, 그리고 동유럽 여행의 백미로 꼽히는 이곳 프라하만큼은 이유를 막론하고 이번 여행에서 제외할 수 없는 그런 곳이었다. 늘 그래왔듯이 스치듯 점만 찍는 여행이 아닌 제대로 된 프라하 구석구석을 살피고 이해하는 그런 여행을 기대하며 잠자리에 든다.

다음날 아침 9시, 요즘 프라하를 찾는 젊은이들 사이에서 유행

한다는 '팁 투어' 가이드를 만나기 위해 구시가지에 위치한 '화약탑' 앞으로 갔다. 우리 말고도 몇 팀이 더 있어 도합 20명 정도의 인원이 모여 있었다. 드디어 'Ruexp'라고 쓴 표찰을 목에 건 미남 가이드가 나타났다. 이곳 프라하에서 오랜 기간 거주하며 공부를 했던 사람이며, 한국인이 많이 찾는 이곳에서 뭔가 의미 있는 일을 하고 싶어 몇 명이서 뜻을 모아 이 일을 시작했다고 자신을 소개한다. 이 팁 투어는 예약이 필요 없고 정해진 금액도 없다. 이 장소에서 만나 가이드의 설명을 다 들은 후 여행객 스스로 평가해 알아서 팁을 주면 되는 시스템이다. 프라하를 제대로 즐기려면 체코의 역사를 제대로 알아야 한다며 장황하게 설명을 시작하는데, 한마디로 똑 부러진다.

기조 설명을 마친 후 이동한 곳은 바로 옆 카렐대학교 정문 앞이었다. 가이드가 말하길 여행객 내부분 모두가 이 대학 건물을 관심 있게 보는 사람이 없다고 한다. 그러나 1348년에 세워진 이 대학은 영국의 옥스퍼드와 쌍벽을 이루는 유럽의 명문대학교 중 하나였으나 체코의 부침浮沈과 더불어 숱한 고난을 함께했으며, 이곳 출신의 많은 학자들이 체코의 역사에 흔적을 남겼다고 설명한다. 1968년 '프라하의 봄' 당시 '바츨라프' 광장에서 소련군의 탱크에 맞서 분신했던 두 청년도 이 학교 학생이었다고 말해주는데 눈물이 핑 돈다. 그런 희생이 있었기에 민주화 물결이 동유럽 전역을 휩쓸면서 1989년 공산정권이 무너진 것이다. 아무튼 가이드의 설명을 들으며 곳곳을 살피는 프라하 시내관광은 차원을 달리하며 품격을 높여준다. '팁 투어' 선택은 신의 한 수였다.

이어서 구시가지 광장으로 자리를 옮긴다. 체코의 종교개혁가이자 민족운동의 지도자인 '얀 후스 동상'과 함께 '틴 성당'의 모습도 보인다. 12시가 가까워지자 구시청사 천문시계 인근으로 많은 사람들이 몰려온다. 우리는 가이드의 안내로 시계가 잘 보이는 곳에 자리를 잡고 천문시계 읽는 법을 열심히 듣는다. 1410년에 최초 설치된 이 시계는 세계에서 세 번째로 오래된 시계지만 현재까지 작동하는 시계로는 가장 오래된 시계라고 한다. 먼저 시계의 위판에는 복잡하고 알기 힘든 문자로 해와 달의 움직임을 나타내는 장치가 있었고, 아래 판은 시계침이 아닌 '황도 12궁'을 나타내는 그림으로 되어 있었다. 커다란 원형판이 조금씩 움직이면서 1년에 한 바퀴가 정확히 도는데, 별자리를 통해서 몇 월인지를 알 수 있고, 농경의 그림을 보고는 어떤 농사를 해야 하는지를 알 수가 있는 장치라 놀랍다. 12시 정각이 되니 종이 울리고, 시계 위쪽의 해골들이 나와 종을 당기고 예수의 12제자들이 나오며, 황금수탉이 우는 퍼포먼스가 진행이 된다. 천문시계 설명을 끝으로 3시간 남짓 진행된 가이드 투어는 끝이 났다. 다 기억할 수는 없지만 체코 프라하를 이해하는 데 아주 큰 도움이 되었다.

프라하에서 먹는 별식인 굴뚝빵을 시식 후, 카를교Charles Bridge에 진입했다. 프라하에서 가장 오래된 다리로 대표적인 관광명소이자 체코의 건축문화를 보여주는 대표적인 보물이기도 하다. 단순한 다리가 아닌 예술, 연출이 가미된 화려한 다리로, 30개 이상의 조각상들이 자리하고 있다. 자유로운 영혼들인 거리의 악사, 인물초상화를 그려주는 미술가들을 바라보는 재미도 쏠쏠하다. 카를교를 지나 '존 레논 벽화'를 보기 위해 찾았는데, 그를 기리기 위한 메시지와 노랫가사, 그리고 인물초상화가 그려진 그림 위로 무수한 사람들의 그림과 낙서가 더해져 산만하기 그지없었다.

다시 트렘을 타고 '프라하성'으로 이동했다. 세계 최대의 성곽답게 웅장한 자태를 뽐내고 있었다. 9세기 후반에 시작된 성의 역사는 무수한 세월을 거쳐오면서 건물이 늘어나 오늘날의 규모로 이어지는데, 그러고 보니 건물 하나에도 시대를 달리하는 여러 건축 양식과 다양한 예술 분야가 녹아있는 느낌이다.

프라하성을 대표하는 건물은 역시 '성 비투스' 성당이다. 14세기부터 19세기에 걸쳐 완성되었다는 이 성당은 멋진 스테인드글라스 창과 성당 내부를 장식하는 고고한 조각상들이 있다. 내부를 살펴보면 중세 체코의 문화와 예술작품을 마음껏 즐길 수 있는 곳이다.

체코의 역사를 살펴보면 1918년 슬로바키아와 연방을 이룰 때까지 '보헤미아' 역사와 거의 다름이 없다. 한때 보헤미아 왕국이 신성로마제국으로부터 하나의 독립된 왕국으로 인정받기도 했다. 1355년 '카를 5세'가 신성로마제국의 황제가 되면서 프라하를 행정 중심지로 삼았고, 보헤미아는 황금시대를 맞이했다고 전해진다. 15세기에는 '얀 후스'가 주도한 종교개혁운동이 보헤미아 전역을 휩쓸기도 했고, 그 여파로 지금도 체코는 유럽에서 유일하게 무

종교 1위의 국가가 된다. 1968년 '프라하의 봄' 1989년 11월, 시민 포럼이 주도한 시민혁명으로 공산정권이 무너진 과정을 설명 들으며 동시대에 벌어졌던 우리나라의 여러 민주화운동이 떠오르는 것은 나만의 감정이 아닐 것이다.

사실 프라하를 제대로 보려면 3~4일은 족히 머물며 천천히 살펴야 되는데, 역시 이번에도 점만 찍은 느낌이다. 국립박물관과 그 유명한 필하모닉 오케스트라 공연은 다음을 기약하며 아쉬운 마음으로 프라하 여행을 마친다.

(11) 오스트리아 '비엔나(Vienna)' 2박 3일

　8월 9일 수요일, 프라하 여행을 마친 후 귀갓길에 브르노Bruno 과학관을 찾았다. 역시 아이들을 위한 특별이벤트인 셈이다. 브르노는 체코 제2의 도시로 정치, 경제의 중심지이자 1919년에 설립된 '푸르키네 대학교'을 비롯한 여러 대학들이 있는 교육의 도시로도 잘 알려져 있다. 그러나 일정상 두루 살피지 못하고 부득이 과학관만 찾게 되어 많이 아쉽긴 하다. 역시 아이들은 여느 관광지 여행보다도 더 좋아하며 난리다.

　이제 8월 10일 하루는 귀국짐을 챙기고 다음날 비엔나로 이동해야 하는데, 저녁시간이 되자 사위가 체코 전통식당으로 안내한다. 돼지족발 훈제요리를 비롯해 다양한 메뉴가 시선을 끈다. 맥주의 나라답게 식당 내 모든 테이블에서 여러 종류의 맥주쇼가 펼쳐지고 어느 순간 내 앞으로 사위의 손을 거쳐서 녹색술 한 잔이 놓여진다.

'빈센트 빈 고흐'가 귀를 자르기 전에 마셨다는 '압생트 55'였다. 이 특별한 술이 이번 체코여행에서 마시는 마지막 술이자 기념주가 된 셈이다.

8월 11일 금요일이다. 둘째사위는 근무를 마치고 출발해야 하기에 큰딸과 함께 차량 한 대가 선발대로 출발했다. 첫 목적지는 합스부르크 왕가의 여름궁전인 '쉰부른 궁전'이다. 오래전 방문했을 때는 수박 겉핥듯 스쳐 지나갔던 아쉬움이 있어 우리 가족은 코끼리열차를 타고 정원 곳곳을 살피기로 했다. 쉰부른 궁전에서 제일 높은 곳에 위치한 지점에서 하차해 1747년 프러시아를 물리친 것을 기념하기 위해 세운 그리스 신전양식의 건축물인 '글로리떼'를 살펴본다. 정원과 궁전, 그리고 저 멀리 비엔나 시가지의 풍광이 한눈에 들어오는 곳이다. 내려오는 길에 '포세이돈 분수'를 비롯한 여러 조각상들, 그리고 정원 내부를 두루 살필 수 있어서 그런대로 만족할 수 있었다.

우리가 이틀간 묵을 숙소는 비엔나의 중심부인 '링슈트라세' 거리에 위치한 관계로 시청사를 비롯한 시내 관광지를 도보로 여행할 수 있어 좋았다. 가볍게 저녁식사를 마친 후, 산책을 겸해 야경투어로 주변의 박물관 건물을 비롯한 다양한 건물을 둘러보는데, 시청사 건물에서 웅장한 음악소리가 들려온다. 시청사 벽면에 설치된 대형 스크린에서 빈 필하모닉 오케스트라 공연장면이 상영되고 있었다. 워낙 큰 화면에다가 음향 또한 완벽해 마치 공연을 직접 보는 듯 느낌이 들어 한참이나 머물렀다. 과연 음악의 도시, 예술의 도시답다. 비엔나는 유럽 속에 또 다른 특색을 갖춘 아주 색다른 도시로 다가온다. 달빛에 마주하는 모차르트 동상 앞의 높은 음자리표를 형상화한 꽃단장도 이색적으로 비춰진다. 아마도 음악을 사랑하고 미술에 관심 있는 사람이라면 한 달을 족히 머물러도 지루하지 않을 것 같다는 생각이다.

다음날은 여행이 아닌 '판두르프 아울렛'을 가는 날이다. 비엔나 시내를 벗어나 한 시간여를 달려 도착해보니 벌써 사람들로 북적인다. 유럽에 몇 개 존재하지 않는 아울렛 중의 한 곳이기도 하지만 자주 세일을 하는 곳이기도 해 많이 몰린다고 하는데, 한국인도 제법 많이 있어 놀라웠다. 쇼핑에 관심 없는 나는 놀이터에서 아이들과 놀아주며 시간을 보내다 보니 몇 시간이 흘렀다. 전화벨이 울려 받아보니 'Burberry' 매장으로 급히 오란다. 유럽여행 기념으로 잠바를 사주겠단다. 극구 사양해도 막무가내라 결국 거금을 들여 구입했다. 내친김에 '나이키' 운동화도 두 켤레 구매하고서야 나 자신에 대한 쇼핑은 마무리했다. 아내와 딸들이 뭐 그리 볼 게 많은지 하루를 꼬박 아울렛에서 보냈다.

8월 13일 일요일, 드디어 여행 마지막 날이다. 이제 오후 5시가 되면 한국행 비행기에 오르게 된다. 호프부르크 왕궁을 비롯해 모차르트 및 괴테의 동상을 거쳐 슈테판 대성당으로 향했다. 주말을 맞아 사람들로 인산인해다. 때마침 일요미사가 진행되고 있어 더더욱 경건한 분위기를 자아내고 있다. 12세기에 로마네스크 양식으로 처음 지어진 이 성당은 14세기에 고딕양식으로 재건되었고, 18세기에 들어와 성당의 내부는 바로크 양식으로 지어졌기 때문에 그야말로 독특한 혼합양식의 건물로 위용을 떨치고 있었다. 이 성당은 무엇보다도 오스트리아가 배출한 음악의 천재 모차르트가 이곳에서 결혼식을 올리고 장례를 치른 곳으로도 유명하다. 이밖에도 성페터 성당, 시계탑 등 2만 보 이상을 걸으며 비엔나 시내 곳곳을 누볐다.

유럽에서의 마지막 점심을 위해 미리 예약된 'RIBS of Vienna'로 향했다. 등갈비 바비큐로 유명한 곳인데 한국인 관광객들에게 소문이 자자해서 그런지 그 넓은 식당의 손님 80% 이상이 한국인이었다.

이제 비엔나 국제공항으로 향한다. 꼬박 한 달을 머물며 함께했던 시간들을 뒤로하고 이제 일상으로 복귀하는 일만 남았다. 우리 모두는 한동안 아무 말도 없었다.

말없이 고생한 둘째딸과 사위에 대한 고맙고 미안한 마음이 큰 파도처럼 밀려온다. 모처럼 함께하는 가족들을 위해 오래전부터 일정을 짜고 그 일정에 맞춰 숙소예약은 물론, 심지어는 차는 어느 주차장을 이용할지 등등 빈틈없는 스케줄을 기획하기까지 얼마나 많이 노심초사했을까 그림이 그려진다. 가족들을 위해 한 곳이라도 더 보여주고 즐길 수 있게끔 배려한 흔적이 곳곳에서 보였기에 더더욱 마음이 짠하다.

수속을 마치고는 결국 둘째딸의 눈물보가 터졌다. 헤어지는 아쉬움도 있었겠지만 온 가족이 함께했던 1개월의 꿈같은 시간들, 그리고 남은 1년의 체류기간 동안 남편만을 의지하고 두 딸을 보살피며 담백하게 살아가야 하는 일련의 과정들이 맞물리며 만감이 교차했던 모양이다. 두 손녀딸의 말 없는 시무룩한 표정이 나를 힘들게 한다.

그러나 정녕 이별은 다가오고 말았다.

가족의 힘은 위대했다. 이번 1개월의 유럽생활을 한마디로 요약해보면 '위대한 가족애家族愛의 재발견'이라 할 수 있겠다. 함께하니 어마어마한 시너지가 생겼고 생기가 넘쳐흘렀다. 이번 여행은 우리 가족에게 새로운 역사의 한 페이지로 기록될 것이다.

에필로그 Epilogue

　천금 같은 기회를 잡아 꿈같은 현실로 옮긴 '다람쥐 가족' 유럽에서 한 달 살기 프로젝트는 끝이 났다. 그야말로 상상을 초월하는 대장정이었다. 한 달을 머무는 동안 곳곳을 누볐던 차량 두 대의 이동거리가 무려 13,000km나 된다. 비교하자면 한국에서 서울-부산 거리를 15회 이상, 차량 1대당 8회를 왕복한 셈이니 엄청나다.
　무엇이 이런 강행군을 가능케 했을까. 곱씹어보니 그것은 가족의 위대한 힘이었다. 3대에 걸친 직계가족 10명이 일사불란하게 호흡을 함께했기에 가능했으며, 그 밑바탕에는 끈끈한 가족애家族愛와 함께 상호 신뢰를 바탕으로 무한無限 사랑이 존재했기에 성취한 값진 결과물이다. 가장으로서 뿌듯하다. 아무튼 이번 유럽여행은 가족의 의미와 소중함을 되돌아볼 수 있는 아주 좋은 시간이 되었다.

여행이 우리의 삶을 더욱 의미 있고 행복하게 만들어준다는 사실은 이미 여러 연구를 통해 실증적으로 증명된 바 있으며, 모두가 인지하는 사실이다. 특별히 온 가족이 함께 새로운 장소를 방문하고 시간을 보낼 때 행복이나 만족과 같은 긍정적인 감정을 함께 공유하기 때문에 가족 간의 관계 향상과 유대감 및 의사소통 강화에 큰 도움이 되는 것은 엄연한 사실이다. 유럽여행이 구체화되고 준비하는 과정에서 누군가가 내게 말했다. 자식이 유럽에 거주한다고 누구나 다 이렇게 온 가족이 함께 한 달을 머물며 여행할 수 있는 사례는 극히 드물다고 하면서 우리 가족은 아주 특별한 뭔가가 존재한다며 부러워했었다. 그렇다면 과연 우리 가족에게 존재하는 그 특별하다는 것은 무엇일까? 아무리 생각해도 도무지 떠오르지 않는다. 오랜 시간이 지나서야 어렴풋이 하나가 떠오른다. 내 입으로 표현하기가 좀 그렇지만 글로 옮겨본다.

우리 속담에 '내리사랑은 있어도 치사랑은 없다.' 즉 윗사람이 아랫사람을 사랑하기는 하여도 아랫사람이 윗사람을 사랑하기 쉽지 않다는 말이다. 이 말을 가족에게 대입해본다면 부모가 자식을 사랑하는 만큼 자식이 부모를 사랑하기는 좀처럼 어렵다는 말이 된다. 두 딸을 시집보내고 손주들이 하나 둘 태어나다 보니 나와 아내도 내리사랑을 폐부로 느끼고 하나 둘 실천에 옮기게 되었는데, 나는 내리사랑이라는 그 자체가 인생과 자연의 순리라고 생각하고 살았다. 그런데, 어느 순간부터 우리 집은 내리사랑 못지않은 치사랑이 존재하고 있다는 사실을 알게 되었다. 어쩌면 내리사랑보다

치사랑이 더 강도가 세지 않나 싶을 정도다. 그래서 누군가 그 비결을 묻는다면 이 엄연한 사실을 기쁜 마음으로 전할 것이다.

벌써 여행을 마치고 돌아온 지 1개월이 가까워진다. 여행을 떠나기 전 설레는 마음 못지않게 지난 여행을 회상하면서 느끼는 행복감 또한 충만充滿하다. 유럽여행에서 만들어진 특별한 기억들은 우리 가족에게는 평생 간직될 소중한 추억이 될 것이다. 아직 어린 손주들의 기억에는 한계가 있겠지만 아무튼 무엇보다도 야심차게 계획했던 '손주들과의 추억 쌓기'는 기대 이상으로 멋진 마무리가 되어 뿌듯하기 그지없다. 저물어가는 아빠, 엄마를 위해 멋진 이벤트를 만들어준 두 딸과 두 사위에게 고마움을 전한다.

슈퍼 블루문이 지나간 가을을 맞이하는 9월의 하늘이 쪽빛처럼 맑고 청아淸雅하다.

- 2023년 9월 12일 Gallery 秋藝廊에서

제5부

서예 이야기

01
첫 개인전을 준비하던 시절

    사람은 누구나 저마다의 꿈을 이루기 위한 목표가 있다. 단기간의 목표도 있을 수 있고, 긴 시간이 수반되는 장기적인 목표일 수도 있다. 내가 이미 30여 년 전에 계획했던 목표는 은퇴하면 '나의 정체성인 서예를 즐기며 산다'는 좌우명의 실천이다.

    서예계에 입문하면서 그 꿈을 시작하였다. 그러나 이대로 안주할 수 없다는 생각이 들어 구체적인 목표를 세우게 되는데 그것은 첫 개인전이다.

    당시 55살이었는데 늦어도 60세 이전에 첫 개인전을 무조건 하겠다는 각오로 준비하기 시작했다. 글씨 쓰는 양도 늘리고 작품에 응용할 문구도 하나 둘씩 취합하기 시작했으며, 다양성을 보여주기 위한 측면에서 화선지도 수십 종류를 구입하였다.

    서단의 흐름을 파악하기 위해 월간지나 도록을 더욱 유심히 살피기도 했는데, 이때는 현대 서예나 캘리그라피 같은 새로운 시도

들도 유행하던 때였다.

　추사체 부분은 작고하신 '연파 최정수' 선생이 저술한 책들을 많이 참고했다. 기초가 다져지자 추사선생이 직접 쓴 글씨를 접목하고 비교해가며 작품에 응용하기 시작했는데 계속하다 보니 예술성 호불호를 떠나서 나만의 개성이 조금씩 나타나기 시작했다.

　서여기인書如其人이라고 했다. 글씨는 곧 그 사람을 나타낸다는 표현일 텐데 여기서 기인其人의 의미는 그 사람의 외모가 아니라 그 사람의 인품, 교양, 학덕 등을 총칭하는 의미로 해석하면 되겠다. 사람마다 독특한 자기 필체가 있는데 한날한시에 똑같은 스승에게 글씨를 배워나가도 어느 정도 시간이 지나면 각자의 개성이 드러나게 마련이다. 그 개성 속엔 그 사람의 성격도 보이게 된다. 근간에 와서 나의 글씨를 두고 많은 사람들이 내가 지닌 성격 그대로라고 농담들을 한다. 깐깐하게 표현한다는 얘긴데 칭찬일 수도 있고 욕일 수도 있다. 나는 그냥 있는 그대로 받아들이고 있을 뿐이다.

　2009년에 '한국문화예술연구회'라는 단체로부터 '부스전' 참여를 권유받게 되는데 회장과의 인연도 있는 데다 개인전을 염두에 두고 있던 터라 기꺼이 응했다. '부스전'이라 함은 완전한 개인전이 아닌 몇 명의 작가가 한 전시장에 칸을 나눠서 하는 전시를 말하는데 크기에 따라 작품 수가 결정되게 되어 있다. 당시 '경복궁역'에 있는 '서울 메트로 미술전시관'이었는데 외국작가 몇 분과 국내작가 몇이서 참여하게 된다. 공간이 제법 있어 30여 점의 크고 작은 작품을 걸었다. 도심지라서 지하철을 이용하는 일반인도 관람할 수 있는 그런 구조다.

나름 열심히 준비해서 전시를 하는데 생각 외로 좋은 호응을 얻었다. 특히 추사체 작품에 대한 반응이 대단해서 나로선 일석이조의 효과를 보았는데 그 덕분에 몇 사람이 서실로 찾아와 수강을 시작했다. 이때부터 큰 용기를 얻게 되었고, 이후의 공부는 스스로 신바람을 일으키는 용맹정진으로 자신감을 구하게 되었다.

드디어 난공불락으로 여겨왔던 '금강경' 작업에 돌입하였다. 8폭 병풍으로 시작을 하는데 어느 누구의 작품도 인용하지 않고 내 스스로 구도를 잡고 글씨도 먹물이 아닌 금분金粉으로 도전했다. 5,300여 자를 8폭으로 나누고 32개의 각 단원마다 불佛자를 넣어 나름의 구분을 해야겠다는 생각으로 시작을 하는데 인조 금가루를 다루는 일이 쉽지만은 않았다. 붓에 응고가 되는 관계로 조절이 쉽지 않았지만 이를 악물고 작업에 임해 한 달여 만에 작업을 끝내고 나니 성취감으로 인한 자존감은 하늘을 찌르고도 남는 기분이었다. 이렇게 해서 나의 금강경 작업은 먹물이 아닌 금분으로 시작되어 지금까지 시리즈로 대장정을 이어가고 있다.

큰 산을 넘으니 매사 자신감이 생겨 글씨는 더욱 탄력을 받게 되었다. 제자들이 항상 작품에 매달리는 모습을 보고는 너무 무리하는 게 아니냐며 걱정해주었다. 그러나 계획대로 실행하지 않으면 마음 씀씀이가 심해 안절부절 못하는 성격이라서 약간의 무리는 긴장도를 높여주는 정신적 쾌감이 된다.

나는 직장생활을 할 때도 어떤 일이 주어지면 책임완수를 위해 심하게 몰입하는 스타일인데 그렇다고 일만 하는 건 아니었다. 아이디어가 떠오르지 않을 때는 의욕이 충만할 때까지 오히려 여유를 부리며 느긋하게 잘 놀기도 한다. 하여 일을 시작할 때는 스스로 한 치의 여유를 허락지 않는다. 또한 서두르지도 않았다. 필력은 행군과 같은 이치, 묵향에 취해 마냥 즐기던 신천지였다.

- 2021년 11월 18일 Gallery 秋藝廊에서

02
추사체(秋史體) 소고(小考)

    서예에 입문하고 추사체를 연구하면서 오랜 여정을 이어오고 있다. 추사 선생은 실사구시實事求是를 토대로 실학과 금석학, 고증학, 불교학, 경학에서의 뛰어난 업적을 남겼다. 그 학문적 기반을 토대로 서예, 그림, 미술비평, 시, 문장 등 예술 분야에서도 많은 족적을 남겼는데, 글씨들은 '추사체秋史體'로 명명되어 후학들에게 학문 연마의 지표가 되고 있다. 그중에서도 압권은 1974년에 국보 180호로 지정된 '세한도歲寒圖'다.

    또한, 2018년 2월에 '침계梣溪'를 포함한 세 점의 작품이 문화재청으로부터 보물로 지정받았으니 사후 162년에 새로운 금자탑을 쌓았다.

    나름 추사선생의 예술혼에 근접하려고 노력해보지만 선생의 심오한 예술세계를 흉내 낸다는 자체가 잔잔한 호수에 점 하나 찍기보다도 어렵다.

오래전, '추사서법예술원'이라는 동호회를 결성 후 주제를 설정하고는 저마다 서법 발표를 했다. 몇 년 시차를 두고 '추사의 행서行書'에 추사 서체의 변화라는 타이틀로 발표문을 작성하면서 내가 앞으로 어떻게 공부해야 할지에 대한 방향 전환에 많은 도움이 되었다.

2006년 국립중앙박물관에서 발행된 '秋史 김정희 - 學藝 일치의 경지'라는 책을 소장하게 되었다. 여러 자료를 검토하던 중, 추사의 '조전비曹全碑 습작'과 '춘풍대아春風大雅'가 눈에 띄는 거다. 조전비는 예서隸書이고 춘풍대아는 해서楷書에 가까운 행서行書였다.

'그래, 바로 이거야. 공부는 이런 식으로 해야 되나 보다.'

나도 모르게 감탄사가 튀어나왔다. 조전비를 습작하는 동안 글자마다 다양하게 표현한 추사선생의 의지가 눈에 보여 놀라움을 금치 못했다.

春風大雅能容物 춘풍대아능용물
만물을 포용할 만한 춘풍春風 같은 도량

秋水文章不染塵 추수문장불염진
세속에 물들지 않은 추수秋水 같은 문장

이 글은 현존하는 추사의 몇 안 되는 행서대련 작품 중 하나다. 만년작으로 알려져 있는데 역시 이 문구를 연습한 흔적의 자료도 있다.

上之五年十一月己巳 상지오년십일월기사
주상이 즉위한 지 5년 되는 기사일

그러니까 추사의 생애 중 세 분의 주상을 거쳤는데, 순조 5년1805년, 20세, 헌종 5년1839년, 54세, 철종 5년1854년, 69세에 해당되므로 아마도 54세나 69세에 연습했던 흔적이 아닌가 싶다. 한마디로 추사 김정희 선생의 법고창신法古創新을 보여주는 글씨다.

추사체를 공부하면서 나의 서체도 달라지고 있었다. 작품의 문구가 결정되면 획일적인 연습에서 탈피해 다양한 방법으로 표현해 보았다. 추사선생의 글씨가 주된 참고자료가 됐으며, 전해지는 글씨가 없는 경우에도 선생의 필의筆義를 따르려 노력했다. 집자集字를 하는 과정이 그렇게 즐거울 수가 없었으니 신천지가 따로 없었고, 이런 공부가 신의 한 수라는 생각이 들었다.

春風大雅 연습

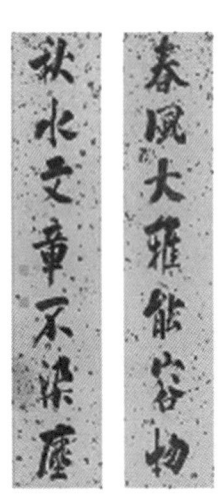

본 작품

조전비(曹全碑) 연습 흔적

2006년은 추사선생 탄신 220주년이자 사후 150주년이 되는 해다. 평생을 추사선생의 자료를 모아온 일본인 '후지츠카 치카시'로부터 2,000여 점의 자료를 넘겨받는 뜻깊은 해이기도 한데, 당시 과천문화원 최종수 원장의 헌신적인 노력의 결과였다.

제주 추사 적거지가 새로운 모습으로의 단장을 위해 공사가 시작되었고, 추사가 말년을 보낸 과천 '과지초당'이 복원되기도 했다. 이후 멋진 박물관도 완공되었으니 제주도와 충청도 예산에 이어 과천이 추사선생 메카의 한 축으로 자리매김했기에 자랑스럽다.

서예인들도 이구동성으로 추사를 칭송했다. 중국에 왕희지王羲之, 구양순歐陽詢이 있다면 한국에는 추사 김정희 선생이 있다고 한목소리를 내는데 참으로 아이러니하게도 예전에 '국전'이라 칭하던 3대 공모전에서 '추사체'는 배제시켰다. 주최 측 나름대로 명분이야 있겠지만 입으로는 추사를 칭송하면서 추사체를 배척한다면 엄연한 이율배반적인 행위다. 이것이야말로 기득권의 횡포가 아니고 그 무엇이겠는가?

'문자향文字香 서권기書卷氣'는 사람에게 인격人格이 중요하듯 예술은 격조格調가 중요한데, 예술의 격조는 치열한 내공을 쌓아야 비로소 나올 수 있다는 말이다. 여기서 말하는 '문자향文字香'은 글씨의 조형성에서 풍기는 기운을 의미하며, 서권기書卷氣는 학문과 독서를 통해 얻어지는 지성미와 인품을 말한다.

조선 후기, 사회체제의 근간이 신분제에서 경제적 계약관계로 급속히 이동하여 갔다. 이와 함께 풍속화나 민화民畵 등 서민문화가 급속히 퍼져나가자 양반 사대부들은 심각한 체제 위협을 느끼기 시작했고, 결사적으로 사회적·문화적 변화에 반대하였다. 그들은 사회적·문화적 기득권을 지키기 위해 '문자향 서권기'를 주장했는데, 그 대표적인 인물이 추사秋史 김정희金正喜라고 전해진다.

추사선생은 스승 박제가의 영향도 있었겠지만 스스로 서예와 학문을 연마해 경지에 올랐고 일생을 파란만장하게 살았다. 당대 명성이 자자했던 원교圓嶠 이광사李匡師나 창암蒼巖 이삼만李三晩에게 던졌던 글씨에 대한 혹평은 너무도 유명하다. 도대체 그런 배짱은 어디에서 비롯되었을까? 아마도 오랜 학문 연구에 의해 체화體化된 자신감의 표출이 아닌가 싶다. 옛 비석의 글자를 연구하여 스스로 해법을 찾고, 비로소 창작한 법고창신法古創新의 혼이 추사의 행적이다.

나의 서실명은 '추예랑秋藝廊'이다. '추사선생의 심오한 예술세계를 탐구하는 서실'이라는 거창한 해석도 달았다. 2008년 퇴직 후 고심 끝에 지어낸 당호인데 아직도 이름값을 하지 못해 안타까운 마음이다.

심지어는 '추사체秋史體'를 쓴다는 말도 함부로 꺼내지 않는다. 매사에 조심스런 이유는 추사선생의 심오深奧한 예술세계는 아직도 요원하다. 어디 작품 하나를 내더라도 노심초사하고는 마감일이 다다라서야 겨우 해결하곤 한다. 나의 위축된 서예 자세는 꼭 풀어야 할 과제인 셈이다.

'추사체秋史體를 누구나 알고 있지만 추사체가 무엇인지 대답을 잘하는 사람이 없다'는 말은 추사체에 대해 함축적으로 잘 표현된 글이다. 즉, 파격의 아름다움, 개성으로서 괴졸怪拙을 잘 나타낸 것이 추사체의 본질이자 매력인 것이다.

"추사의 예서隸書나 해서楷書에 대하여 잘 알지 못하는 자들은 괴기怪奇한 글씨라 할 것이요, 알긴 알아도 대충 아는 자들은 황홀하여 그 실마리를 종잡을 수 없을 것이다."

추사와 동시대 인물인 초산僬山 유최진柳最鎭이 '추사 글씨 편액에 부쳐'라는 글에서 설명한 글 중의 일부 내용인데, 나의 현실을 잘 대변하는 것 같아 옮겨본다. '알긴 알아도 대충 아는 자' 그게 바로 나인 것이다.

- 2021년 11월 19일 Gallery 秋藝廊에서

03
중국 '대경(大慶)'시와
철인(鐵人) 왕진희(王進喜)

중국 흑룡강성黑龍江省의 서남부 '대경大慶시'에 있는 대경철인 왕진희기념관大庆铁人王进喜纪念馆을 보며 감탄했던 기억이 새롭다. 중국에서도 석유가 생산된다는 사실이 놀라웠고, 그곳에서 생산되는 석유가 중국 석유 소비량의 50%를 감당한다니 그 양이 어마어마하다. 석유 한 방울 나지 않아 오로지 수입에만 의존하는 우리나라로서는 그저 부러울 따름이다.

오래전 내가 속해 있던 서예단체韓國秋史書法藝術院는 그곳 대경大慶시 서예단체와 공식적으로 교류협정을 맺었다. 한국 사절단의 일원으로 참가했던 그 행사에서 그들의 보여준 의전이나 행사 진행의 웅장함은 상상을 초월했다. 우선 잡아준 숙소가 공산당 간부들만 이용할 수 있다는 최고급 빌라였다. 이튿날, 행사장으로 입장하는 우리를 위하여 수십 명의 군악대가 환영 음악과 함께 꽹파

르Fanfare를 울려주는데 난생처음 받아보는 과잉 의전에 그저 어안이 벙벙했다. 행사를 마치고 처음으로 안내받은 곳이 바로 '철인 왕진희 기념관'이다. 이곳은 중국 유전 발굴의 역사를 생생히 모아 놓은 일종의 박물관이자 그 주인공 철인 왕진희의 활동을 자세히 살필 수 있는 기념공간이었다.

대경大慶 시의 석유탐사는 1955년부터 시작되었다. 대경 유전은 거의 맨손과 지역주민들의 자원봉사로 채굴되기 시작하는데, 과거 일제 침략기에 일본이 석유를 찾다가 포기하고 돌아갔음에도 철인 왕진희는 석유를 찾아내기 위하여 사투를 벌였고, 결국 석유를 뿜어 올렸다고 칭송을 받고 있다. 이에 감격한 주석 모택동이 크게 기쁘다 하여 '대경大慶'이라는 지명을 부여했다는 전설이 전해지고 있다.

전시장에는 그 시절 석유탐사를 위해 고군분투하는 사진자료들과 각종 장비가 진열되어 있다. 그들의 활약상이 시뮬레이션으로 제작되어 생생한 모습으로 볼거리를 제공하고 있었다. 왕진희는 48세를 일기로 다소 일찍이 운명을 마쳤으나 1개월에 5천 m, 연간 2만 m 암반시추 달성이라는 당시 기술로는 대단한 추진력과 적극성으로 유명하다. 그가 활약하던 시절 당 주석 모택동은 그의 업적을 높이 평가하여 중국 공산당 서기로 임명하고는 '100년 중국 10대 인물'로 당당히 선정했다는 사실이 철인 왕진희의 위상을 말해 주고 있다.

대경大慶시는 흑룡강성의 서남부 지역 끝자락인 몽골 내륙과 인접한 곳에 있다. 1960년 내몽골 자치주에서 흑룡강성으로 행정구역이 개편되었고, 1979년 '안달시'에서 '대경시'로 승격하면서 흑룡강성의 직할시가 되었다. 인구는 300만 명에 육박하는데 개인당 소득이 2만 달러가 넘는다고 하니 중국 전체 평균소득이 1만여 달러임을 감안하면 두 배가 된다. 중국 공산당 체제하의 경제체계가 어떤 식으로 반영되는지 몰라도 석유가 생산된다는 지역적 특혜가 존재하지 않을까 하는 생각에 미치게 된다. 도심 전체를 가로지르는 송유관의 규모도 어마어마하다.

　무엇보다도 현대식 건물로 지어진 아파트와 고층건물들이 곳곳에 즐비하고, 도심 인근의 습지대도 잘 정비되어 특별히 관리되고 있다. 이렇듯 석유생산은 곧 지역의 부富를 안겨주게 되면서 중국의 단순한 공업도시가 아닌 중국답지 않은 세련된 대경大慶시로 거듭나고 있었다.

　사실 중국의 대경大慶시는 특별한 관광도시도 아니고 우리 같은 서예단체 교류가 아니면 방문하기 쉽지가 않다. 흑룡강성의 메인도시인 하얼빈은 안중근 의사 기념관을 비롯해 볼거리가 제법 있지만, 그곳에서 두 시간 걸리는 내륙도시 대경大慶시는 더더욱 방문이 어렵다. 우연한 기회에 그곳을 두 차례 방문했던 기억 중에서도 이른바 '석유박물관'이라 할 수 있는 '대경철인왕진희기념관大庆铁人王进喜纪念館'에서의 추억은 오래도록 뇌리에 남아있다.

석유생산은 자원이므로 곧 부富를 상징한다. 산유국이 밀집된 중동지역은 그 엄청난 석유 매장량에 의한 경제적 부를 축적하며 중동 건설의 붐을 일으켰다. 넘쳐나는 돈들은 그들의 전통적 이슬람 종교관을 무너트리며 문명의 보금자리로 탈바꿈했다.

1976년 초의 일이 떠오른다. 포항 앞바다에서 유전이 발견됐다고 난리다. 당시 나는 논산 훈련병 시절이라 뉴스나 매스컴을 접할 수 없었음에도 흥분한 교관의 입을 통해 그 소식을 들었다. 얼마 후 김해 공병학교에서 후반기 교육을 받을 때다. 교육부서에 근무하던 포항 출신의 고참 사병이 마이크를 잡더니 흥분한 어조로 드디어 우리나라에서도 석유가 발견됐다며 열변을 토하면서 기고만장했다.

당시 군사정권 시절의 박정희 대통령은 연두年頭 기자회견을 통해 이 엄청난 내용을 흥분하지 말고 차분히 기다려 달라고 발표했지만 얼마 지나지 않아 한낱 촌극으로 싱겁게 막을 내렸다.

석유가 생산되지 않는 우리나라는 100% 수입에 의존하는 국가이다. 칼자루를 쥐고 있는 석유 생산국의 헛기침 한방에도 휘청거린다. 실제로 과거에 여러 차례 석유파동을 경험했다. 일반 가정이나 사무실에 석유난로에 의존하던 시절, 주유소 앞에서 기름통을 양손에 들고 줄을 서서 대기하던 시절이 있지 않은가?

나는 등잔불 아래서 어린 시절을 보냈고, 신혼시절에는 자식들을 키우면서 겨울이 되면 방에 석유난로를 켰다. 보관용기에 석유가 가득 담겨 있으면 마음이 여유로웠고 간당간당하면 어딘가 허전하고 불안불안했던 시절을 떠올리고는 쓴웃음이 지어진다.

- 2021년 12월 21일 Gallery 秋藝廊에서

제6부

기타 일상 이야기

01
'골프(Golf)'로부터의 해방

나는 주제넘게도 이른 나이에 골프를 접했다. 90년대 초반 경기도 송탄에 있는 미군부대 내의 건설현장에 근무하면서 자연스레 인연을 맺었다.

당시 고관대작이나 기업체 간부 등 소위 말하는 사회 지도층 인사들이나 즐겼던 고급 스포츠를 30대 중반의 나이에 불과했던 말단직원이 시작했으니 지탄받아 마땅했기에 쉬쉬하면서 배웠다. 배우는 과정에서 운도 많이 따랐다. 미군부대 내 모든 위락시설들은 소속 부대원들을 위해 존재하기에 엄밀히 따지면 민간인들이 이용할 수 없었을 것이다. 그런데도 골프장은 물론 볼링장, 식당 등 장교식당을 제외한 모든 시설을 이용할 수 있었으니 일종의 행운이었다. 아마도 영업적인 측면이 작용하지 않았나 싶다. 덕분에 미국의 문화를 간접적으로 체험할 수 있어서 너무도 좋았다.

흔히들 골프를 인생사와 비교하기도 한다. 각양각색의 길이와 폭, 지형에 따른 난이도가 홀마다 펼쳐지는 골프코스가 우리네 삶과 비슷하기 때문일 것이다.

코스는 같은데 동반자들은 제각기 다른 괘도를 그려가며 자신만의 플레이를 펼치게 된다. 프로가 아니고서야 18홀이나 되는 모든 홀을 완벽하게 공략할 수 없다.

코스 위에서는 홀마다 성공과 실패가 무한 반복되기에 이런 일련의 도전과 그에 따른 결과는 한 치 앞도 알 수 없는 인생의 축소판인 것이다.

클럽을 움직여 샷을 날리고 비로소 그 공이 어디에 떨어졌는가를 확인하는 데는 불과 몇 초다. 그 짧은 시간에 무수한 시간이 지나가고, 무수한 장소가 넘어가고, 무수한 사람들이 스쳐간다. 내가 서 있는 그 영원 같은 찰나, 그 찰나와 샷의 주인은 오롯이 나다. 그 샷이 경사진 언덕이든, 나무 밑이나 모래밭이든, 심지어 자세를 올바로 잡을 수 없는 위치일지라도 그 이전의 샷이 이끄는 곳에서 나는 다시 시작해야 한다. 즉, 내가 만든 시작이 끝이 되고, 그 끝이 다시 시작되는 행위의 연쇄와 반복, 그런 흐름의 분명함이 있기에 골프는 한껏 매력적인 스포츠가 아닐 수 없다.

"골프는 자세도 중요하지만,
궁극적으로는 힘을 뺄 줄 알아야 한다."

내가 골프를 배우면서 가장 많이 들었던 말이다. 어떤 이는 그 힘을 빼고 샷을 하는 데 3년이라는 시간이 필요하다고도 했다. 다행히 나의 첫 골프 스승은 그 부분을 정확히 짚어주었는데, 도끼로 장작 패는 원리를 인용하며 자주 예를 들곤 했다.

　도끼날이 장작에 접목되는 순간에 힘이 모여야 하는데 어깨에 잔뜩 힘이 들어가면 낭패다. 임펙트Impact, 즉 타격지점에서의 힘을 최대한 모으는 기술Skill로서 야구나 배구 등 다른 스포츠에서도 이 원리는 똑같이 적용된다.

　산골 출신인 나는 어릴 적 자주 접했던 도끼질이기에 귀에 쏙쏙 들어오면서 익혀갔다. 그 덕분에 작은 덩치임에도 한때 엄청난 비거리를 뽐내며 동반자들의 부러움을 샀던 때도 있었다. 그때마다 웃통을 훌렁 벗고 경쾌한 도끼질로 마님의 혼을 빼놓던 영화 속의 돌쇠가 된 기분이 들기도 했었으니 아이러니하다.

　골프는 골퍼의 마음을 그대로 순간순간 잘 나타내주는 아주 예민한 운동이다.

　"그립에 힘을 빼고 천천히 부드럽게 스윙!"

　골퍼라면 누구라도 바라는 바다. 바로 그 바람을 이루고 싶은 마음의 욕구가 있어서 힘이 들어가게 되고, 오버스윙이 되어 샷이 망가지는 것이다. 그러나 그것이 얼마나 어렵고 힘든 것인지, 또 그것이 어떤 것인지, 어떻게 하면 비워지는 것인지에 대해서는 생각이 미치지 못하기 때문일 것이다. 그래서 하수들의 핸디는 잔디 밑에 숨어 있다는 진리 아닌 진리도 회자한다고 본다. '욕심을 버리고 마음을 비워라'라는 주문은 생각만큼 쉽지 않은 화두話頭다.

40대 중반에 찾아온 목디스크로 인해 한동안 고생을 했었다. 정상적으로 그립을 잡기도 힘들었으니 나름 성과를 내던 골프 실력도 내리막길을 걷게 되면서 한때 포기할까도 했다. 그럼에도 완전히 내치지 못한 채 수년간 사내 동호회 활동을 이어왔었으니 골프의 매력은 마약 같은 존재인 것만은 분명해 보인다.

2008년도 50대 초반이 되면서 중대 결심을 하게 된다. 27년간 몸담았던 회사생활을 접기로 한 것이다. 정년을 5년여 앞둔 시점인지라 많이 갈등하기도 했지만, 그동안 꾸준히 써왔던 서예에 매진하기 위해 과감하게 결단을 내렸다. 첫 개인전을 펼치기까지 두문불출하며 묵향에 의지해 살다 보니 골프는 저절로 눈앞에서 멀어지고 있다.

사무실 구석에 외롭게 서 있는 골프가방이 처량하게 보인다. 주인 잘못 만나 제대로 된 사랑도 못 받으며 방치되었다.

세월이 흘러 골프채를 놓은 지 4년여가 지났다. 한동안 미련이 남아 건강도 챙길 겸 두어 달에 한 번쯤은 필드에 나가 볼까도 했는데 이젠 그마저도 접었다.

그런데, 어쩔 수 없이 1년에 두 번은 골프장을 찾게 되는 이유는 고향마을 초등학교 친구모임에서 내가 빠지면 성원이 되지 않기에 보조를 맞추고 있다. 네 명이 한 팀을 이루지만 세 명까지도 가능하기에 그렇다. 모임이 가까워지면 두 친구는 혹시라도 내가 펑크를 낼까봐 노심초사하며 눈치를 보니 거절하기가 어렵다.

아무튼, 골프는 여러 방면으로 도움이 되는 멋진 스포츠임은 분명한데, 부수적으로 소요되는 시간까지 감안하면 거의 하루를 소비해야 하는 운동이다. 작금昨今의 내가 처한 현실에서 그 놀이로 그 하루를 소비한다는 것은 자신에게 죄를 짓는 기분이 든다. 내가 골프를 멀리하고 있는 이유이기도 하다.

- 2021년 10월 10일 Gallery 秋藝廊에서

02
가왕(歌王) '조용필'이 부른 '꽃바람'을 회상하며

　가수 '조용필'이라는 이름 석 자를 모르는 한국인이 있을까? 헤아리기 어려울 정도로 많은 그의 히트곡들 가운데 한 곡쯤 흥얼거리지 못하는 한국인이 있을까?
　'국민가수'부터 '가왕歌王', '민족혼을 노래하는 가수', '작은 거인', '슈퍼스타' 거기에 '최고의', '최상의' 등의 부사가 붙으면서 그의 이름은 그야말로 긴 문장이 된다.
　"그냥 인기가수 하나면 충분한데 왜 그렇게 앞에 형용사, 부사를 많이 붙이는지…… 저는 음악이 내 삶이고 전부인 그냥 가수일 뿐입니다."
　언젠가 모 언론매체 인터뷰에서 한 말인데, 아무튼 '조용필'은 겸손하기까지 하다. 그를 표현하는 수식어는 제쳐 놓더라도, 그가 긴 여정의 음악인생을 통해 쌓아온 업적은 하나의 역사가 되고 있으니 모두가 인정하는 국보급 가수임이 틀림없다.

조용필은 1950년생으로 이미 고희古稀를 넘긴 나이다. 1968년에 데뷔했으니 금년으로 데뷔 53주년에 정규앨범 19집, 비정규 앨범까지 합치면 50여 집이 넘는다고 한다. 내가 성인이 되고 근 50년을 살아오는 동안, 가수 조용필은 늘 동경의 대상이자 우상이었고 가슴속에 영원한 '형님'이었다. 그의 음악 속에는 마음에 아픔과 상처를 안고 있는 사람들을 따스하게 감싸주는 힘이 있었으니 나 역시도 삶이 고달플 때마다 그의 노래를 들으며 무한대로 위로를 받곤 했다. 5년의 시차를 두고 태어난 내가 그의 50년 음악인생에 적당히 묻어가듯 세월을 함께했다고 자위自慰하며 상찬賞讚하는 것은 그만큼 그의 '찐팬진정한 팬'이라는 증거이기도 하다.

내가 그의 노래를 처음 접한 것은 1978년 군생활 막바지에 의정부 시내 선술집에서 젊은이들 사이에 간간이 불리어지던 '돌아오지 않는 강'이라는 노래였다.

가사에 꽂혀 한동안 심취해서 자주 흥얼거리곤 했는데 알고 보니 1976년 비정규 앨범 1집에 수록된 노래였다. 1980년 발매된 정규앨범 1집에 '돌아와요 부산항에', '창밖의 여자' 등과 함께 재수록되며 한때 히트곡 대열에 합류되곤 했다.

1981년 봄날, 지척에서 그를 대면한 적이 있는데 다름 아닌 제주도에서다. 시내 중앙로터리 코너건물 3층에 있던 '남국회관'이라는 술집에 '위대한 탄생' 멤버들이 공연차 방문했었다. 아마도 그의 이름이 일반 대중들에게 그리 널리 알려지지 않았을 시기이기도 했지만, '대마초 파동' 여파로 잠시 방송활동을 접고 전국을 전전하며 라이브 공연을 하던 시절이 아닌가 싶다. 그리 크지 않은 홀에서 30~40명 남짓한 맥주 손님을 앞에 두고 앳된 모습으로 '돌아와요 부산항에'를 열창하던 모습이 눈에 선하다.

직장생활을 하면서 한때 줄기차게 술집을 전전하던 시절이 있었다. 당시 우리들 스스로 '화류계 생활'이라 지칭하기도 했는데, 나이가 든 지금은, 젊었던 시절에 청춘을 낭비했다는 자책으로 반성하고 있다.

아무튼, 룸에 들어서면 여직원이 배치되고, 몇 순배의 술잔이 오고 간 뒤 적당히 취기가 오르면 전자기타를 장착한 밴드가 들어오게 된다. 한 노래 한다는 평가를 받던 나는 늘 제일 먼저 마이크를 잡으며 분위기를 띄우곤 했는데 그때마다 항상 조용필의 '꽃바람'을 불렀다. 제4집 앨범 '못 찾겠다 꾀꼬리', '비련'과 함께 수록된 곡으로 일반 대중에게는 그리 알려지지 않은 곡이다.

〈1절〉
간밤에 불던 바람도 어디론가 사라지고
따스한 꽃바람도 어디론가 사라지고
어둠 속에 헤매이는 외로운 등불이여
안개 속에 헤매이는 희미한 추억이여

〈후렴구〉
사랑은 바보야 사랑은 바보야

사랑은 철부지 사랑은 철부지

그 사람 이름은 꽃바람 그 사람 이름은 꽃바람

이제는 안녕 이제는 안녕 안녕

〈2절〉

어둠 속에 솟아나는 찬란한 태양처럼

따스한 꽃바람도 어디선가 불어오리

상처 입은 마음은 허공에 날리우고

사랑하는 마음은 햇살에 묻으리라

〈후렴구〉

사랑은 바보야 사랑은 바보야

사랑은 철부지 사랑은 철부지

그 사람 이름은 꽃바람 그 사람 이름은 꽃바람

이제는 안녕 이제는 안녕 안녕

양근승 작사에 조용필이 작곡한 노래다. '슬로우 고고' 풍의 곡이지만 경쾌한 리듬으로 시작되는 전주와 은은한 도입부에 이어 절규하듯 뿜어내야 하는 후렴구가 압권인 이 노래를 갈 때마다 불렀다. 그래서 한때 내게 붙여진 별명이 '꽃바람 오빠'이기도 했다. 곡에 대한 연습이 미흡했던 어떤 기타맨은 나를 위해 특별연습을 하기도 했고, 내가 입구에 나타나면 아가씨들이 '꽃바람 오빠' 왔다며 수군대기도 했으니, 적어도 그 업소에서만큼은 나도 조용필의 대

역이었을 것이라는 생각에 미치니 절로 흐뭇해진다. 아! 옛날이여~

가왕 조용필에 대해서는 유명세만큼이나 회자되는 이야기가 넘친다. 가수는 팬들을 현장에서 만나야 한다며 방송 출연을 의도적으로 멀리하기도 했고, 후배들에게 길을 터주기 위해 가수왕을 비롯한 모든 상을 포기하기도 했다. 미성의 목소리를 폭포수 아래 득음得音을 통해 수차례 피를 토한 끝에 3옥타브 5음계까지 음폭을 넓혔고, 진성에 탁성 가성까지 겸비하여 아무도 흉내 낼 수 없는 창법을 개발했으니 그의 팬들을 아끼는 마음, 그리고 후배 사랑과 음악에 대한 열정은 놀랍고 가히 독보적이다.

두주불사斗酒不辭였던 그가 지인들을 만나면 포장마차를 즐겨 찾았다니 소박하기까지 하다. 사람들을 만나면 오직 음악 이야기뿐이었다고 한다. 이토록 음악에 대한 열정을 불태웠기에 그에게 불리어지는 가왕 타이틀은 너무도 당연하다.

'조용필과 소녀'의 이야기는 언제 들어도 감동이다.

조용필이 과거 4집 발매 후 한창 바쁠 때 한 요양병원 원장에게 전화가 왔다. 자신의 병원에 14세의 지체장애 여자아이가 조용필 4집에 수록된 '비련'을 듣더니 눈물을 흘렸다고 했다. 무려 입원 8년 만에 처음 감정을 보인 것이다. 이어 병원 원장은 이 소녀의 보호자 측에서 돈은 원하는 만큼 줄 테니 조용필이 직접 이 소녀에게 '비련'을 불러줄 수 없냐며, 와서 얼굴이라도 보게 해줄 수 없냐고 부탁을 했다고 전했다. 매니저로부터 이 얘기를 전해 들은 조용필은 피던 담배를 바로 툭 끄더니 병원으로 출발하자고 했다. 그날 행사가 4개였는데 모두 취소하고 위약금 물어주고 시골 병원으로 갔다고 한다. 병원 사람들 모두가 놀란 것은 당연했다.

조용필은 병원에 가자마자 사연 속의 소녀를 찾았다. 소녀는 아무 표정도 없이 멍하니 있었다. 기적은 이때부터 시작됐다. 조용필이 소녀의 손을 잡고 '비련'을 부르자 소녀가 펑펑 운 것이다. 가수도 울고 이 소녀의 부모도 함께 울었다. 조용필이 여자애를 안아주고 사인 CD를 쥐어주고는 차에 타는데 소녀의 엄마가 "돈 어디로 보내면 되냐고, 얼마냐?"고 물었다. 그러자 조용필은 조용히 답했다고 한다.

"따님 눈물이 제 평생 벌었던, 또 앞으로 벌게 될 돈보다 더 비쌉니다."

일부 매체에서는 이 실화가 실제보다 다소 과장된 측면이 있다고 전해지기도 한다. 하지만 그가 보여준 따뜻한 행동이야말로 돈으로 환산할 수 없는 정말 큰 감동이다. 사람들에게 그는 최고의 정상에 서 있는 가수였지만, 그에게 팬들은 정상에서 바라본 더 높은 산이었던 것이다.

가수 조용필의 또 다른 이름은 '오빠'다. 우리 가요 역사에 오빠부대라는 애칭으로 불린 조직적인 팬클럽도 그로 인해서 시작되었다.

2015년 겨울에 딸이 마련해준 티켓을 들고 우리 부부는 그의 콘서트가 열리는 올림픽공원 체조경기장을 찾았었다. 공연장의 규모도 놀라웠지만 전국에서 운집한 '오빠' 부대 팬들의 함성으로 아수라장이다. 오빠!~ 오빠!~~~ 까르륵~ 오빠!!!

그의 목소리, 표정, 제스처 하나하나에 여성 관객들은 환호하며 '오빠!'로 화답했다. 이렇게 수없이 많은 여동생을 거느린 용필 오빠가 그저 부러울 따름이다.

돌이켜보면 조용필은 늘 새롭게 배우고, 새로운 시도를 했다. 민요, 판소리를 접목시킨 곡도 있고, 뮤지컬, 오페라와 접목한 노래도 있으며, 동요를 부르기도 했다. 한때는 뮤지컬을 하려고 하기도 했었다고 한다. 비록 그 음반이 대히트까지는 오르지 못했어도 그런 끊임없는 시도, 도전이 그를 발전시켰음은 분명해 보인다. 아직까지도 끊임없이 변화, 혁신을 추구하는, 그래서 더 나은 차원으로 가려는 뮤지션으로서의 순수한 갈망이 엿보인다. 한마디로 조용필은 한평생 음악에 미쳐 있는 음악중독자고, 음악을 진정성 있게 대하는 뮤지션이다. 그의 삶이 곧 음악이고, 음악이 곧 조용필의 삶 그 자체라 할 수 있기에 이 시대의 진정한 영웅이자 가왕歌王인 것이다.

그의 삶이 우리들에게 전해주는 메시지는 분명하다.
"不狂不及 불광불급"
즉, 미치지 않고서는 미치지다다르지 못함이니라……

— 2021년 10월 14일 Gallery 秋藝廊에서

03
겨울비와 비광(光)

겨울비가 내린다. 잔설이 녹는다. 길에 달라붙은 빙판과 해묵은 먼지와 코로나의 잔재도 씻겨나갔으면 좋겠다.

파워풀한 고음을 자랑하는 그룹 시나위의 메인보컬 김종서는 '겨울비'에서 '겨울비처럼 슬픈 노래를 이 순간 부를까, 우울한 하늘과 구름, 1월의 이별 노래' 가사로 이별의 아픔을 표현했다.

마침 카톡에서 전해진 고훈식 시인의 시, '겨울비'를 읽었다.

'겨울비가 오는데 초저녁에 올까 마음 조아려도 밤늦도록 비만 구슬피 내려 가로등 얼굴마다 비에 젖네'라는 행간에 마음이 움직였다. 겨울비를 흑백영화로 배경을 깔고는 하모니카도 불어보다가 외로움을 달래려고 화투패를 뽑았더니 비광光이라고 심중을 토로하는 대목에서 웃음이 절로 터져 나왔다. 화투패에서 비광은 바로 반가운 손님이 찾아온다는 패여서 그랬다.

내 어릴 적 우리 집에는 허름한 화투가 있었다. 그래서 우리 집 사랑채는 그야말로 동네 아지트였다. 동네 어른들이 모여서 화투를 잡고서는 '나이롱뽕'을 하면서 막걸리 내기나 푼돈 걸기로 왁자하였다.

호기심 많은 나는 곁눈질을 하곤 했는데 중학생 때부터 주산 실력으로 다져진 암산능력을 인정한 동네 어른들은 계산을 담당하는 서기를 맡겼으니 동네 화투판의 공인된 동반자였던 셈이다.

윗말에 사는 어르신 덕분으로 화투로 하루의 운세를 점치는 기술도 배웠다. 솔광은 소식을 뜻하고, 매화조는 임을 만나고, 팔광은 달밤에 서로 속삭이게 되고, 똥광은 재물수이고, 비광은 반가운 손님이 온다는 점괘라는 거다. 흑싸리는 빈털터리로, 단풍은 근심거리가 생기는 징조라고 주워들었다.

하늘만 빼곡히 보이는 산골에서 임을 만날 일도 없고 딱히 손님이 찾아올 일도 없음에도 사춘기인 나는 날마다 화투패를 보는 재미에 일희일비했었으니 고훈식 시인의 비광 표현에 큰 웃음이 나온 거다.

화투는 중독성이 강하다. 그중에서도 고스톱 내기는 압권이다. 직장 초년병 시절에는 밤을 새운 적도 많았다. 내가 서예에 입문한 이유도 화투를 멀리하기 위한 대오각성이었다.

화투는 일본 고유의 문화이다. 1월부터 12월까지 각 그림 속에는 각각의 의미와 사연이 있다. 비광은 고결한 선비가 우산을 쓰고 등장한다. 일본 교과서에도 소개된 그 선비는 8세기 유명 서예가였던 '오노도후小野道風'라는 인물이다. 뒤로는 개울물이 흐르고 늘어진 버드나무 아래로 개구리 한 마리가 보인다. 서예가의 길을 걷던 그가 답보상태에 이르자 극한 마음에 달해 포기하기로 마음먹고 바람을 쐬러 나가게 되는데 겨울비에 불어난 냇물에 휩쓸리지 않으려는 개구리가 버드나무에 오르려고 발버둥 치는 상황을 목도한다. 그는 개구리를 보며 아무리 노력해도 헛일이라고 체념한 자신과 비교하게 된다. 그런데 갑자기 바람이 몰아치며 버드나무 가지가 아래로 처지는 순간, 개구리는 펄쩍 뛰어 가지를 붙잡고 마침내는 생명을 부지하게 된다. 이때 그는 '노력하는 자에게 행운이 따른다'는 깨달음을 얻게 된다. 그리하여 '오노도후'는 그 길로 다시 서당으로 돌아가서 필사적으로 서예 공부에 정진하여 마침내 일본 제일의 서예가가 되었다.

　입춘이 눈앞인데 오후부터 내리기 시작한 겨울비가 밤이 이슥해도 비를 뿌린다. 마치 클래식 음악처럼 감상에 젖어보는데 맛깔스러운 저녁상을 차려준 아내 덕분에 가벼운 반주를 곁들였다. 취기가 슬그머니 돌자, 어머니의 독백이 귓가를 스쳤다.
　'겨울에 눈이나 비가 많이 내려야 이듬해엔 풍년이 든다는데……'
　문득 비광에 등장하는 서예 대가가 생각났다. 결심한 듯 작업실로 내려와 먹물에 붓을 담그고 일필휘지로 붓을 세웠다. '춘종추실春種秋實'이라고~ 봄에 씨를 뿌리지 않고는 가을에 거둘 열매가 있을 수 있겠는가!

- 2021년 1월 21일 Gallery 秋藝廊에서

04
'너에게로 가는 길'을 읽고

절창을 공명하는 명시를 만나면 내 귀는 천연동굴이 된다.

너에게로 가는 길
걸음마다 잡목의 바람이 인다
그만 돌아가라
부질없다 이제 그만 돌아가라
앞다투어 뿌리 내린 소리는
한 점 바람에도 일제히 아우성이다

너에게로 가는 길
그늘이 깊을수록 소리는 무성하다
단 한 평도 만만할 리 없는 그늘 아래
얼마나 많은 사랑이

짧은 이력으로 산산조각 부서지고

얼마나 많은 사랑이

억센 만류에 못 이겨 돌아서야 했을까

너에게로 가는 길

이미 오래전에 갈 길을 정한 나는

초행이 서툴러 아득하기만 한데

길 아닌 길의 끝

위험천만한 벼랑 끝의 내 사랑

부질없다, 부질없다

첩첩이 갈 길을 막는 절명의 소리

그늘이 깊을수록

너에게로 가는 길은 홀로 환하다

- 가암 '너에게로 가는 길'

'걸음마다 잡목의 바람이 인다'에서 절박한 상황이 시작된다. 사랑은 시작부터 많은 갈등과 번민의 연속임을 표현하고 있다. 사랑 찾아가는 길에 직면하는 온갖 상념들이 피맺힌 소리로 허공을 향하여 토하듯 쏟아낸다.

'부질없다 이제 그만 돌아가라'

여기저기서 들려오는 만류가 발목을 붙잡는다. '한 점 바람에도 일제히 아우성'이라는 표현은 긴장감을 더해준다. 그런가 하면 '그늘이 깊을수록 소리는 무성하다'고 했다. 그늘이란 어두운 그림자로 사랑은 고통이 따른다는 암시이다. 그래서 '얼마나 많은 사랑이 억센 만류에 못 이겨 돌아서야 했을까'라는 사랑의 미완성을 전제하면서 수많은 사랑들이 만류와 갈등 속에 산산조각 부서지고 물거품이 되고 말았다는 상상력을 키워주고 있다.

그러나 반전은 찬란하다. '이미 오래전에 갈 길을 정한 나는 초행이 서툴러 아득하기만 한데'라는 행간에서 초심을 잃지 않으려는 비장함이 묻어나고 있다. 어떤 방해와 만류에도 나의 길을 가겠다는 의지가 담겨 있음을 알 수 있다. 이 의지력을 통하여 위험천만한 벼랑 끝의 내 사랑을 나를 도와준다는 핑계로 첩첩이 갈 길을 막고 있음을 알아차린다. 그래서 '그늘이 깊을수록 / 너에게로 가는 길은 홀로 환하다'는 깨우침을 구했다.

이미 갈 길을 정하고 내딛는 길은 어떠한 고난과 번민과 갈등과 방해가 따르더라도 너에게로 가는 길은 홀로 환하면 되는 거다. 내 사랑을 누가 대신해주는 것이 아니다. 내 발걸음마다 눈부신 길이 홀로 환하게 열려 있는데 무엇이 두렵겠는가!

길에는 많은 다양함이 내포되어 있다. 사랑을 찾는 길이 인생을 찾는 길이기도 하다. 사랑이 특정한 대상을 위한 집중이라면 인생의 진면목을 향한 길에는 무수한 갈림길이 있어 항상 신중한 선택이 절대적이다. 자칫 이상한 길로 접어들었다가 영영 헤어 나오지 못하는 우를 범할 수 있기 때문이다.

나도 한때 많은 방황을 했다. 특별한 멘토Mentor 없이 사춘기

학창시절을 보내던 나는 지독한 가난을 등에 업고 삼촌 집에서 더부살이를 하며 지냈다. 허기가 고통이었고 미래가 어둡다는 두려움으로 전전긍긍하던 시절이었다. 빨리 상황을 벗어나고자 몸부림쳐 보지만 시간마저 암울하게 더뎠다.

군 제대를 하고 사회 초년생이 되었을 때도 마찬가지였었다.
변변한 스펙을 쌓지도 못하고 연줄도 없었던 나는 전혀 방향을 잡지 못하고 헤매게 되는데, 월간지 수금사원을 비롯해 다양한 직업에 부딪쳐 보지만 내가 가야 할 길이 아님을 깨닫게 되고 중도 포기로 이어진다.

28세 때, 우여곡절로 지인의 소개로 H그룹에서 시공하는 제주도 국제공항 건설현장의 관리직 임시사원으로 들어가게 되는 천운을 얻었다. 학창시절에 따놓은 주산 2단의 계산능력과 나의 순발력이 맞아떨어져 뭇 상사들의 인정을 받으며 진가를 발휘하게 된다. 그리고 2년 만에 정규직원으로 발령을 받았다. 명실상부한 대기업의 가족이 되었으니 거침이 없었다. 거기다가 결혼을 하고 자식이 생기니 인생길이 탄탄대로가 시작된 것이다.

내가 지금 걷고 있는 서예가의 길은 부질없다는 만류를 뿌리치고 스스로 개척한 길이다. 20대 후반에 이미 60대 이후의 삶을 고민했다. 나의 정체성을 위하여 어릴 적 칭찬을 받으며 써왔던 붓글씨를 30대 초반부터 다시 시작한 것이다. 보람찬 인생 3막을 위해서였다. 노년에 접어든 내가 스스로 하고 싶은 분야를 즐기고 있으니 나의 예상은 적중한 셈이다. 그렇게 나의 길이 있으니 절창을 들으면 귀명창이 되는 일탈도 즐겁다.

- 2020년 12월 1일 Gallery 秋藝廊에서

05
마지막 잎새

처연凄然한 모습으로 매달려 있는 '마지막 잎새'를 보았다.

11월에 내린 비로 104년 만에 가장 많은 강수량을 보였다는 엊그제, 옥상에서 내려다본 학교운동장 옆 가로수에 매달린 잎새 하나가 나를 슬프게 한다. 봄인가 했더니 여름이 오고, 스치듯 지나가는 가을 풍경을 홀로 그리는 듯 묵언 수행 중이다.

'마지막'이라는 단어 뒤에 이어지는 말들은 하나같이 먹먹함을 안겨준다. 호소력 짙은 목소리로 만인의 사랑을 받았던 가수 배호의 마지막 공연의 피날레 곡은 마치 운명의 장난이듯 '마지막 잎새'였다.

"흐느끼며 떨어지는 마지막 잎새~"

그리고 얼마 지나지 않아 운명한 것이다.

1905년 미국의 작가 'O. 헨리'의 단편소설 '마지막 잎새'는 더 슬프다. 뉴욕에 거주하던 여자 화가인 존시Johnsy는 폐렴으로 투병 생활을 하던 도중에 죽음을 눈앞에 두고 있었다. 담장에 있는 담쟁이덩굴 잎을 보면서 그 잎이 모두 떨어진다면 자신도 죽을 것이라고 생각했다.

그러나 아래층에 사는 원로화가인 베어먼Behrman은 죽음을 앞둔 그녀를 위해 비바람을 뚫고 사다리를 타고 올라가 담쟁이 잎을 그려준다. 마지막 남은 잎이 오래도록 담장에 남아있는 것을 본 존시는 그동안 기력을 되찾는다. 존시는 기적적으로 완쾌되었지만, 잎을 그린 베어먼은 얼마 못 가서 폐렴으로 죽고 만다.

중학교 교과서에 수록되었던 '마지막 수업'은 슬프면서도 장엄하다. 독일에 귀속된 '알자스-로렌' 지방의 모든 학교에서는 법령에 따라 프랑스어 수업이 아닌 독일어 수업을 하게 된다. 이제 프랑스어로 하는 마지막 수업을 해야 한다. 주인공 프란츠는 마음 깊이 자신이 프랑스어를 소홀히 배운 것을 반성하게 되고, 수업을 진행하던 아멜 선생은 프란츠를 그윽한 눈길로 위로의 말을 건넨다.

"너는 이미 네 마음속으로 너를 반성하고 있을 것이다. 그걸로 만족하단다."

수업이 끝나는 시간인 12시에 저 건너 교회 철탑에서 시간을 알리는 종이 울리고 '프로이센군'의 소리가 들리자 아멜선생은 말을 잇지 못한다. 이어서 아멜선생은 교실 칠판에 'Vive La France프랑스 만세!'라고 쓰고 이야기는 끝이 난다. 상상이지만 마치 75년 전

광복절에 온 국민이 외쳤던 '대한독립만세'가 연상되었다.

　또한 오래전에 지인으로부터 들은 얘기가 있다.
　물론 얘기의 주인공을 직접 본 적이 있기에 더 실감나게 다가왔던 기억이 있어 옮겨본다. 두 아이를 키우는 돌싱의 여성이 다니던 회사의 총각과 눈이 맞아 열렬히 사랑하게 되는데 총각 집에서의 극렬한 반대는 물론이고, 누가 봐도 이루어질 수 없는 사랑이다.
　몇 년이 흘러 냉정한 현실을 직감한 두 남녀는 마지막 이별여행을 떠나게 되는데 그 여행은 이별이 아닌 더 끈끈한 정을 다지는 여행이 되어 다시 불같은 사랑을 하게 된다. 시간이 흐르면서 다시 이성을 찾게 되고, 또다시 이별여행이란 타이틀로 여행을 떠나지만 매번 같은 상황이 반복되며 1년이면 서너 차례 마지막 이별여행 아닌 여행을 다녀온다고 한다. 눈으로는 울고 입으로는 웃는 이야기로 남녀 사이의 정이란 이렇게 무서운 것이다.

　그런가 하면 대학로의 사나이 김철민이라는 친구도 생각난다. 나훈아의 짝퉁가수 故 '너훈아'의 친동생이기도 하다.
　개그맨 출신으로 동료와 함께 통기타를 둘러메고 재치 있는 입담으로 뭇 사람들에게 많은 웃음을 주던 이 친구가 폐암 4기의 위험한 단계에 다다른 것 같다. 얼마 전 휠체어에 몸을 맡기고 제주도로 마지막 여행을 떠나는 모습을 TV에서 보는데 검은 빛깔의 안색을 보며 마음이 짠했다. 유튜브를 통해 그의 대학로 공연 모습을 자주 봐왔던 나였기에 더더욱 그렇다. 마지막이 아닌 늘 푸른 잎사

귀가 되어 귀경했으면 좋겠다.

며칠이 지나 제법 쌀쌀해진 아침에 다시 옥상에 올라가서 길 건너 나무를 보니 마지막 잎새는 자취를 감추었다. 벌거벗은 나무를 바라보며 전장戰場에서 승리하고도 진두지휘하다가 중상을 입은 장수가 마지막 불꽃을 태우듯 숨을 거두며 남긴 한마디를 상상해 본다.

"나의 추풍낙엽秋風落葉을 겨울에게 알리지 말라. 나는 반드시 살아 돌아올 것이다."

세월따라 겨울도 지나가리라. 새로 봄이 오면 자랑처럼 마지막 잎새가 자리했던 가지 끝에 움이 트고 잎이 돋아 곧 푸름을 더할 것이다.

우리네 인생사도 지나가고 나면 다시 오는 것이 있으니 마지막이라는 단어는 가급적 잊고 살아야 되겠다. 그래야만 가을은 상실과 결실을 동반한 계절이 되니까.

- 2020년 11월 22일 Gallery 秋藝廊에서

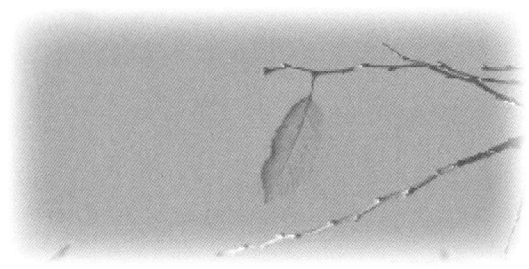

06
멋진 황혼(黃昏)을 위한 단상(斷想)

해 질 무렵, 노부부가 정답게 손을 잡고 공원을 산책하고 있다. 산책하기 좋은 '석촌호수'와 '백제고분'이 지척에 있어 자주 접하는 풍경이다.

흔히들 늙어가는 모습을 석양夕陽이나 낙조落照에 비유하기도 한다. 석양은 저물 무렵의 붉은 해이고, 낙조는 지상을 밝히는 여광이니 적절한 비유가 아닐 수 없다.

아름다운 인연으로 부부가 되어 백년해로하며 인생의 미흡한 곳을 밝히는 노을처럼 삶의 가치를 갈무리할 수 있다면 얼마나 좋은 일인가! 나도 환갑을 지나 지하철을 공짜로 이용하는 어르신 카드를 받았기에 초보 노인의 대열에 합류했음에도 마음은 청춘이라는 착각에 빠져 살다 보니 아직은 아내의 손을 잡고 걷기가 어색하다.

시절이 삭막해지는지 이혼율이 갈수록 높아져만 간다. 세 쌍이 결혼하면 그중 한 쌍이 이혼한다니 결혼행진곡이 세 번 울릴 때마다 한 번은 후렴구로 이혼도장 찍는 소리가 천둥처럼 들린다고 치자. 얼마나 끔찍한 일인가.

더하여 제 몸 하나도 간수하기 어려워서 돋보기를 찾아 쓰고 지팡이를 짚고 걷는 판에 예전엔 상상도 못했던 황혼이혼도 성행한다 하니 도대체 가화만사성으로 지켜오던 미덕과 전통은 어디로 사라졌단 말인가!

환갑이 지나도록 부부 세월을 살다가 아내를 먼저 하늘나라로 보낸 지인을 가끔 만난다. 그때마다 젊은 시절에 들었던 농담이 떠올라 슬그머니 썩은 미소를 짓는다. 아내가 일찍 죽으면 화장실 거울을 보면서 웃는다고 하는데 정말 그럴까 하는 호기심 탓이다.

그렇게 화장실에서 혼자 웃었다면 과연 새장가를 갈까?

그러면서 그들을 은근히 지켜보았는데 놀라운 일로 모두가 3년 이내에 새장가를 갔다는 사실이다. 그리하여 옥상에서 너털웃음을 웃었다는 거다.

이유가 걸작이다. 부부 사이가 너무 다정했기에 홀로 남은 고독을 차마 견디기 어려워서 그냥 죽기보다는 긍정적인 쪽으로 자신을 위로했다는, 나도 남자지만 참으로 이기적이다. 신혼의 달콤함도 유효기간이 3년이듯이 사별의 쓰라림도 3년이라서 그 이상은 넘기 힘들었던 모양이다.

몇 년 전에 내 비슷한 또래의 부부가 두 집 건너 이웃 단독주택에 정착했다. 주변 대부분의 집들이 5층 다가구로 신축을 하는데 그냥 현 상태로 깔끔하게 구조변경만 해서 의아했다. 대문 안쪽으로 갖가지 화초가 담긴 화분으로 장식이 되고, 감나무도 예쁘게 단장하니 도심 속의 멋진 전원주택이 탄생한 것이다. 들리는 소문에 의하면 어느 대학 교수 부부라고 하는데 자식들은 외국에 거주한다는 소문이다. 그래서인지 둘이서만 함께 시장도 보고 운동을 하고 산책하는 모습은 그나마 다행스런 이웃 풍경이다.

석양처럼 경건하게 하루를 마감하고, 낙조처럼 생을 반추하며 스러지고, 노을처럼 하늘을 붉게 물들이듯 담담하게 늙기란 쉽지가 않다. 내가 그 경우다. 나이가 들수록 할 일이 왜 이리 많은지 정리하기보다는 새롭게 도전하는 일들이 더 많아진 작금이라서 어떤 때는 자신이 원망스럽다. 하지만 노을을 보면 하루를 비추는 빛이 따뜻하니까 하루의 마감하는 빛도 다정하므로 그러겠노라고 다짐은 한다.

그러거나 말거나 하루가 너무 빨리 지나간다. 학위를 따기 위하여 수업하랴, 작가가 되기 위하여 글 쓰랴, 보다 나은 감성을 지니기 위하여 강의 들으랴, 전천후 기계처럼 내달리다 보니 세월 또한 전광석화처럼 빠르다.

새벽을 연 해가 하루 종일 세상을 따스하게 밝히듯 인생길도 능

동적으로 살면 어떻게 황혼을 맞이해야 맞는지 답이 나올 것이다. 그런 의미로 나는 석양을 바라볼 자격이 있다. 오늘따라 남산자락에 걸린 석양이 무르익은 천도복숭아로 보인다.

- 2020년 11월 16일 Gallery 秋藝廊에서

07
멘토(Mentor)와 멘티(Mentee)의 멋진 하모니(Harmony)

내가 던진 한마디 말이 작은 불씨가 되어 큰 꿈을 이룬 후배 직원의 이야기다. 정년과 회갑이 채 3~4년밖에 남지 않은 이 친구는 근간에 '건설기계기술사'라는 자격을 취득했다. 57세라는 늦은 나이에 이룬 쾌거이니 대단한 일이 아닐 수 없다.

'기술사'라는 라이센스License는 기술직으로서 최고의 실력과 권위를 인정받는 국가고시이기에 엔지니어라면 누구라도 꿈을 갖게 되고 실제로 많은 이들이 도전을 한다.

그러나 공부하는 과정이 워낙 힘들어 대부분 중도에 포기하거나 꿈을 접는 것이 다반사인데 끝까지 포기하지 않고 결과물을 얻어낸 후배가 너무도 자랑스럽다.

대형 건설사에서 행정직으로 27년을 근무하면서 공대 출신의 많은 기술직들을 상대하며 희로애락喜怒哀樂을 펼치는 부침浮沈을 함께했었다.

　떡잎부터 알아본다고 갓 입사한 이들의 눈빛이나 업무에 임하는 자세를 보면 미래가 보였다. 기술자로서 스펙을 쌓고 경륜이 인정되면 현장소장Project Manager이 된다. 그러나 비중 있는 업무이기에 누구나 다 현장소장이 되는 것은 아니다.

　수백, 수천억 원이 되는 공사현장을 맡아 진두지휘한다는 것은 전투에 임하는 야전사령관의 전략과 같은 이치다. 즉, 회사 내의 계열사 하나를 일정 기간 맡아서 운영하고 마무리하는 총괄책임자이니 기술의 능력은 기본이요, 한마디로 총괄기획자Total Management가 되어야 한다.

　내가 예측했던 기술직원의 미래는 신기하게도 대부분 맞아떨어졌다. 훗날 현장소장의 임명은 물론이요, '기술사 취득'이라는 난제를 풀어낸 친구도 몇 명 있었다.

　내가 후배를 처음 만난 것은 오랜 현장생활을 마치고 본사 경영진단실감사실에서 근무할 때였다. 역시 수원의 '모' 현장을 마치고 합류했던 이 후배는 서글서글한 성격에다 업무를 대하는 자세가 매사에 진취적이었다.

　경영에 대한 진단과 감사 업무란 수평 저울과 같아서 치우침 없는 결과를 도출해야 하고 고도의 판단력을 요하는 매우 중요한 업무다. 책임이 막중해서 스트레스가 많이 쌓인다. 이런 부서원들의 고충을 잘 아는 나로서는 자주 퇴근길에 술자리를 만들어 소통하곤 했는데 나름 '약방의 감초' 역할을 하던 때였다.

우리는 힘든 가운데서도 단합된 마음으로 늘 화기和氣가 넘쳤다. 그 여파로 20년이 지난 지금에도 전, 현직이 함께 어우르는 모임이 잘 이어지고 있다.

몇 년 전, 고위 임원을 거쳐 퇴직한 상사의 집에 모였다. 충남 청양 '칠갑산' 자락에 아담한 집을 짓고 농사를 시작했다는 소식에 우리는 한달음에 달려갔다.

밤새 부어라, 마셔라가 이어지고 함께했던 추억을 풀어놓으니 웃음꽃이 그칠 줄을 몰랐다. 소중했던 추억의 소환은 이렇게 우리들의 우정을 더더욱 돈독히 하는 매개체가 되었다. 여러 해가 지났음에도 그날의 회동은 잊히지 않는다.

다음날 귀경길에 후배는 '주택관리사' 자격증을 취득해서 인생 이모작을 펼치겠다는 뜻을 밝혔다. 더 큰 그림을 그리기 바랐던 나는 직설적인 성격이 도져 지체없이 맞받아쳤다.

"천하의 '채승훈'이가 목표와 그 정도뿐이 안 되는가?"

한마디 더 곁들였다.

"아파트 관리소장을 하면서 자치 부녀회장과 주민들하고 아옹다옹하는 게 그렇게 좋으냐? 실망했다. 잔소리 말구 '기술사'에 도전하게! 자네가 뭐가 부족해서~"

심하게 몰아쳤다. 아무리 아끼는 후배일지라도 내가 뱉은 말들은 일종의 망신 주기에 가까웠다. 나는 후배의 실력과 능력을 오래전부터 알고 있었다. '주택관리사'도 훌륭하지만 더 높은 목표를 설정해주고 싶었고, 그랬기에 진심을 담아 거침없이 내뱉은 말들이었다. 돌아오는 대답은 없었다. 그리고는 각자 헤어져 돌아왔다.

몇 년이 흘렀다. 자주 연락을 취하며 교감하던 이 친구가 특별한 경우를 제외하고는 뜸해지기 시작했는데, 지방현장에 근무하느라 힘들어서 그런 줄 알았다.

봄기운이 완연한 어느 날, '석촌호수'를 산책하고 마무리 운동을 하던 중 전화벨이 울리는데 후배였다.

"형님! 저 기술사 시험 1차 합격했습니다. 다 형님 덕분입니다. 감사합니다. 한 잔 사겠습니다. 저녁시간 비워두시죠!"

후배가 날짜를 잡는 것이었다. 떨리는 목소리로 전해지는 낭보에 나는 뛸 듯이 기뻤다.

"축하해! 내가 한 잔 사야지~"

코로나로 인한 거리두기 제약으로 몇 명이 축하회동을 했다. 나는 오래전에 퇴직했지만 고위 임원으로 현직에서 중추적인 역할을 맡고 있는 자랑스러운 후배들이다.

늦은 나이에 도전을 하고 꿈을 이룬 동료의 쾌거에 아낌없는 박수를 보내며 축하해주었다. 더불어 술맛도 최고의 꿀맛이었다. 후배가 정색을 하고 속마음을 열었다.

"엄 형님이 오래전 내게 해준 한마디가 제가 이 시험을 도전하고 합격하는 데 큰 동기부여가 됐습니다. 고맙습니다. 참으로 힘든 과정이었습니다. 누가 주변에서 이 공부를 한다고 하면 말리고 싶은 심정입니다."

그렇다. 얼마나 힘든 공부였는지 끝에 언급한 말 속에 함축되어 있다고 할 수 있다. 내 마음 같아서는 내친김에 하나 더 도전하라는 언질을 주고 싶었지만 마지막 너무 힘들었다는 말이 귓가에 맴돌아 내키지가 않는다.

아무튼 내가 툭하고 던진 한마디는 멘토Mentor성 발언이 되었고, 당사자는 이를 잘 수행한 멘티Mentee가 되어 멋진 하모니Harmony를 이루어냈다.

교직에 있는 아내를 비롯한 가족들의 헌신도 눈에 선하다. 이제 남은 건 멋진 인생 3막일 것이다. '기술사'라는 타이틀은 정년이 없다. 어디에서나 대우를 받을 수 있으며 환영을 하니 이제 마음껏 꿈을 펼치며 사회에 봉사하는 일들만 남은 것이다.

언젠가부터 나는 사랑하는 후배들로부터 닮고 싶은 '모범인물Role Model'이라는 얘기를 많이 들었다. 아마도 노년에 접어들어 그럭저럭 잘 살고 있고, 서예를 비롯한 즐기고 싶은 일에 매진한다고 후한 점수를 주는 모양인데, 나로선 과분한 평가다. 그때마다 나는 후배들에게 주제넘게도 한결같이 멘토Mentor성 발언을 하곤 했다.

"퇴직 이후의 보람된 삶을 위해 젊었을 때부터 고민하며 부단히 노력하라고……"

100세 시대다. 노년의 삶은 인생의 삼분의 일인 긴 세월이다. 본인이 하고 싶은 일들을 즐기며 인생을 갈무리한다는 것은 참으로 보람 있는 일일 것이다. 어떠한 목표 설정과 아무런 준비 없이 정년을 맞는 친구들을 자주 보는데 많이 안타까웠다. 그런 맥락에서 채승훈 후배의 쾌거는 마치 사막의 오아시스처럼 내게 다가온다.

'쉼 없이 노력하는 자 꿈을 이루리라.'
온몸으로 보여준 사랑스런 후배의 도전정신은 또 다른 젊은 직원들에게도 멋진 귀감으로 남을 것이다. 다시 한번 큰 축하와 박수를 보낸다.

- 2021년 5월 16일 Gallery 秋藝廊에서

08
미식가(美食家)인가?
식도락가(食道樂家)인가?

유명식당을 찾아다니며 맛있는 요리를 먹는 즐거움은 최고의 흥이다. 인간생활의 기본적인 3요소, 즉 의식주에서 잘 먹는 일이 중요한 비중을 차지하는 것은 먹어야만이 인간이 기본적인 활동을 영위할 수 있어서이다.

언제부턴가 나는 맛집을 찾아다니는 음식 마니아Mania로 변해 있었다. 집에서 한 끼를 먹어도 격식을 따지는 괴팍한 습관과 어떤 음식이나 요리를 함에 있어 식재료가 더러 빠지면 찜찜하고 허전해서 거북해하는 성격이라 아내를 힘들게 하는 편이다. 심지어는 콩국수를 먹을 때도 위에 고명으로 올라가는 오이채가 없으면 짜증을 내곤 했으니 내가 생각해도 심하다는 생각이 들 정도다.

나도 좋아하지만 손자들을 위해 달걀말이를 자주 해준다. 계란은 기본이요, 쪽파, 양파에다 내가 가장 심혈을 기울이는 부재료는 당근이다. 곱게 채를 썰어 넣어주면 시각적인 효과도 있지만 식감 또한 일품인데 당근이 없으면 계란말이를 포기하고 만다.

사실은 안 넣어도 문제는 없는데 말이다.

어린 시절과 청소년기를 거치면서 늘 배가 고팠고 굶주리기 일쑤였다. 어쩌면 그 보상심리로 지금의 미식가가 되었는지 모르겠다. 맛깔스런 음식을 잘 섭취하는 사람들의 얼굴은 빛이 난다. 거기다가 옷까지 품위 있게 입으면 속된 말로 '때깔 좋다'라고 표현하는데 그런 사람들을 보며 부러워하던 때가 주마등처럼 스친다.

다양한 음식을 음미한 시점은 대기업 입사 후 전국의 현장을 떠돌던 때다. 사무실에 손님이 방문하거나 직원들 회식을 하게 되면 아무래도 지역의 맛집을 찾게 되었으니 발령을 받아 현지에 가면 소문난 맛집을 메뉴별로 체크하는 것도 주요 일과였다.

사무실에 내빈이 방문하면 종류별로 두세 군데 제안하여 선택권을 넘기게 되는데 거기에는 사연이 있다. 90년대 초 대전에서 근무할 때의 일이다.

방문한 손님의 의견도 묻지 않고 당시 전국 '복어' 소비 1위라는 유명한 'Y복어 전문식당'을 찾았다. 주문을 마치고 냄비에서 끓기 시작하는데 손님께서 인근에 자장면집이 있느냐고 묻고는 주문을 부탁했다. 이유인즉, 복어에 대한 아픈 경험이 있어 안 먹는다는 얘기였다. 어느 지역에서 넷이 복어매운탕을 먹었는데 본인만 몸에 마비증세가 와서 병원을 찾으니 복어독에 의한 중독이라며 생존 확률이 50%라고 의사가 말했었다고 한다. 다행히 극복했지만 그야말로 끔찍한 상황을 경험한 거다. 그런 일이 있고부터는 반드시 여러 곳을 일러주며 초이스Choice하도록 배려하고 있다.

2000년대 들어 본사에 적을 두고 근무할 때는 전국의 지역출장을 다니며 소문난 향토음식점을 섭렵했다. 그중에서도 목포의 연포탕, 동해안의 곰치국, 통영의 시락국, 제주의 고기국수 등은 소박하면서도 지역의 색깔이 묻어있는 맛깔스런 음식이다.

유독 안동의 간고등어 정식도 잊을 수가 없다. 어릴 적 생선이란 걸 구경조차 할 수 없었던 충청도 산골에서 이웃집 담장 너머에서 풍기는 고등어 자반구이의 냄새를 맡던 추억을 풀어놓으니 동석자들이 한바탕 웃었던 기억도 새롭다.

나는 비싸고 고급스런 곳을 찾는 '미식가美食家'라는 생각은 주호도 없다. 미식가보다는 담백한 음식을 완미玩味하는 식도락가食道樂家에 가깝다.

최근에 모 방송에서 한 끼에 26만 원 한다는 호텔요리를 시식시키는 장면을 목도目睹했다. 송로松露버섯을 비롯한 세계 3대 요리를 포함, 각종 최고급 요리를 체험케 하는 의도로 편성된 프로이기에 재미있게 봤지만 생각은 착잡했다.

가까운 자양동에 '돼지불백'을 전문으로 하는 기사식당이 있다.

돼지고기를 불판에 적당히 굽다가 잘게 부순 다음, 상추를 썰어 넣고 밥과 고추장을 함께해 비비면 기막힌 볶음밥이 되는데 덤으로 주는 해장국도 있다.

한 달에 한두 번은 들르다 보니 40년 단골이다. 값도 저렴하고 양도 푸짐하다. 2천 원 할 때부터 다녔는데 지금은 9천 원이 되었으니 역사가 깊다. 2천 원일 때는 허름한 한옥형의 주택이었다. 만 원사례가 많아 주변 여러 집을 사들이고는 새로이 건물을 짓고 주차타워까지 세웠다. '송림식당' 얘기다.

나이가 들면 귀찮아서라도 대충 한 끼 때울 텐데 나는 그렇지가 못하다. 아침을 먹고 나면 점심엔 뭘 먹을지 고민한다.

"오늘 저녁엔 매콤한 아구찜이 당기는데……?"

아내의 눈치를 보다가 잔소리를 듣기도 한다. 역지사지로는 최고의 밉상이겠지만 늘 호응을 해주는 아내가 고맙기 그지없다. 그런 아내를 달래줄 겸 내일은 같이 '돼지불백'이나 먹으러 가야겠다.

- 2021년 5월 17일 Gallery 秋藝廊에서

09
'술'에 대한 단상(斷想)

술이 없다면 세상은 얼마나 삭막할까?

불현듯 술이 생각난다. 술 없는 세상은 삭막해서 삶이 팍팍하리라는 생각이 자주 미치는 걸 보면 내가 애주가인 징표이자 자기합리화를 위한 표현일 것이다.

그렇다. 나는 술을 아주 좋아하고 즐긴다. 젊은 시절엔 두주불사로 명성이 자자하던 때도 있었지만 지금은 노인 반열이 눈앞이라 건강을 염려하여 그저 즐기는 정도인데 저녁밥상에서 홀로 반주를 즐긴다는 사실은 엄연히 애주가임을 증명한다 하겠다.

그래서 아내는 저녁상 반찬에 신경을 많이 쓰는 편이다. 물론 걱정 어린 말투로 가끔 짜증을 내기도 하는데 이건 약과가 아니냐며 웃음으로 얼버무릴 수밖에 없다.

나의 술 역사는 어린 시절부터 비롯한다.

유난히 술을 좋아하셨던 아버지는 병환으로 누워계시면서도 막걸리를 자주 찾으셨다. 막걸리 심부름은 의당 나의 몫인데, 도대체 무슨 맛인가? 주전자 꼭지에 입을 대고 한 모금 두 모금 마셔본 7살 때의 기억이 첫술을 마신 경험이다.

8살 되던 가을에 마음 아프게도 아버지께서 운명하셨다. 살길이 막막한 어머니는 식솔을 거느리고 다시 귀향했다. 고향마을에서는 술도가가 아주 멀리 있어 집집마다 직접 술을 빚어 마을 사람들과 나눠 마시곤 했었다. 어머니께서도 가끔 밀주를 담그곤 하셨다. 술이 익으면 첫 사발은 장독대 위에 정성스레 올려놓으며 고개를 숙이곤 하셨는데 아마도 이는 아버지를 위한 사부주思夫酒가 아니었나 싶다.

우리 집에 술이 익어가는 소문은 순식간에 동네에 퍼지고 마을 어른들이 속속 찾아들었다. 오래 숙성된 김치를 안주 삼아 막걸리 한 대접을 마치 꿀물 마시듯 들이키곤 했다. 그리곤 한마디씩, "역시 기철이 어머니가 담근 막걸리 맛이 최고여!"라고 고개를 상하로 끄덕였다.

식량이 귀한 시절이라 술을 짠 지게미도 버릴 수가 없었다. 설탕이 귀했으니 사카린이나 당원을 넣어 비빔밥을 먹듯 해치우고 조금 지나면 어린 나도 취기가 넘실거려 비틀거리며 걷곤 했었다.

고등학교 시절에는 어쩌다 호기심이 발동하여 친구들과 새우깡을 안주 삼아 매실주를 마시기도 했다. 졸업하고 성인이 되었다는 정당성으로 술에 입문하고 본격적으로 취중을 탐닉하게 되는데 술자리에 시비를 일삼고 사고를 치는 친구가 있어서 술자리 끝이 타락의 길이라고 깨우치고 각별히 조심하게 되었다.

있는 집안에 귀하게 자란 친구는 툭하면 싸우고 파출소를 드나들었는데 그때마다 부모들이 온갖 배경을 동원하여 풀려났던 그 버릇은 꽤나 오래 갔다. 주변에선 어린 것이 술을 잘못 배웠다고 지적하고 '술은 어른 앞에서 공손히 배워야 한다'는 명언을 들은 나는 돈도 마땅한 배경도 없어 매사에 조심하며 술을 대했으니 친구의 만용蠻勇이 반면교사反面教師가 된 셈이다.

대기업에 입사하고 나의 음주문화는 날개를 달았다. 대형 건설사 특성상 구성원들은 하나같이 애주가다. 퇴근시간이 가까워지면 꾼들은 눈에서 광채가 난다. 이내 삼삼오오 의기가 투합되고 부어라 마셔라가 이어진다. 나는 술자리에서만큼은 분위기를 압도하는 주특기가 있어 나의 일정을 먼저 물을 정도였다.

서예를 시작하면서 가급적 술자리를 피했다. 그래도 모임에서 과음하고 흥청거리면서도 숙소로 돌아와 먹을 갈고 붓을 잡았으니 유치찬란한 취필醉筆을 한 셈이다.

수년 전 서각書刻용 글을 쓰기 위해서 지방에 갔던 적이 있다. 포항 죽도시장에서 갓 썰어온 싱싱한 회가 반가워서 거하게 술잔을 눕히고 행장을 더듬어보니 아뿔사! 붓을 챙기지 못했다. 술김에 지척에 보이던 그림용 납작붓으로 일필휘지를 감행했는데 서각가가 놀라운 표정으로 글씨가 새롭고 힘이 있다고 극찬했던 기억도 새롭다. 바로 지금 나의 사무실 입구에 걸려있는 '갤러리 秋藝廊 방문을 환영합니다'라는 글귀인데 잘 쓰고 못 쓰고를 떠나 사연이 담겨 있으니 정감이 갈 수밖에 없다.

'주중선酒中仙'이라고 술 가운데 신선이 있다는 이태백李太白은 주성酒聖이고. 말술을 즐기는 두보杜甫는 주선酒仙인데 '음주팔선가飮酒八仙歌'에서 이백을 다음과 같이 읊었다.

> 李白一斗詩百篇 이백은 한 말술에 백 편의 시를 읊고
> 長安市上酒家眠 장안거리 술집에 쓰러져 자며
> 天子呼來不上船 천자天子가 불러도 배 타고 갈 생각 않고
> 自稱臣是酒中仙 스스로 주정뱅이 신선이라 자칭했노라

이 글에 감동 먹은 나도 한때는 말술을 마시고 서예작품 100편을 써볼까 하는 객기도 있었으니 지금도 헛웃음이 나온다. 권주가로 유명한 李白의 '將進酒'도 내가 자주 작품으로 옮기는 문구 중 하나다.

술에 장사壯士가 없다고 했다. 과유불급이라고 적당히 즐기면 긍정적인 활력소가 될 것이다. 이백李白처럼 주성酒聖이나 주선酒仙에는 미칠 수 없지만 건강을 지키면서 묵향墨香과 더불어 은은하게 풍류風流를 즐기고 싶다.

- 2021년 3월 11일 Gallery 秋藝廊에서

10
'애견'과 함께했던 이야기들

　근간에 반려견伴侶犬 문화가 꽃을 피우고 있다. 한때 한국의 토종견인 진돗개를 키우며 일희일비했던 기억이 새롭다.
　많은 가정에서 가족이라는 이름으로 애견과 함께하고 있으며, 그와 관련된 프로들이 방송매체에서도 자주 등장한다. 곳곳에 동물병원과 '애견샵'이 자리해 성업 중이고, 개 훈련이나 행동교정을 전담하는 전문가들은 어엿한 직업군의 한 축이 되었다.
　지척에 있는 '백제고분'은 애견들의 자유로운 출입이 보장된 곳이다. 초저녁부터 인근에 사는 개들이 산책과 운동하기 위하여 모여든다. 어떤 노파는 수명을 거의 다한 노견老犬을 데려와 지극정성으로 운동을 시키며 보살피는데 그 모습이 애처롭고 짠하다. 그들은 단순한 애견과 주인이 아닌, 같이 늙어가며 서로 의지했던 삶의 동반자다.

유난히도 가축을 잘 보살피셨던 어머니의 영향으로 어릴 적부터 강아지를 좋아했다. 우리 집엔 까만 점박이 바둑이가 있었다. 학교 갔다 오면 내 뒤를 따르던 친구 같은 개였다. 그런데, 어느 한낮에 온 동네가 떠나갈 듯 비명을 지르며 내달리더니 거품을 토하고 마당에 쓰러져 죽었는데 쥐약을 먹은 것 때문이다. 어린 나는 발을 동동 굴렀지만 속수무책이었다. 게다가 그 개는 만삭이라서 우리 식구들은 충격이 더 컸다. 더욱 놀라운 것은 몇 시간 이후 이웃 마을의 중년 남자가 사체를 가져가는 것이었다. 병을 고치기 위해 약으로 쓴다고 해서 가져가라 했다는 어머님 말씀에 대성통곡했던 기억이 또렷이 남아있다.

한동안 잊었던 애견생활은 첫 집을 장만하고 다시 시작했다. 흰색 '토이푸들' 암컷을 분양받아 '미미美美'라는 이름을 짓고 지극정성으로 키웠다. 이 품종은 정기적으로 미용이 필수적인데, 퇴계로 애견거리에 있던 전문미용실을 자주 찾아 해결하곤 했다. 돈이 꽤 들었다. 그때마다 그 과정을 눈여겨보며 익힌 탓에 미용도구를 사고는 스스로 해결했다. 단 한 번 출산하고 가족들의 관심을 독차지했던 미미는 10여 년을 살고 생을 마감했다. 딸들의 충격이 컸던 탓에 다시는 키우지 않겠다고 다짐했지만 몇 년이 지나지 않아 지인으로부터 허약하게 태어나 뼈만 앙상한 강아지 '갈색 푸들'을 넘겨받았다. 아내와 나는 측은지심으로 그 연약한 강아지를 받아들였고 지극정성으로 키웠다.

갈색 곰인형을 닮아서 'Teddy'라는 이름을 붙였다. 얼마나 순하고 예쁘게 크는지 국내 어디를 가든, 심지어는 제주도 여행도 함께 했다.

2001년, 마당과 옥상이 있는 넓은 집으로 이사를 오게 되면서 진돗개를 키우고 싶다는 생각이 꿈틀거리기 시작했다. 간절함이 통했는지, 직장 선배가 키우는 진돗개가 새끼를 5마리나 낳았다고 한 마리를 준다는 거다. 젖 뗄 때까지 꼬박 두 달을 기다렸다가 쏜살같이 달려가서 분양을 받았다. 실내에서는 토이 푸들이, 마당에서는 진돗개가 자리를 잡으니 자연스레 바빠졌다. 퇴근하고 저녁 식사를 마치면 제일 먼저 하는 일이 진돗개를 데리고 하는 산책과 운동이다.

6개월이 지나자 진돗개 특유의 형태를 갖추며 위풍당당한 모습으로 변해갔다. 집 주변을 맴돌던 길고양이들도 자취를 감췄고, 가까운 이웃에서 발생했던 좀도둑 사건도 소리 없이 사라졌다. 그 덕분에 가끔 짖는 개소리에 대한 민원도 없었다.

무엇보다도, 산책하고 있으면 이구동성으로 '그놈 참 잘생겼다'라는 말을 들을 때마다 어깨가 으쓱해지고 마음이 흐뭇했다. 어떤 이는 새끼를 분양받고 싶다며 전화번호를 주기도 했다. 진돗개를 키우며 많은 것을 느꼈다. 진돗개는 집도 잘 지키지만 관심을 받은 만큼 주인에게 충성한다. 목줄이 풀러나갔다 가도 늘 제자리로 돌아오곤 했다. 진돗개의 영리함에 키우는 재미가 쏠쏠했다.

호사다마라고 2014년 봄의 일이다. 결혼을 앞두고 수원에 살 집을 구했던 큰딸네 집에 잠시 다니러 갔는데, 1층의 세입자로부터 다급한 전화가 왔다. 뒷마당 철대문이 열려 있으며 진돗개가 나갔나 본데 안 보인지 한참이라는 얘기였다. 곧 돌아온다고 대답했지만, 예감이 이상해서 곧바로 달려왔더니 역시나 돌아오지 않았다. 자전거를 타고 온 동네를 애타게 부르며 다녔지만 허사였다. 심지어는 석촌호수를 지나 잠실역 인근까지도 찾아다녔다. 아무도 보지 못했다는 말에 더 답답했다.

우리 진돗개 '바니'는 주인 외에는 항상 경계하기로 유명했다. 심지어는 동물병원에서 예방접종 주사를 맞을 때도 내가 직접 놓아야만 했으니 의사도 이런 진돗개는 처음 본다고 했을 정도다. 도대체 누가 어떤 방법으로 이런 '바니'를 데려갔단 말인가? 그 의문은 며칠 만에 풀렸다. 어떤 사람이 황색 진돗개를 백제고분 담장 밑에 서성이는 걸 봤는데 인근에 남자 셋이서 속닥거리는 모습을 목격했다고 알려주었다. 잡아가는 것까지는 보질 못했다고 했다. 추이를 종합해보니 전문 꾼들에게 잡혀간 것이 분명했다.

이렇게 내 곁에 온 지 12년 만에 진돗개 '바니'는 우리 가족과의 인연을 마감했다. 참으로 허망했다. 어떤 이웃은 착한 사위 얻느라고 대신 희생했다는 말로 우리를 위로하기도 했다. 또 다른 이는 개가 너무 영리해서 더 늦기 전에 주인 힘들지 말라고 스스로 선택한 가출일 수도 있다고 말해주기도 했다. 그러나 내겐, 그 어떤 말로도 위로가 되지 못했다. 한동안 제대로 관리하지 못한 자책감으로 많이 힘들었다.

나의 애견생활은 이래서 끝냈다. 어쩌다 다시 개를 키우고 싶다가도 진돗개 '바니'의 실종에 애를 태웠던 때를 생각하면 엄두가 나지 않는다. 한때 촬영해두었던 늠름한 '바니'의 사진을 꺼내 보는 것도 두려웠는데, 7년이 흐른 지금은 가끔 사진첩을 들춰보며 그 시절을 회상하곤 한다.

- 2021년 11월 3일 Gallery 秋藝廊에서

11
'야구(野球)'로 배운 삶

혼히들 야구는 인생살이와 비슷하다고 한다.

살다 보면 예상치 못한 시련과 곤경에 빠지기도 하는 등 위기와 기회 그리고 극복하는 과정에서 성공과 실패가 늘 공존하기에 야구는 인생의 축소판이다.

야구경기는 경기가 끝날 때까지 승패를 알 수 없고, 마지막 아웃이 되기 전까지 미지수라서 반전의 기회가 될 수도 있다. 지고 있어도 언제나 기회는 살아있는 것이다. 인생 또한 그렇기에 우리는 좌절하고 무너지기에 앞서 끝까지 포기하지 말아야 한다. '야구는 9회 말 투아웃부터'라는 유명한 말이 있지 않은가?

1970년대 초반 고등학교 시절, 당시 성북구에 살았던 누님댁에서 천호동(지금의 길동) 학교까지 통학을 했다. 집에 가기 위해 동대문운동장 앞에서 버스를 갈아탈라치면 야구장에서 자주 함성이 들려오곤 했었는데, 야구의 룰도 잘 모르던 나는 그 함성에 이끌려 어쩌다 한 번씩 눈치껏 뒷문을 통해 들어가 관람하곤 했다.

그 당시에는 고교야구가 엄청난 인기를 누리던 시절이었다. 대통령기, 청룡기, 황금사자기, 봉황대기 등 언론사가 주최하는 굵직한 중앙대회가 열리게 되면 재학생과 선배 동문들이 야구장에 집결해 격정적인 응원과 함께 함성을 지른 것이다. 한마디로 고교야구의 전성시대였다. 재학생들의 일사불란한 마스게임과 더불어, 결근도 불사하고 넥타이를 매고 달려온 동문들이 함성을 지르며 일희일비하던 모습은 50년의 시간이 흘렀음에도 또렷이 기억 속에 남아있다.

1980년에 잠실야구장 건설이 시작된다. 한국 야구는 1905년에 시작되어 제법 오래된 역사를 지니고 있음에도 제대로 된 시설을 갖춘 경기장이 없었기에 단 한 번도 국제대회를 치루지 못했다. 그래서인지 공사는 전광석화처럼 빠르게 진행되어 1982년 7월에 완공을 했고, 그해 9월에 세계야구 선수권대회를 유치했다.

그 이전에 개장기념 우수고교 초청대회에서 당시 고등학교 1학년생이던 경북고의 류중일 선수가 부산고를 상대로 쳐냈던 홈런이 바로 잠실구장 1호 홈런인데 당시 TV를 보며 흥분했던 기억이 새롭다.

곧바로 이어진 9월의 세계선수권대회 한일전은 한 편의 드라마였다. 국보급 투수 선동열이 던지면서도 2 : 0으로 끌려가던 한국은 8회 말 어렵게 기회를 잡아 김재박 선수의 개구리 번트 안타로 동점을 만들고, 이어 한대화 선수가 역전 스리런 홈런을 날려 결국 우승을 거머쥐었던 순간은 최고의 명장면이다.

　1982년에 시작된 한국 프로야구는 미국, 캐나다, 멕시코, 일본에 이어 세계 다섯 번째 프로야구 출범국가로 기록되는데, 안타깝게도 공사 중인 잠실야구장 대신 동대문운동장에서 개막되었다. 야구에 눈을 뜬 나는 이 축제에 깊이 빠져들게 되면서 'MBC청룡지금의 LG트윈스' 팬이 되었다. 연고지를 따진다면 충청도 출신이니 당연히 OB베어스지금의 두산 팬이 적격이지만 개막전에서 역전 만루홈런을 날린 MBC청룡 이종도 선수와 일본에서 맹활약했던 선수 겸 감독 故 백인천 선수가 청룡팀에 있어서 마음을 움직였을 것이다. 솔직히 말하자면 야구를 통해 서울 사람으로 근접하고픈 욕망도 없진 않았다. 지금도 일편단심 LG 골수팬이다.
　개막 첫해에 백인천 감독이 기록한 4할 1푼 2리의 타율은 전인미답의 기록으로 존재하고 있고, 앞으로도 깨지기 힘든 기록이 아닌가 싶다.

　많은 야구인들이 야구를 통해 주옥같은 명언을 남겼는데, 나의 마음을 크게 움직였던 김성근 감독의 말을 옮겨본다.
　"생각을 바꾸면 행동이 바뀌고, 행동을 바꾸면 인생이 바뀐다. 한계를 설정할 때 너는 진다."
　나의 지난 인생과 너무도 부합되는 말이다. 어려운 환경에서 태어나 자라면서 늘 설움받는 일이 허다했고, 가방끈이 부족했기에 직장생활에서 진급이라는 기쁨을 누리는 것도 항상 뒤처지기 일쑤였다. 야구경기로 치면 중반전까지는 도저히 역전을 바랄 수 없는 흐름이었다. 그래도 나는 내 삶에 있어서 한계를 설정하지 않았으며 단 한 번도 '나는 여기까지야!'라고 자포자기해본 적이 없다. 그리고 극복해냈다.

"4타수 4안타를 치기 위해 타석에 들어선다."

한때 일본야구를 호령했던 장훈 선수가 한 말이다. 매사에 최선을 다한다는 얘기일 텐데 돌이켜보니 나도 어떻게 하든 안타를 치려고 노력했음은 분명하다.

모든 스포츠에서 늘 승리만 주어진다면 얼마나 좋겠는가! 그러나 그렇게 호락호락하지만은 않은 것은 같은 마음으로 승리를 갈망하는 상대가 있기 때문이다. 그래서 승자와 패자가 상존하는데, 현재 프로야구 1위를 달리는 팀의 승률이 5할 6푼에 머무는 것만 봐도 그렇다. 타격도 3할을 치면 훌륭한 타자다. 즉, 10번 타석에 나와 3번만 안타를 쳐도 인정을 받는다는 얘긴데, 나머지 7타석은 그야말로 삼진을 당하거나 빈타에 그치면서 허무하게 물러나는 것이다.

1900년 초 미국 프로야구에서 전설적인 기록을 세웠던 투수 '크리스티 매튜슨'은 어느 인터뷰에서 멋진 소감을 피력했다.

"승리하면 조금 배우지만, 패배하면 모든 것을 배울 수 있다."

그렇다. 선수로서 성장하는 사람들은 승리보다는 패배에서 더 많은 교훈을 얻을 것이다. 더하여 우리네 인생에서도 '위대한 실패'

에 대해 곱씹어볼 필요가 있다. 모든 성공은 실패를 뚫고, 실패를 딛고, 실패를 넘어 이루어진다. 한마디로 집약하면 위대한 성공의 씨앗은 실패다. 그래서 '실패는 성공의 어머니'란 말이 영원불멸의 진리이고, 세상에 실패 없이 성공하는 사람은 존재하지 않는 것이다. 이런 말도 있다.

"큰 교훈을 안겨주는 고상한 실패가 저속한 성공보다 나은 경우가 있고, 세상은 실패를 '시행착오'로 여기고 다시 일어서는 적극적인 사람들에 의해 주도된다."

살아오면서 우여곡절로 인한 크고 작은 실패들은 나를 일으켜 세우는 데 큰 밑거름이 되었고, 그때마다 쿨하게 인정하고 다시 시작했었다.

세월은 흘러, 나의 인생을 야구경기와 대비해보니 종반전에 접어들어 막바지로 치닫고 있다. 주변에 많은 분들이 성공한 삶이라고 치켜세우고 있지만 왠지 허전하다.

욕심이 앞서는지 아직 못다 한 게 너무 많다는 생각이다. 마음만 다잡았어도 젊은 시절에 충분히 해낼 수 있었던 못다 한 공부를 뒤늦게 하려니 바쁘다. 그뿐만이 아니다. 긴 세월 써왔던 서예는 물론, 수필가로서 글 쓰는 일도 게을리할 수 없다.

등단했으니 책이라도 한 권 출판을 해야 명분이 설 것만 같다. 그래서 '나의 하루는 25시간'이라는 설정을 해놓고 늘 분주하게 움직인다.

야구경기를 보다 보면 이기고 있는 팀이 종반전에 접어들었다고 느슨하게 하지 않는다. 반대로 지는 팀도 자포자기는 없다. 오히려 역전을 위해 부단한 노력을 기울인다. 내가 인생 종반전을 쉬지 않고 달려가는 이유이기도 하다.

코로나로 인해 야구장을 방문한 지가 몇 년이 흘렀다. 아무리 바빠도 1년이면 10여 차례 찾던 곳이었다. 한때 지인의 도움으로 가족과 함께 VIP석에 앉아 고급 도시락을 까먹으며 자주 관람하기도 했었다. 운동장에서 벌어지는 감독, 선수들의 치열한 수 싸움과 경기운용도 재미있기는 하지만 양 팀의 불꽃같은 응원전도 볼거리가 대단하다.

내가 응원하는 팀이 지고 있어도 끝까지 지켜볼 수밖에 없는 것은 마지막 아웃카운트가 잡힐 때까지 언제 어떤 상황이 연출될지 아무도 예측할 수가 없고, 승패를 알 수 없기 때문이다. 기회는 언제나 살아있는 것이다. 그래서 야구는 인생과 닮았다.

- 2021년 10월 22일 Gallery 秋藝廊에서

12
유행가 '애모(愛慕)'에 얽힌 사연

유행가 '애모愛慕'는 가수 김수희가 1991년에 발표하여 난공불락의 인기를 구사한 노래 제목이다. 이미 고등학교를 중퇴하고 미8군에서 가수활동을 시작했던 김수희는 1976년 공식 데뷔곡인 '너무 합니다'가 뒤늦게 알려지면서 대중에게 각인되기 시작했다.

1982년에 발표했던 '멍에'라는 노래도 그녀의 명성을 알리는 데 크게 일조하면서 승승장구하던 중, 당시 연예계를 휩쓸던 대마초 사건에 연루되어 잠시 쉬었다. 이때, 문학에도 소질이 풍부한 그녀는 가요계 현장소설인 '너무 합니다'와 '설雪'을 발표했다. '설雪'은 그 당시 베스트셀러 2위에 오르기도 했다.

1987년에 발표한 경쾌한 리듬의 '남행열차'는 국민가요가 되었고 응원가로도 유명하다. 음악이 있는 회식문화에서 분위기를 띄우는 노래로 자주 애창되곤 했다.

'애모愛慕'가 발표되던 90년대 초반에는 혜성같이 등장한 '서태

지와 아이들'이 가요계를 주름잡았다. 뿌리를 찾기 어려운 가사와 멜로디가 젊은이들을 매료시켰고 '하여가'라는 노래로 '가요 톱10' 4주 연속 1위를 차지하며 기염을 토하던 중에 대망의 5주 우승 골든컵을 목전에 두고 있었다. 그러나 서서히 솟아오른 '애모愛慕'에 밀려 좌절되었으니 가요계는 충격에 빠질 수밖에 없었다. 당시 안타까운 소녀 팬들의 울부짖음과 눈물범벅 상태에서 앙코르송을 부르던 가수 김수희의 모습을 강렬하게 클로즈업시킨 영상을 보았던 기억이 눈에 선하다.

   가수 김수희를 특히 좋아했던 이유는 그녀만이 가지고 있던 개성이 강한 창법에 매료되기도 했지만, 중학교 동문으로서 잠시 맺었던 인연이 있어서다. 기억으로는 중학교 1학년 때 그녀가 2학년으로 전학을 왔다. 첫 만남은 방과 후 6·25 기념 교내 반공웅변대회를 앞두고 합동연습을 하는 어느 교실이다. '김희수'라는 이름에 아담하고 예쁘장하게 생긴 누나였다. 대회에 참가하는 선후배가 함께 연습하는 자리니만큼 보이지 않는 신경전도 있었겠지만 덩치가 작았던 내가 귀여웠던지 수희 누나를 비롯해 선배들의 귀여움을 독차지하곤 했다.

   드디어 나는 뜻하지 않게 전교 1등이 되고, 수희 누나는 2등인가 3등 상을 받았다. 대회를 마치고 수희 누나는 내게 교문 앞에서 기다리라고 하더니 친구 두 명과 함께 천호동 시장에 있는 빵집으로 나를 데려갔다. 가마솥에서 막 꺼낸 찐빵을 실컷 먹었는데, 축하한다는 말에 덧붙인 한마디가 지금도 귓가에 생생하다.

"진짜 축하해. 그런데 네가 작아서 연단에 가려 잘 안 보였어."

1985년에 경기도 송탄의 미군부대 내 모 건설현장에서 회계업무를 담당하던 때였다. 출근길 어느 담벼락 벽보에 수희 누나의 업소 출연 포스터가 보였다. 아마도 방송활동이 여의치 못해 궁여지책으로 출연했을 거라는 생각이 들었다. 갑자기 만나고 싶었다. 그러나 혼자 뻘쭘하게 술집에 갈 수는 없고 해서 또래 젊은이들에게 가수 김수희를 만날 건데 함께 가자고 했더니 아무도 믿질 않았다. '네까짓 주제에 유명가수 김수희가 만나주겠냐?'는 표정으로 무시했다. 만나주지 않으면 내가 술값을 다 부담하는 조건을 걸고 셋이서 주점에 갔다.

드디어 무대에 오르고는 '너무 합니다'가 시작되는데 웨이터를 불러 내 이름이 적힌 메모지로 메시지를 전했다. 모른다고 하지 않을까? 걱정도 됐다. 잠시 후, 웨이터가 다가오더니 다음 일정이 있어 좌석엔 올 수 없고 나갈 때 문 앞에서 잠시 보자는 전갈이 왔다. 만나자는 말이라서 절반의 성공이다. 공연을 마치고 계단을 내려가기에 기다렸다가 말을 건넸다.

"수희 누나, 제가 중학교 때 같이 웅변했던 '엄기철'입니다."

나를 알아보고는 깜짝 놀라며 반기는 거였다.

"어머, 이게 몇 년 만이니? 어릴 적 모습이 남아있네."

이렇게 현관 앞에서 수십 명의 팬이 빙 돌아가며 운집한 가운데 잠시 독대를 한 거다. 아마도 매니저의 닦달이 아니었다면 더 대화를 나눴을 텐데 많이 아쉬웠다. 미처 전화번호도 교환치 못했기에 수희 누나와의 대면은 이렇게 끝났다.

한때, 사회생활을 하면서 간혹 본의 아니게 룸살롱을 드나들던 시절이 있었다. 접대나 업무협의라는 명분도 있었지만, 젊은 시절 호기를 부린 부분도 없지 않아 후회스럽기도 하다. 언제부턴가 룸 밴드가 사라지고 방마다 노래방 기기가 등장했다. 술잔이 오고 가는 분위기가 오르면 예외 없이 노래를 부르게 되는데, 주로 동석한 이성 파트너가 노래번호를 찾아준다. 나는 아주 특이한 멘트로 노래를 주문하며 일행을 웃기곤 했다.

"어떤 노래 준비할까요?"

"응, '앵무새 몸으로 울었다'를 찾아줘."

열심히 찾고 나서 돌아오는 대답은 '앵'자로 시작하는 노래는 '앵두나무 처녀'뿐이라고 한다. 그러면 '뽕 2'나 '무릎과 무릎 사이'를 찾아 달라고 넌지시 말을 흘렸다. 애로영화 제목인 줄 눈치도 못 채고 당황하는 분위기가 재미있다고 모두 한바탕 웃었다.

김수희 누나의 공전의 히트곡인 '애모愛慕'를 애무라고 장난을 치기도 했다. 애무로 인하여 애모愛慕로 발전한다는 발상이다.

"김수희의 '애무' 찾아줘~"

"어! '애모'는 있는데 '애무'는 없는데요? 신곡이라 없나 보네?"

매사에 이런 식이었다. 점잖은 표정을 지으며 시치미 뚝 떼고 내뱉으면 다 속아 넘어간다. 좋아하는 선배 누나의 노래 제목을 희화화했기에 죄송한 마음을 담아 고백은 하지만 많이 쑥스럽고 창피하긴 하다.

김수희 누나와의 추억이 50여 년이라는 긴 세월이 흘렀다. 이제 초로初老 반열에 올랐지만, 늙수그레한 내 모습과는 달리 방송에 비치는 누나의 모습은 아직도 젊다는 느낌을 받는다. 헤어스타일만 다를 뿐, 중학생 시절 그대로다.

재주가 넘치는 수희 누나는 가수로서는 물론이고 소설가, 영화 제작사로 다양한 족적을 남겼다. 아직도 그녀의 명곡들은 우리 곁을 맴돌며 희로애락을 함께하고 있다. 초로에 이르렀으니 남은 인생 노래는 노래고, 부디 자유로운 일상을 보내면서 건강하기를 간절한 마음으로 빌어본다.

그대 가슴에 얼굴을 묻고 오늘은 울고 싶다는 '애모愛慕'의 구구절절한 가사와 멜로디가 또렷하게 귓가를 맴도는 오늘이다.

- 2021년 11월 10일 Gallery 秋藝廊에서

13
트롯 '테스 형' 열풍

가왕 나훈아가 최근에 선보인 '테스 형!'이란 노래가 대단한 열풍이다. 라디오를 틀면 흘러나오고 TV방송에서도 리메이크로 자주 불린다. 메신저들도 경쟁하듯 불러대며 페이스북에 올리니 이제는 멜로디가 귀에 익어서 나도 모르게 흥얼거리게 된다. 아! 테스 형, 소크라테스 형!!

소년 시절부터 선생님으로부터 누누이 들어왔던 '너 자신을 알라'는 명언의 주인공인 철학자 소크라테스에게 형이라 칭하는 노래라서 의아하면서도 색다른 친근감으로 다가온다. 노래를 부른 가수 나훈아가 직접 작사, 작곡을 했다는데 가사도 흥미롭다.

어쩌다가 한바탕 턱 빠지게 웃는다
그리고는 아픔을 그 웃음에 묻는다
그저 와준 오늘이 고맙기는 하여도

죽어도 오고 마는 또 내일이 두렵다

　　턱 빠지게 웃을 일이 없는 세상에 살고 있음에도 곧바로 다음 행에서 일깨워준다. '그리고는 아픔을 그 웃음에 묻는다'는 대목이다. 왠지 짠해지는 마음이다. 슬픈 사연을 웃음 띤 얼굴로 잔잔하게 표현하는 사람들을 보노라면 듣는 이로 하여금 더욱 눈물샘을 촉발하는 이치와 똑같다. 거기다가 힘들어도 시간은 흐르고 부디 안 왔으면 하는 내일도 오게 되는 현실이 두렵다고 했다. 한마디로 어려움에 직면한 작금의 상황을 잘 대변하고 있다는 생각이 든다.

　　흘러가는 세월은 예외가 아니어서 경자庚子년 한 해도 막바지에 도달했다. 코로나로 시작해 코로나로 끝나는 그런 한 해였다. 이런 감당키 어려운 시련은 현재진행형이니 가사에 나오듯 죽어도 오고 마는 또 내년이 두렵기까지 하다. 마치 지푸라기라도 잡는 심정으로 2천 년 전 먼저 저세상으로 떠난 철학자 테스 형에게 질문하듯 던진다.

　　먼저 가본 저세상 어떤가요 테스 형!
　　가보니까 천국은 있던가요 테스 형!

　　난감한 세상이다. 마스크 잘 쓰고, 개인위생 철저히 하고, 모임을 멈추고, 사람이 많이 모이는 공공장소 출입을 삼가라는 정부의 방역지침을 잘 지키고 있으면 백신이 개발되어 위기를 극복하게 된다.

그러나 생업은 어쩌란 말인가? 문 닫는 가게가 하루가 다르게 늘어만 가고, 그나마 배달음식업만 성행하는 기이한 현상이 벌어지고 있다. 경제적인 여유가 있는 중산층이야 현명하게 대처하면서 위기를 헤쳐나가겠지만 소상인이라서 장사해야 하거나 나가서 땀 흘리면서 돈을 벌어야 먹고 사는 서민들은 극심한 고통에 직면할 수밖에 없게 된다. 점포세나 집세를 깎아줘도 다람쥐 눈물이지 뾰족한 대안이 없다. 그래서 세상이 왜 이러고, 왜 이렇게 힘드냐고 울부짖듯 소크라테스를 향해 외쳐보지만 공허한 메아리만 울릴 뿐이다.

윌리엄 맥닐 교수는 '전염병과 인류의 역사'라는 책에서,
'전염병은 개인은 물론 민족과 국가의 운명을 좌우해왔다. 질병으로 사회가 무너지고 가치관이 붕괴되고, 종래의 생활양식이 모두 박탈되어 의미를 잃어버렸다. 문명은 질병을 만들고, 질병은 문명을 만들어왔다.'

나는 이 글을 읽고 한동안 어안이 벙벙했다. '문명이 질병을 만들고, 질병이 문명을 만든다'는 대목에서 충격을 받았다. 전염병의 역사를 보면 아주 오래전부터 우리들을 괴롭혀 왔음을 알 수 있다. 그러나 문명의 발달과 함께 의학 수준도 높아져 그때마다 백신이 개발되어 이제는 아예 자취를 감춘 전염병이 있다. 갓난아기 때 접종하는 천연두와 소아마비의 예가 그렇다. 질병이 문명을 만든 아주 적절한 예라 하겠다. 반면에 초문명 발달사회에 사는 현대에도

그 틈을 비집고 새로운 바이러스가 생겨나니 아이러니하다.

 '테스 형!'이란 노래가 난감한 현실과 맞물려 크게 유행하고 있지만 정치도 그렇고, 경제도 그렇고, 집값은 천정부지로 뛰는 기이한 세태가 힘들고 웃을 일이 별로 없어서 허무하다는 넋두리이다. 그래도 새봄이 온다고, '울 아버지 산소에 제비꽃이 피었다. 들국화도 수줍어 샛노랗게 웃는다.'

 그냥 피는 것이 아니라 백신 개발로 코로나 바이러스가 사라진 하늘 아래 펼쳐지는 새봄은 웃음꽃도 필 것이고, 서로를 존중하는 정겨운 모습으로 우리들을 맞이할 것이다.

- 2020년 12월 26일 Gallery 秋藝廊에서

14
장모님과 조기

장모님의 손맛을 통해 배운 활어活魚회 맛이 그립다. 그중에서도 제주 근해에서 갓 건져 올린 싱싱한 조기회의 담백한 맛은 어느 회맛과도 견줄 수가 없다.

아내를 만나고 첫인사를 드리러 간 날, 밥상에 올려 있던 조기회를 맛보라며 내게 하신 말씀이 또렷이 기억난다.

"아침 일찍 부둣가에 가보난 폴짝폴짝 뛰는 조기가 있어 사왓쭈. 잘 안 나신디."

제주 사투리가 섞인 말씀으로 설명을 곁들이시는데, 즉 아침 일찍 서부두 바닷가에 가보니 평소 안 잡히던 당일바리 조기가 있어 자네 맛보라고 사왔다는 말씀이시다.

제주도는 이른 아침에 부둣가 어판장이나 수협공판장에 가면 밤새 잡아 올린 싱싱한 어류들이 즐비하다. 이들 고기들은 '당일바리'라는 이름으로 불리며 소비자들의 밥상으로 직행하게 되는데, 지척에 바다가 있으니 가능한 일이다.

어린 시절, 충청도 내륙에서 자라다 보니 생선을 접하기가 쉽지 않았다. 그 흔하다고 하는 간고등어조차도 먹어본 기억이 전혀 없었던 이유는 시내 장이라도 나가야 새끼줄에 매단 간고등어를 살 텐데 그런 기회조차 아예 부여되지 않았기 때문이다.

회는 더더군다나 맛볼 기회가 없어 성인이 된 후에야 남대문 시장통에서 한두 번 먹어봤던 '붕장어회'가 고작이었으니 아마도 장모님이 썰어준 조기회가 나의 첫 활어회 시식인 셈이다. 아무튼, 맛있게 먹다 보니 순식간에 한 접시가 동이 나고, 그런 나를 흐뭇하게 바라보시던 장모님은 또 다음을 기약하신다. 바다 물때를 정확히 아시기도 하지만 어느 시기에 조기가 잘 잡히는지 꿰뚫고 계시기 때문이다. 그래서 연애 시절 아내가 집에서 식사하자고 하는 날엔 어김없이 조기회가 등장했고, 여름이면 '지리물회'도 자주 해주시곤 했다.

첫 직장생활을 제주도에서 시작하며 그곳 아내를 만나다 보니 바다라는 곳이 낯설지 않았다. 자연스레 다양한 회 문화와 가까워졌다. 간단한 낚시도 배우게 되어 휴가 때면 어김없이 즐기곤 했는데, 기껏해야 모래사장에서 '모살치'를 잡아 올리는 게 고작이었고, 갯바위나 방파제에서 '어랭이', '쥐치' 등의 잡어들을 건져 올리는 게 전부였음에도 낚시취미에 흠뻑 빠져서 한동안 헤어 나오지 못했다.

서귀포 출신의 아랫동서는 나름 바다에 익숙해서 생선 손질에도 일가견이 있다. 잡은 고기들은 크기 유무에 관계 없이 횟감으로 변신하니 나의 회 문화는 그야말로 날개를 달았다.

'김녕리 해안'을 비롯해 방파제라는 곳은 빠짐없이 섭렵했고 '비양도', '우도', '차귀도' 등도 자주 찾았다. 서귀포 앞바다 '범섬'을 방문했다가 너울성 파도를 만나 장비가 파도에 떠밀려 휘말리던 사건은 아찔하다. 예고도 없이 어마어마한 파도가 조용히 밀려오는 바람에 겨우 몸만 피했을 정도였으니 그 위력은 실로 대단했다. 그 일이 있고부터 바다가 무서워지기 시작했다. 아마도 갯바위나 섬의 한적한 곳을 찾는 것은 그때 이후로 멈춘 듯하다.

장모님은 7년 전에 95세를 일기로 운명하셨다. 살아오면서 나는 장모님이라는 표현을 단 한 번도 쓰지 않았고 오로지 '어머님'이라는 표현으로 일관했었다. 그게 더 편하기도 했지만, 정감이 있어서다. 돌이켜보니 제주 어머님의 은혜는 하해였다. 빈털터리였던 나를 얼굴과 눈매에 총기가 있어 보인다는 이유로 사위로 맞아주셨고 묵묵히 때를 기다려주셨다.

연년생 두 딸을 데리고 휴가를 가니 딸아내이 너무 힘들겠다며 백 일도 안 된 둘째딸을 당분간 키워줄 테니 놓고 가라고도 하셨다. 서울에서 단칸방을 전전하던 시절, 집안 행사로 방문하셨을 때다. 비좁은 방에서 칼잠을 주무시면서도 싫은 내색 한 번 보이시지 않던 장모님이다. 결혼 6년 만에 첫 집을 장만했다고 전하니 한달음에 달려와 우리 사위 장하다며 고급 장롱을 안방에 놓아주셨다.

지금 거주하는 두 번째 집으로 이사했을 때도 친히 오셔서 한 달여를 머물다 가시기도 했다. 거실에 장식책장을 꾸미던 나의 모습을 흐뭇하게 바라보시던 어머님의 표정이 잊히지 않는다. 들리는 얘기로는 제주에 내려가신 어머님이 왜 이렇게 오랫동안 머물었느냐는 주변 분들의 물음에 이렇게 답하셨다고 한다.

"아, 우리 둘째사위가 서울에 '빌딩'을 사난 정리 끝내는 거 보고 왔수다."

아마도 어머님 눈에는 이 작은 건물이 빌딩으로 보였나 보다.

제주 어머님은 6남 3녀를 두셨다. 손주들과 증손주들을 다 합치면 수십 명에 이른다. 인생사가 다 그렇듯이 어머님의 삶의 궤적도 평탄치만은 않았다. 장인 어르신도 70대에 일찍 운명하셨고, 월남전 참전용사였던 아들을 먼저 저세상으로 보내는 아픔을 겪기도 했다. 수많은 굴곡진 사연 속에서도 늘 의연하게 대치하시던 이머님의 생전 모습은 내가 더 열심히 살아가는 데 하나의 활력이 되기도 했다. 무에서 유를 창조해가던 우리 부부의 삶의 흐름을 보면서 기뻐하시던 어머님의 모습이 떠오른다. 한편으로는 둘째사위로 역할을 충실히 했었는지를 자문해보니 많이 미흡했다는 생각이다.

회고해보니 어머님의 조기회는 무한 사랑이었다. 이른 새벽 부둣가로 나가서 싱싱한 조기를 구하는 일도 그렇고, 비늘을 손질하고 곱게 회를 떠 사위 밥상에 올려주셨으니 그 정성을 생각하면 눈물겹도록 감사한 일이다.

세월이 흘러 우리가 결혼할 당시 어머님의 연세가 62세로 아내의 나이도 환갑을 훌쩍 넘겼고, 두 딸에게서 태어난 손주 녀석들이 4명이나 된다. 우리 가족의 활어회 사랑은 대물림되었나 보다. 손주 녀석들이 나를 닮았는지 회를 무척이나 좋아하고 잘 먹는다. 며칠 전 체코에서 잠시 다니러 온 두 손녀딸이 회 타령을 한다. 오후에는 가락시장으로 달려가 큼직한 광어회 한 마리를 떠와야겠다.

- 2021년 12월 23일 Gallery 秋藝廊에서

15
인생 싸이클(Cycle)과 시계의 오묘한 조화

　인생 싸이클에 시계를 대입해 계산해보니 나의 인생시계는 정확히 오후 8시가 된다. 한국 남자의 평균수명 80세를 기준으로 산출한 근거인데, 최근 조사에 의하면 남자는 80세에 채 미치지 못하고, 여자는 84세 정도라고 하니 그냥 편하게 80으로 계산했다.
　즉 12시는 탄생과 40세, 그리고 죽음을 의미하는 시간이 되는 것이고, 6시는 오전 20세, 오후 60세가 되며 9시는 오전 30세와 오후 70세가 되는 이치다. 이 논리에 의해 대입해보면 나의 인생시계는 다음의 공식으로 성립이 된다.

　　80세 ÷ 24시 × 20시(오후 8시) = 66.7세

　내가 1955년 7월생이니 현재 66.6세로 오후 8시 근처라는 결론에 이르는 것이다. 이제 나의 인생시계는 4시간 남았다. 숨 가쁘게

달려온 지난 20시간이다.

　돌이켜보니 12시간 전인 오전 8시, 그러니까 26.7세부터 시작된 나의 청춘시계는 거친 광야에 풀어놓은 야생마처럼 쉼 없이 내달려 왔다는 생각이다.

　살다 보니 내 뜻과 상반되는 여러 가지 어려운 시간들을 대면하곤 했다. 그 길엔 고달픈 시간도 있었고, 외로운 시간들도 있었지만 그것이 곧 나만의 인생이기에 힘든 시간들을 잘 참고 견뎌냈으며, 열심히 살다 보면 새로운 기쁨과 희망이 열린다는 사실도 알게 되었다.

　살면서 고달프지 않고 외롭지 않은 인생이 어디 있겠냐마는 나만의 인생은 혼자 걸어가는 길이기에 남이 가르쳐 주는 건 내가 겪은 일에 과거일 뿐이고, 내가 해야 할 일은 오롯이 혼자서 겪어나가야 하는 나만의 인생인 것이다.

　인생시계를 그리다 오묘한 이치를 발견했다. 오전 6시면 약관 20세의 나이가 된다. 그러니까 0시 탄생에서 오전 6시는 대부분 사람들의 수면시간이 되기에 인생으로 치면 부모의 보호 아래 성장하는 시기와 맞물리는 것이다. 이때부터 우리네 인생도 바빠지기 시작한다. 남자라면 대학생활을 거치거나 병역의무도 마쳐야 하고, 27세가 되는 오전 8시가 되면 사회의 첫발을 내디뎌 세상을 마주하게 된다. 즉, 하루의 바쁜 일과와 인생시계는 묘하게 일맥상통하는 것이다. 나의 젊은 시절을 되돌아보니 그렇다.

　오전 8시 27세에 본격적인 직장생활을 시작했고, 결혼을 거쳐 오전 10시 33세에 첫 집을 장만하고 서예를 시작했다. 그리고 오후 2시 46세에 지금의 집을 구입하면서 인생의 터닝포인트를 맞이했으며, 오후 4시 53세에 희망퇴직을 하고 서예가의 길을 걷기 시작해 오늘 오후 8시에 이르렀다. 퇴직 후 14년, 인생시계로 4시간이 흘러갔으니 오전 8시 본격적인 사회생활을 시작한 이래 꼬박 40년 12시간을 보낸 것이다. 그 12시간은 하루의 바쁜 일과와 묘하게 일치가 된다. 이승헌 글로벌사이버대학교 총장은 어느 칼럼에서 다음과 같은 글을 남겼다.

> 60세까지를 인생의 전반기, 그 후를 인생의 후반기라고 보면, 인생의 전반기에 인간이 걸어가는 길과 목적지는 비교적 명확하게 정해져 있다. 성공은 인생의 전반기를 관통하는 가장 큰 패러다임이다. 먹고 살아야 하므로, 또는 더 잘 먹고 더 잘 살아야 하므로 모두 정신없이 그 길을 내달린다. 그리고 그 길은 오랜 역사를 통해 수많은 사람이 걸어갔기 때문에 널찍한 대로가 되었다. 하지만 대부분의 사람이 은퇴와 함께 맞이하는 인생의 후반기에는 모두 따라갈 수 있는 명확한 대로가 나 있지 않다.
> 이것은 평균수명이 60~70세였을 때는 문제가 아니었지만, 평균수명 90세를 바라보는 시대에는 개인적으로나 사회적으로 큰 문젯거리가 될 수밖에 없다. 그리고 우리는 가까운 미래에 100세를 넘어 사는 사람들을 주위에서 흔히 보게 될 것이다. 인생에서 30, 40년의 세월을 아무런 목적도 없이 그냥 살기를 원하지 않는데도, 그렇게 살 수밖에 없다면 개인에게나 인류 전체에게나 큰 불행일 것

이다.

그래서 인생의 전반기에 성공을 위해 달려가듯이, 인생의 후반기에 사람들이 갖고 살아야 할 분명한 목표가 있어야 한다. 하지만 그 길은 아직 나 있지 않다. 인생의 길이 절반까지만 나 있고, 나머지 절반은 길이 없는 허허벌판이다. 그 허허벌판에서 자기만의 명확한 인생의 길을 만들어가는 사람은 아주 극소수에 불과하다.

인생 후반기, 인생 가운데 절반의 길이 명확하게 제시되어 있지 않기 때문에, 대부분 사람이 60세 이후의 삶을 흐지부지 보내다 가는 것이다. 이제 인간으로 태어나서 걷는 인생의 길이 완전해져야 할 때가 왔다. 인류가 지금까지 만들어 온 인생의 사이클에는 성공의 길밖에 나 있지 않았다. 그것은 사이클의 반 바퀴만 돌다 가는 불완전한 삶이었다. 그동안 얼마나 많은 사람이 이 세상에 왔다가 정말로 찾아야 할 것을 찾지 못하고 그냥 돌아갔겠는가?

또한 이승연 총장의 다음과 같은 부연설명에 전적으로 공감을 하게 된다.

고령사회나 초고령사회를 위한 준비는 정책이나 복지제도가 아닌 노년을 살아가는 사람들의 주체적인 준비가 최우선이며, 자기 스스로 노년의 삶의 목적과 방향을 정하고 설계하는 것이 진정한 노후준비이고 노인 복지의 시작이다.

인생을 살다 보면 일이 잘 안 풀리는 때가 있다. 처음에는 조금 지나면 호전되겠지 하고 생각하는데 갈수록 꼬여가고 불운이 이어지면서 사정없이 덮쳐오기도 한다. 어느 순간이 지나면 희망도 없어 보이고 이대로 인생은 내리막길로 가다가 최악의 나락으로 떨어지게 되며 인생도 끝나는 걸로 생각되기도 한다.

그런데, 인생을 살다 보니 내리막 그래프는 어느 순간 바닥을 치고 다시 올라오기 시작한다. 변곡점이다. 이 변곡점은 전혀 생각지도 못한 순간 일어나게 되며 반드시 온다는 사실이다. 반대로 사이클 정점에 있을 때도 마찬가지다. 크게 재물을 얻거나 드높은 명예가 영원할 것 같지만 반드시 정점의 변곡점을 지나면서 다시 하강하기도 하는 것이다. 이래서 우리 선조들은 다음과 같은 노래를 불렀나 보다.

"화무花無는 십일홍十日紅이요. 달도 차면 기우나니."

바닥을 치며 시작했던 나의 인생을 되돌아보니 감회가 새롭다. 유년시절을 거쳐 청년기에 겪었던 지독한 가난은 처절한 고통으로 나를 옥죄었으며 가난으로부터의 해방과 극복이라는 화두話頭는 줄곧 내 젊은 시절을 지배했었다. 그리고 마침내 극복해냈다. 더하여 인생 후반기를 준비하는 과정으로 서예에 매진해 오늘에 이르렀다. 이미 30대 초반에 은퇴 이후의 삶을 걱정하고 대비했으니 스스로 기특하다.

내 일생은 가난이 하나의 삶의 디딤돌이 되었다. 내가 만약 그 가난이 걸림돌이라 생각하고 자포자기했다면 오늘의 나는 없었을 것이며, 지나가던 행운도 내게 찾아오지 않고 외면했을 것이다. 그래서 가난을 디딤돌로 삼았다. 또한, 열악한 환경과 변변치 못한 스펙으로 늘 뒤처지던 인생 항로에서도 좌절하거나 굴하지 않고 내가 잘할 수 있는 일을 찾아냈다.

오후 8시에 놓여 있는 나의 인생시계도 이제 4시간여가 고작이다. 밤 12시가 되면 하루의 일과를 마치고 잠을 청하듯 인생길도 마감을 해야 한다. '아름다운 마무리'를 위해 숙고熟考할 시간이다.

"아름다운 마무리는 삶에 대해 감사하게 여긴다. 내가 걸어온 길 말고는 나에게 다른 길이 없었음을 깨닫고 그 길이 나를 성장시켜 주었음을 긍정한다. 자신에게 일어난 일들과 모든 과정의 의미를 이해하고 나에게 성장의 기회를 준 삶에 대해, 이 존재계存在界에 대해 감사하는 것이 아름다운 마무리다."

이와 같이 법정法頂 스님께서 던지신 말씀을 되새기며 남은 인생을 보람차게 정리해보련다.

인생 사이클(cycle)과 시계
=> 한국 남성 평균수명 80세를 기준으로

16
석촌호수의 사계(四季)

지척에 석촌호수가 있어 행복하다. 산책을 겸한 운동코스로 거의 매일 이용하는 나로서는 사계절을 함께하는 동반자인 셈이다. 오늘날의 품격을 갖춘 석촌호수가 있기까지에는 수많은 사연들이 함께하고 있다.

1960년대까지도 석촌호수는 물이 흐르는 송파강의 일부분이었다. 대부분 송파진이 현재의 한강 어딘가에 있었던 줄 알지만 바로 이 석촌호수에 있었다고 한다. 석촌호수가 송파나루공원이라고 불리는 이유도 바로 이 때문, 잠실나루역 이름의 영향으로 잠실 파크리오 부근 어딘가에 있었던 줄 아는 사람이 많으나 잠실나루라는 것은 존재하지도 않았다. '송파진松坡津'처럼 큰 나루터가 한강변도 아닌 석촌호수에 있었다는 사실이 믿겨지지 않을 정도로 잠실은 상전벽해桑田碧海였다.

잠실벌과 나의 인연은 내가 세 살 되던 1957~8년부터 시작되었다. 고향을 등지고 아버지를 따라 서울 변두리 지금의 천호동으로 이사 온 어머니는 한 푼이라도 벌어보겠다는 일념으로 어린 나를 등에 업고 이곳 잠실벌에 밭일하러 다니셨다.

뽕나무밭과 땅콩밭이 즐비했던 이곳에서 일을 하기 위해 오동나무에 나를 묶어 놓고 마른 오징어다리를 손에 쥐어주면 퉁퉁 불어 터질 때까지 빨아 먹으며 잘 놀았다고 한다. 바로 그 이야기를 시작으로 세월이 흘러 그 오동나무가 있던 자리라고 추정되는 곳에 작지만 아담한 건물을 마련하고 돌아가신 어머니를 회상하며 썼던 글이 나를 수필가로 문단에 등단케 했던 '상전벽해 桑田碧海'라는 글이다.

123층 롯데 슈퍼타워가 위용을 떨치고 있고, 고급 아파트와 건물들이 즐비한 지금의 잠실, 그 허허벌판 잠실벌이 이토록 변했으니 그야말로 상전벽해 桑田碧海의 조화다.

이제 곧 완연한 봄으로 다가서는 길목에 와 있다. 석촌호수의 사계 四季 중에서 봄은 그야말로 압권이다. 호수 가장자리를 둘러싼 산책길 주변으로 수많은 벚나무가 산재해 있는데 매년 4월 초 벚꽃 시즌 때는 벚꽃구경을 하러 오는 사람들로 장사진을 이룬다. 여의도 윤중로와 더불어 서울의 대표적인 벚꽃 명소가 되었다.

푸릇푸릇하고 생기 넘치는 여름의 모습 또한 놓칠 수 없는 석촌호수의 진면목이다. 여름의 석촌호수는 매미 울음소리로 장관을 이룬다. 눈여겨보면 매미가 부화되는 과정도 관찰할 수 있다. 시골 출신인 나는 어릴 적 추억을 회상하며 매미를 잡아보기도 하지만, 손주들에게 보여주기 위해 사진촬영을 하고는 곧바로 놓아준다.

사색의 계절, 가을의 풍경 또한 맛깔스럽게 펼쳐지는데, 떨어지는 낙엽을 밟으며 걷는 산책길에서 마주하는 백제 한성문화재 행사장면은 많은 볼거리를 제공해주기도 한다.

겨울 모습도 나름 운치가 있다. 특히 눈이 내리는 풍경에서 바라보는 석촌호수의 모습은 한 폭의 명화名畵다. 겨울에 강추위가 지속되면 호수가 부분적으로 얼기도 한다. 얼음 위로 쌓인 하얀 눈밭에 거위나 청둥오리들이 이정표를 표시하듯이 오순도순 발자국을 남기는 모습은 마치 시인이 시를 하얀 백지에 옮기는 모양새를 연출하기도 한다. 석촌호수와 더불어 함께하는 거위와 청둥오리 가족들은 그야말로 호수의 마스코트로 많은 이들의 사랑을 독차지하고 있다.

이렇듯 석촌호수의 사계四季는 계절마다의 독특한 매력을 뽐내며 잠실벌을 지키고 있다. 송파대로를 축으로 동호東湖와 서호西湖로 구분된 석촌호수의 한 바퀴 둘레 길이는 2,500미터 남짓으로 두 바퀴 돌면 약 5km가 된다. 걷기 운동으로는 아주 적당한 길이다. 최근에는 동호와 서호의 허리 부분에 연결다리가 설치되어 운동량의 조절도 아주 수월하게 되어 있다. 동호의 끝자락에는 방이동 먹자골목으로 연결되어 있고, 서호에는 1980년대 설치된 인공섬 형태인 롯데월드 '매직 아일랜드'가 있어 많은 이들이 즐기고 있다. 또한, 문화예술 공간이 곳곳에 있어 공연이나 예술을 감상하는 재미도 쏠쏠하다. 동호東湖 끝자락에 신축 중인 문화공간이 준공되면 더더욱 멋지고 우아한 석촌호수로 거듭날 것이 분명하다.

1980년대 후반에 송파구 '가락동'에 첫 집을 마련한 후 15년을 거주하고 지금의 '석촌동'으로 이사한 지도 21년이 지났다. 어릴 적 인연을 제쳐 두더라도 송파구민으로 35년여를 함께했으니 지나온 반평생을 송파구민으로 살아온 셈이다. 오랜 세월 동안 송파 발전의 흐름을 누구보다도 근거리에서 지켜봤기에 흐뭇하고 만감이 교차한다.

그중에서도 시시각각 계절마다 느낌이 다른 석촌호수는 매력적인 존재가 틀림없다. 운치 있는 풍광을 만날 수 있고, 산책과 운동을 통해 건강도 챙길 수 있으니 그야말로 일석이조다.

거듭 강조하지만, 석촌호수는 분명 송파의 자랑이다. 더하여 서울, 아니 대한민국의 랜드마크인 초고층 롯데 슈퍼타워를 품고 있으니 그 위용은 실로 대단하다.

남녀노소 누구나 좋아할 수밖에 없는 휴식공간이자 쉼터다. 그 호젓한 공간을 걷다 보면 불현듯 글감이 떠오르고 무한한 상상력이 피어오른다. 이제껏 써온 여러 수필들이 석촌호수 산책을 통해 발아하고 숲을 이루려는 의지가 이를 증명한다. 그래서 내가 하루도 거르지 않고 석촌호수를 찾는 이유이기도 하다.

지난해에는 코로나 확산 방지를 위해 출입을 통제하기도 했는데 부디 올해는 개방되어 많은 분들이 봄의 운치를 만끽했으면 좋겠다는 생각이다. 머지않아 석촌호수는 벚꽃과 함께 봄을 만끽하려는 상춘객들로 인산인해를 이룰 것이다.

- 2022년 3월 12일 Gallery 秋藝廊에서

17
인생(人生)은 '더불어 숲'

　인생은 유유히 흐르는 강물 같아서 덧없이 흘러만 간다. 그래서 유수인생流水人生이란 말이 자주 회자되는가 보다. 더하여 강물도 물의 집산이듯이 인생도 항상 누군가와 함께한다. 벌들이 협동하지 않고는 아무것도 얻지 못하듯 사람도 마찬가지다.
　강풍이 자주 부는 미국의 서부 해안에는 세쿼이아 나무가 산다. 이 나무는 뿌리가 얕아서 바람에 쉽게 날아갈 것 같은데, 거센 강풍이 불어도 쉽사리 날아가는 법이 없다. 혼자 자라지 않고, 꼭 여럿이 숲을 이루고 얕은 뿌리지만 서로 단단히 얽혀 있기 때문이다. '더불어 사는 어울림' 우리 인생사에서 꼭 새겨야 할 문구가 아닌가 싶다. '더불어'라는 말은 참으로 소박하다. 우리는 늘 누군가와 더불어 살아야 즐겁다. 그래서 인생을 참답게 즐기는 보람찬 삶이 되어야 하기에 함께하는 삶, 즉 '어울림'이라는 단어 또한 정답고 푸근하게 다가오는 것이 아닐까?

서울 변두리에서 초등학교 1학년을 마치고 다시 고향을 찾았을 때의 여러 생생한 기억들은 더불어 함께하는 것이 얼마나 소중한 지를 깨닫게 해주었으며, 나의 인생 항로를 개척하는 데 있어서 많은 참고가 되었다.

내가 두 살 때 집과 문전옥답을 모두 정리하고 서울로 떠났던 우리 가족은 아버지의 죽음으로 인해 궁여지책으로 다시 귀향을 하게 되었는데, 인척 집 문간방에서 더부살이하던 중에 어느 날 마을 사람들의 협동으로 우리 가족이 거주할 초가집을 짓게 되었다. 통나무 기둥을 베어와 주춧돌 위에 설치하고, 서까래를 얹고 흙벽을 바르고 이엉 엮기를 통해 초가지붕을 얹던 그 일련의 과정은 막연한 환상 그 자체였다.

화전을 일구며 그 힘든 농사일을 강행함에 있어 이웃과 함께 서로 일을 주거니 받거니 하는 '품앗이'가 절대 필요하다는 것도 알게 되었다. 남편을 군에 보낸 도랑 건너 사는 젊은 새댁을 위해 마을의 장정들이 날을 잡아 겨울 내내 아궁이에 지필 땔감을 마련하고 앞마당에 쌓아주던 모습도 인상 깊게 남아있다.

그런가 하면 등하굣길에서 마주친 실개천 '섶다리' 설치를 위해 분주하게 움직이던 이웃 마을 어른들의 모습은 경이롭기까지 했는데, 어린 내 눈에 비친 그 모습들은 바로 더불어 함께하는 협동정신이었다.

'민둥산'이란 단어가 사라진 지 오래다. 나무 없이 흙이 드러난 번번한 산, 즉 벌거숭이 산이란 뜻인데 오래전 내가 초등학교를 다니던 시절에는 민둥산이 많았었다.

땔감을 나무에만 의존하던 시절이니 집에서 가까운 산은 너나없이 채 자라지 않은 나무들도 경쟁하듯 베어오곤 했다. 특히나 참나무는 인기가 많아 멀리 떨어진 산에서 채취하기도 하는데 겨울이면 집집마다 뒤곁에 장작을 쌓아놓는 게 주요 일과였다. 산림법이 강화되고 석탄산업이 발전되면서 민둥산은 다시 제 모습을 찾게 된다.

이젠 너무 우거진 숲에서는 수풀을 만드는 데 있어서 통풍을 좋게 하고, 나무들의 경쟁을 막아 순조롭게 자라도록 하는 방법의 하나로 간벌間伐을 하기도 한다. 바야흐로 마구잡이 벌목의 시대에서 울창한 숲을 솎아내는 시대를 맞이한 것이다.

지난 여름 제주도 방문길에 가족과 함께 '교래리'에 위치한 '삼나무숲길'을 찾았었다. 인근에 '절물 자연휴양림'과 '사려니 숲길'에 이어 가장 늦게 알려진 명소다. 아직은 진입로도 엉성하고 수차장 시설도 제대로 갖춰지지 않았다. 그래서 더더욱 신선하다.

코로나 여파인지 몰라도 인적도 뜸했다. 진입로에 도착할 즈음에 저만치서 고라니 한 마리가 반겨준다. 셔터소리에도 미동도 없이 눈만 껌뻑이는데 마치 이 숲의 주인으로서 와도 될 놈인지 확인하는 듯 보였다. 물론 삼나무가 이 숲의 주인공이다. 그래서 '삼나무숲길'이라는 이름이 탄생했겠지만 고라니도 분명 숲의 일원일 것이다.

어디 그뿐이랴! 곧게 뻗은 삼나무 허리를 타고 오르는 담쟁이를 비롯한 온갖 크고 작은 식물들이 더불어 함께하는 천국이다. 곳곳에 보이는 돌마다 짙푸름으로 기생하고 있는 이끼도 예사롭지가 않고, 새들의 재잘거림도 분위기를 한껏 더해준다. 이 모두가 숲의 일원으로서 각기 제 역할을 다하고 있는 것이다.

지금은 고인이 되신 성공회대 석좌교수로 계시던 신영복 교수는 '더불어 숲'이라는 책에서 다음과 같이 말했다.
"나무가 나무에게 말했습니다. 우리 더불어 숲이 되어 지키자."
그렇다. 나무 한 그루 한 그루는 그저 나무일 뿐이다. 그러나 운집해 있으면 웅장하고 멋진 숲을 이루게 된다. 어릴 적 추억으로 소환되는 이웃마을 어르신들의 섶다리 설치과정과 마을의 민둥산이 울창한 숲을 이뤄나가던 대장정의 흐름을 기억하노라니 더불어 함께하는 이 모습들은 내게 큰 감흥과 교훈을 준다.

나이가 들다 보니 어느덧 내 두상頭上은 민둥산으로 변해간다. 세월의 흐름을 막지 못하는 게 인생사다. 이듬해 장마에 흔적도 없이 사라지던 '섶다리'처럼 언젠가 자취를 감추게 될 인생의 끝자락이 소리 없이 다가오고 있는 것이다.
불현듯 고고하게 늙어가고 싶다는 생각이 드니 아이러니하다. 근간에 더더욱 그렇다. 코로나 때문이기도 하지만 나 홀로 조용히 사색하는 게 일상이 된 지 오래다. 그러나 지나온 삶을 돌이켜보니 '인생人生은 더불어 숲'이 분명하다. 어렵고 힘든 시절에 나를 지탱해준 건 주변의 따뜻한 보살핌과 함께 곁을 내준 이웃과 동료 선후배들과의 어우러진 삶이었음이 이를 증명하고 있다.

 달을 가리키니 손가락만 쳐다보듯 숲을 가리키는데 한 그루의 나무만 쳐다보게 되는 우愚를 범하는 작금의 현실이 서글프다. 어릴 적 고향 '멜개재' 고개를 지키며 홀로 독야청청獨也靑靑하던 노송老松이 자꾸만 눈앞에 넘실거린다.

 바람개비가 바람이 불지 않으면 혼자서는 돌지 못하듯, 사람도 혼자 살지 못하는 법이다. 즉, 함께 만들고 더불어 살아가는 것이기에 그렇다. 함께 어울리고 채워주고 위로하면서 아름답게 살자는 의미는 내가 못하는 것을 다른 사람이 하기도 하고, 다른 사람이 안 하는 일을 내가 하기도 하기 때문이다. 때론 상처를 입기도 하지만 서로 돕고 마음을 나누는 삶, 그렇게 함께 만드는 세상이 더더욱 아름다워지기 때문이다. 그래서 '인생人生은 더불어 숲'이다.

 또한, 내가 '더불어 숲'을 닉네임으로 쓰는 이유이기도 하고, 곧 출간될 사서전 형식의 '내가 이제껏 살아온 인생 이야기' 책의 제목이기도 하다.

- 2021년 9월 29일 Gallery 秋藝廊에서

해설

「점點 하나 파란만장」에서 구한 생존의 가치

동천東泉 엄기철嚴基喆의 수필세계를 조명하다

故 고훈식 시인, 조엽문학회 회장

| 들어가며

　문학은 생명 보존에 따른 안위에서 비롯된 생각이나 말을 글로 옮겨 쓴 고백을 통한 표현이기에 스스로 깨달아가는 인생의 발견이다. 보다 구체적으로는 인문학으로 남긴 자신의 분신이다.
　생명이 고초를 겪을 때 극한적인 반응이 나타난다. 극한적인 반응은 극단적인 상황으로 빚어진 행태나 현상일진대 도자기를 구울 때 불의 열기에 상응하는 내공에 따라서 타서 건지지 못하게 잿더미가 되거나 기어이 견뎌내고는 도자기가 되는 이치와 같은 맥락이다.
　인문학도 문학과 역사가 복합되어 철학이라는 인생의 발견을 찾아가는 진실의 길이므로 사람이나 사물, 상황이나 환경을 만나거나 맞닥뜨려 어떤 형태로 이루어질지는 도자기가 만들어지는 과정과 닮았다.
　시가 상상으로 빚어진 가상세계를 위한 묘사라고 한다면, 소설은 허공에 사다리를 세우고 별을 딴다는 의미로 있음직한 사실을 현실적으로 인간의 삶을 규정하는데 수필은 체험을 재구성하여 인간의 존재가치를 부여하고는 타인과 공감대를 형성하려는 의지의 소산이며, 언어 미학으로 감동을 모색하는 즐거운 노동이다.
　「점點 하나 파란만장」은 동천 엄기철의 인간미를 견지한 인품의 고백이다. 한편으로는 고난만 무성하게 자라서 숲을 이루는 과정에 무너진 성터에서 그믐달을 바라보는 심경이다. 이 심경은 작가의 삶이 얼마나 처연했는지를 보여주는 진술을 들여다보면서 필자는 뜻하지 않게 가슴이 아렸다. 문득, 떠오른 주제가 가난, 극복 그리고 생존이다. 이 키워드를 통하여 가난에는 눈물을 삼켰고, 극복에서는 얼굴을 찡그리며 버티었고, 생존에 이르러서 비로소 웃음을 머금었다.

1.

그는 얼굴이 평범하게 보이지만 유별나게 이마가 잘생겼다. 거기다가 눈매는 유별나게 예리하다. 잘생긴 이마는 원형을 그린 조형미가 고려청자를 닮아서 햇살이 비치면 굴절로 쏘이는 곡선이 신선하여 그의 두뇌가 총명하다는 느낌도 받았다. 물론 도사처럼 척 보고 알아보진 못하고 대회를 이끄는 말솜씨나 수필로 그려낸 문장이 그동안 축적된 이력에서 찾아내고는 감탄사를 숨겼다.

우리 식구들은 최악의 가난한 상황에 시달렸다. 하지만 살아있는 입에 풀칠이라도 해야 될 지경이니 급기야 어머니는 떡 행상을 시작하셨다. 아침 일찍 집을 나서 머리에 떡을 이고 마을을 누비며 장사를 하시다가 밤이 이슥해서야 돌아오시면 한 개 남긴 인절미를 아버지께 드렸다. 아버지는 떡 중에서도 인절미를 무척이나 좋아하셨다. 우리들은 먼발치에서 떡을 잡수시는 아버지의 모습을 지켜볼 수밖에 없었다. 아마 이때부터 아버지의 병환이 심상치 않다는 걸 느꼈다.

어려운 살림에서도 어머니는 아버지가 원하는 것은 무엇이든 들어주셨다. 아픈 몸에도 술이 당기셨는지, 아니면 술을 마시면서 괴로움을 잠시나마 잊으려고 자주 찾으셨는지 모르겠다. 나도 막걸리 심부름을 많이 했다. 어린 마음에 하도 술맛이 궁금해서 주전자 꼭지에 입을 대고 몇 모금 마셨는데 이것이 나의 술 역사의 시작인 셈이 된다.

그리고 한동안 봉투를 접어 팔았다. 우리 식구들은 여기저기 다니며 신문지나 헌 잡지책을 모아 집으로 가져오고 날을 잡아 봉투 제작에 들어간다.

어머니는 종이를 자르는 재단을 하고 누나는 일정 간격으로 배열하면서 풀칠을 하면 나와 형은 모양대로 접어 종이봉투를 완성시키는 분업화 형식이었다.

나름 재미도 있었고 특히 어머니의 칭찬이 너무 좋았다. 7살짜리가 얼마나 잘했을까마는 조그만 놈이 손재수가 좋다는 말씀을 늘 하시곤 했다.

제각각 크기의 봉투가 완성되면 어머니는 머리에 이고 팔러 다니셨다. 구멍가게나 과일 노점상까지 웬만한 곳은 다 누비고 다니셨는데 광나루다리를 건넌 이야기를 하셨으니 하루에 수십 km를 걸어 다닌 듯하다.

그렇게 돌아오시면 봉투가 담겼던 광주리 속에는 쌀과 보리쌀 몇 되와 인절미 한 개가 들어있다. 쌀은 식구들 입에 풀칠할 식량이고 떡은 아버지를 위한 어머니의 측은지심이다.

이 시절에 나는 밥을 먹은 기억이 별로 없다. 허구한 날 여러 가지 나물에 쌀을 조금 넣고 보리쌀을 섞어 푹 끓인 나물죽으로 하루하루를 연명하는 동안 지독한 가난은 끝이 없었고 아버지의 병세도 더 악화됐다.

- '아버지에 대한 기억' 중간부

누구나 가난을 싫어한다. 단순히 초라하거나 허전해서가 아니다. 가난의 원형은 간난艱難이다. 국어사전에는 '몹시 힘들고 고생스러움'이라고 적혀 있다. 솔직히 말해서 가난은 생명을 위협하는 전제상황이다. 인간은 생명의 위협을 당하면 극한 상황도 마다하지 않는다. 그 상황은 살기 위한 몸부림이고 발버둥이다. 소설 속 인물이지만 굶어 죽기가 비참해서 빵 한 조각을 훔치고 평생 교도소에서 보낸 삶도 있고, 돈을 요구하다가 살인을 저지르는 경우도 발생한다. 반면에 가장 힘겨운 일이나 허접스러운 일로 적은 돈을 받으며 목숨을 이어가기도 한다.

우리 마을 저지대엔 '옥녀봉' 자락 안골에서 발원되어 사방으로 동네를 관통하는 제법 큰 개울이 있다. 골짜기마다 작은 도랑이 많아 합류된 물은 남한강 실개천으로 유입되었는데 도랑마다 많은 식용 개구리들이 서식했다.

겨울엔 마을마다 애 어른 할 것 없이 개구리 잡기에 부산을 떨었다. 산골에서 딱히 생선이나 고기를 접할 기회가 없으니 개구리가 그만큼 영양재료였다. 그렇게 잡은 개구리에 무를 듬성듬성 썰어 놓고 고추장을 풀어 끓이면 둘이 먹다 둘 다 죽어도 모를 매운탕이다. 비위가 약했던 나는 먹는 즐거움보다는 개구리 잡는 재미에 휩싸여 어울렸다.

물속에 잠긴 바위 밑에 지렛대를 넣고 들썩이면 잠자던 개구리가 놀라서 물 밖으로 뛰쳐나온다. 뛰쳐나왔다가 이마에 닿는 강추위와 사람들의 함성에 놀라 허둥거리면서 물갈퀴를 휘젓는 개구리를 낚아채면 그만이었다.

빈약한 수놈 개구리보다는 몸속에 알이 꽉 차 있는 덩치가 큰 암캐구리가 인기다. 알은 물론이고 살집이 좋아서 먹을 게 많기 때문이다. 그러나 암캐구리를 잡아먹은 것은 한 마리만도 수백 마리의 새 생명을 앗아간 셈이다.

- '개구리에게 용서를 구함' 중간 부분

유년에 개구리를 잡아먹은 시절과 환갑이 넘어 수필로 회고하는 시점이나 심중은 분명히 다르다. 개구리라도 잡아먹어야 목숨이 편안해지므로 돌로 때려잡거나, 그물로 엮어 잡거나, 낚시로 후려 잡거나 되도록 많이 잡아야 흡족하다. 더하여 칼로 토막내고 끓은 물에 넣어 삶아내고 반찬을 곁들이면서 득의양양한 표정이다.

돌에 맞아 찢어진 개구리 눈알을 보거나, 사지를 떼어낸 개구리 몸통을 만지거나, 끓는 물에 삶는 동안 마지막 발버둥으로 물갈퀴로 벌리면서 발가락을 떠는 광경에 비통해하는 측은지심은 목숨의 위협에서 벗어난 안도의 한숨에 불과하다. 불쌍하다고 개구리를 안 먹는 사람처럼 말고기를 안 먹는 사람이나, 개고기를 안 먹는 사람도 여유로운 상황의 발로일 뿐이다.

확대해석하면, 왜 하필이면 미물로 태어나서 먹이사슬에 곤욕을 치르는지, 재벌 자식으로 못 태어나고 빈농 가정에서 태어나서 어딘가 찢어진 간난을 견디며 살아야 하는지 탄식하다 보면 이것이 다 운명이라는 결론에 닿는다. 결론을 알았으니 세상에 주어진 숙명을 스스로 이겨나가야 할 도구라는 것을 알고는 심도 있게 생명의 진원지를 정비하게 된다.

2.
이 수필집을 읽는 내내 마음이 측은했다. 도중에 책을 덮을 수가 없을 만큼 사연이나 상황이 목숨을 위협한다는 불안감으로 넘쳐났다. 내 일도 아닌데 지나친 긴장감인가?

부모가 가난을 물려주었지만, 천만다행으로 그는 영특하다. 암기력과 집중력이 대단하여 주산 4단이고, 예능에도 소질이 있어서 추사체의 대가이고, 기타도 칠 줄 아는 능력을 지녔다. 가난은 극복해야 할 소산이므로 생명에 이로운 일은 시작하면 반드시 끝을 보고야 만다는 결연한 의지 또한 타의 추종을 약간 허용할 정도다.

1980년 겨울에 나는 휘몰아치는 겨울바람을 등에 업고 어느 언론사 월간지 수금사원으로 일했다. 건설현장 사무실을 비롯해 '구의

동'에 위치한 동부지검 판사실과 검사실, 심지어는 허허벌판에 위치한 공장까지 누비며 혹독한 인생수업을 했지만 천만다행으로 어느 대기업의 말단사원이 되어 차츰 생활이 안정되어 갔다.

2001년 6월이었다. 대기업 중견간부가 된 나는 15년째 머물던 '가락동' 작은 집을 청산하고 월세로 살면서 이사를 기획하고 있었다. 우여곡절로 잠실벌 옆 '석촌동'에 위치한 '모' 초등학교 앞에 지하 1층에 지상 5층의 건물을 계약하였다. 당시 IMF로 온 국민이 고통받던 시절이라 조심스럽게 관망하는 추세였지만 나로서는 과감하게 결단을 내렸으니 모 아니면 도인 모험이었다.

계약대로 은행의 도움을 받아 어렵게 잔금을 치루고 '등기권리증' 이 내 손에 쥐어지던 순간, 푸른 물결에 넘실거리는 뽕나무숲을 보았다. 마음을 진정시키고 다시 구입한 건물을 바라보는데 뽕나무밭 옆으로 땅콩밭이 보이고 한가운데 오동나무가 그려진다.

- '상전벽해 桑田碧海' 하단부

이 작품은 수필가가 된 등단작이다.

작가의 어머니 말씀에 의하면 3살 때 등에 업고 뽕나무밭이 무성하던 잠실벌 땅콩밭에 자주 김을 매러 다녔는데 딱히 나를 돌보아줄 방법이 없어 밭 가운데 있는 오동나무에 메어놓고 마른 오징어다리를 손에 쥐어주면 불어 터질 때까지 빨아먹으며 잘 놀더라고 했다.

그랬던 세월에 세상사가 빠르게 요동치면서 뽕나무밭이 변하여 1972년도에 준공된 한강의 6번째 다리인 1,280m의 '잠실대교' 옆으로 지하철이 건너다닐 '잠실철교'가 건설되고, 다리 남단에는 서쪽에 이미 지어진 주공 1단지와 3단지 저층 아파트에 이어 중층 5단지 아파트가 자리해 위용을 떨칠 때 피눈물로 모아둔 돈으로 저택을 장만한 쾌거를 이룬다.

초등학교에 다니던 내 눈에 비친 어머니의 모습은 영락없는 할머니였다. 비녀를 꼽은 쪽진 머리와 듬성듬성 빠진 앞니, 거친 농사일에 무디어진 손마디는 고달픈 삶의 무게로 메마른 가시나무처럼 보였다. 그런 어머니가 창피해서, 혹시라도 운동회 때 학교라도 찾아오시거나 소풍길에 함께하면 어쩌나 걱정하던 철부지였다. 그 기억을 떠올리니 한없이 부끄럽고 송구스럽다.

어머니는 가끔 식구들과의 겸상이 아닌 부엌 아궁이 앞에서 식사를 하곤 했는데 그때마다 바가지에 물을 붓고 보리밥을 말아 드시곤 했다. 쉰밥이 아까워 물에 빨아 드셨다는 걸 뒤늦게 알게 되었다. 식구들이 눈치챌까봐 노심초사 혼자 드신 것이다.

- '2021년 어버이날에' 하단부

세계 102개국 비영어권 국가 4만 명을 대상으로 한 앙케트 조사에서 선택된 단어다. Beautiful이나 Love, Passion 열정 등을 예상했던 참석한 패널들이 모두 놀라워했다. 더더욱 놀라운 것은 'Father아버지'라는 영어단어는 상위권 그 어디에도 없었다는 사실이다. 심지어는 70위 내에도 없었다 하니 씁쓸한 얘기가 아닐 수 없다.

내 고향 '금잠'이라는 동네는 온 사방이 산으로 감고 있는 오지로 하늘만 빼곡히 보이는 산골마을이다. 이사 후 몇 달을 하늘만 쳐다보며 지내다 3월 초 신학기가 되어 전학 후 처음으로 등교하는 날이었다. '멜개재'에 오르니 수백 년 수령을 자랑하는 노송 老松이 장엄한 모습으로 반기고 있었다. 돌이켜보니 그 모습은 추사 秋史가 그린 세한도 歲寒圖에 표현된 소나무와 흡사했다. 멀리 남한강 실개천이 보이고 그 너머로 미루나무 몇 그루와 집들이 보이는데 한 폭의 수채화였다. 더 멀리 기암절벽을 품은 아담한 봉우리가 어슴푸레 눈에 박혔다. 토정 이지함이 움막을 짓고 토정비결을 저술했다는 풍류소 風流沼라는 곳이다.

잠시 숨을 고르고 산허리를 돌아 내려가니 꼬부랑길이 펼쳐진다. 경사가 심한 내리막이라고 이름하여 구절양장 九折羊腸이다. 우리는 그 구간을 충청도 사투리로 '꼬불탱이'라 불렀다.

꼬부랑길 끝에 '국실'이라는 마을이 나오고 한참을 걸어가면 실개천에 다다르게 된다. 평지를 만나는 셈이다. 5학년을 마치고 서울 변두리로 전학을 했으니 나는 이 길을 따라 꼬박 4년간 등교를 했다. 하굣길은 역순으로 '꼬불탱이' 능선을 지나고 '멜개재'에 올라야만이 '휴-' 하고 거친 한숨을 내쉬며 이젠 거의 다 왔다는 안도감에 겉으로 드러난 노송 뿌리에 앉아 잠시 쉬다가 '멜개재' 아래 멀리 보이는 우리 집 초가지붕을 바라보면서 힘을 얻고 귀가를 서두르곤 했다.

아무튼 '멜개재'는 마을과 세상을 연결해주는 유일한 탈출구였다. 그 고개를 넘어야만이 더 넓은 세상이 펼쳐지기 때문이다. 마을로 시집오던 새색시가 꽃가마 타고 울면서 넘기도 했으며, 집도 절도 없는 나그네가 목구멍에 풀칠이라도 해보고자 화전밭이라도 일구기 위해 지게에 괴나리봇짐을 싣고 넘던 고개이기도 했다. 펜팔을 하던 동네 형이 상대 아가씨를 만나러 간다며 싱글벙글 웃으며 넘던 모습은 아직도 눈에 선하다.

- '맬개제와 구절양장' 중반부

'멜개재'는 마을과 세상을 연결해주는 유일한 탈출구로, 그 고개를 넘어야 넓은 세상이 펼쳐진다고 썼다. 마을로 시집오던 새색시가 꽃가마 타고 울면서 넘기도 했으며, 집도 절도 없는 나그네가 목구멍에 풀칠이라도 하려고 화전밭을 일구기 위해 지게에 괴나리봇짐을 싣고 넘던 고개라고 피력했다.

유년의 배고픔을 가난한 설움에 자포자기하는 심정으로 사춘기 시절을 방황했던 어리석음을 제하면 성실하고 착해서 우등생이고, 학교대표로 웅변대회에도 출전한 추억을 애향심으로 간직하고 있다.

드디어 정상에 올랐다. 백록담 표지석과 고사목에 새긴 한라산 정상 글씨가 보인다. 백록담은 통제구역이라 눈으로만 감상할 수밖에 없었다. 예전에 올챙이가 우글거리던 백록담 물로 밥을 지어 먹고 하룻밤을 묵었던 기억이 새롭다.

마침 광복절 70주년을 기념하느라고 표지석 뒤로 태극기가 준비되어 있었다. 등정인들이 독립투사라도 된 듯 태극기를 들고 사진 찍기에 바빴지만 잠시 휴식을 취하고 하산을 시작했다. 정상을 찍은 발걸음이 가볍다. 오를 때 못 봤던 한라산 자생화도 눈에 띈다. 화창한 날씨 덕분에 시야가 한눈에 들어오는 산 아래 풍경은 그야말로 황홀경이다.

돌이켜보니 그날의 등반은 다시없는 기회이고 실천이라서 의미가 크다. 이런저런 사정으로 등반 이후로는 형님을 뵙지 못했다.

올해로 82세이신 형님과 가끔 통화를 해보지만 전해지는 소식은 많이 쇠약해져 자주 병원신세를 진다고 한다. 좋아하던 맥주도 멀리한다고 하니 걱정이다. 코로나가 잠잠해지면 막내동서와 같이 오사카로 달려가야 되겠다. 일본의 오사카와 제주도, 서울의 삼각 편대가 하루바삐 만날 수 있기를 기대해본다.

- '한라산 등반 이야기' 하단부

제주도에 사는 막내처남, 일본에 거주하는 손위처남과 더불어 한라산에 올랐던 추억을 담담하게 묘사하면서도 손위처남의 안부를 염려하는 마음은 가난을 극복한 결과로 습득하게 된 삶의 가치 구현이다.

    천지 天池를 만나려고 천리 千里길 달려왔네
    백두산 白頭山 고유명사 홀연히 사라졌고
    장백산 長白山 아우성에도 침묵 沈黙 하는 천지 天池여

  더하여 백두산에 오른 보람을 '백두산 천지 天池를 가슴에 품고'라는 수필에서 자신의 심중을 표현한 시조 한 수를 남겼다. 미사여구가 없어도 묵직한 백두산의 침묵이 절로 느껴진다.

3.
  이제 바야흐로 3차 산업혁명을 거쳐 4차 산업혁명의 시대가 도래했다. 로봇이나 인공지능AI이 인간을 대신하는 첨단 정보통신기술이 경제, 사회 전반에 융합되어 그야말로 혁신적인 변화가 눈앞에 펼쳐지고 있는 세상이다. 이로 인해 사라지는 직업군도 많아질 것이다. 신작로마다 즐비했던 사진관이나 양복점이 자취를 감추는 반면에 새로운 업종도 부지기수로 나올 것이다.
  어느덧 기억의 편린이 되고 말았지만 길을 지날 때마다 사진관 앞에 대형 액자에 내건 '고추'를 드러낸 사내아기들 사진은 더 이상 볼 수 없는 추억이 되었다.

이제 나도 노인 반열에 올랐으니 새로운 공간의 세계가 도래한다는 예측시대를 얼마나 누리게 될지 모르겠지만 문명의 이기를 통해 현존하는 가족의 역사를 기록할 수 있어 이 보람이 현실로 나타난다는 기대에 벅찬 마음이다.
내가 써내려가는 사진일기는 먼 훗날 하나의 의미 있는 기록이 될 것이다. 나의 이 소중한 기록에 담긴 무조건적인 할아버지의 사랑이 손자, 손녀들이 성인이 되었을 때 온전히 느껴진다면 이보다 더 값진 보람은 없을 것이다.

- '손녀의 사진일기를 정리하며' 후반부

'조부모와 손주는 다툼이 없다'라는 명언이 있다. 자식보다 후손이지만 주고받는 것에 가격을 매기지 않기에 내리사랑이 넘친다. 조부모로서는 자신의 삶을 오래 간직해준다는 믿음이 있고, 손주 또한 언제나 반겨주는 마음을 알기에 친근감이 대단하다.
　조부모는 외가에도 있으므로 네 분의 살아있는 박물관이나 다름없는 인물에게 받은 가르침이 손주의 앞날에 생존가치의 정체성을 심어줄 자산이다.

4.
'엄기철은 동천東泉이라는 호를 쓰는 서예가다.'
그의 정체성을 대변하는 어록이다.

그가 각고의 노력으로 쓴 '금강반야바라밀경 金剛般若鉢羅密經'을 전시장에서 직접 보고는 눈이 휘둥그레지고 탄식이 나오는 걸 참았지만, 코는 이미 검은콩을 볶아낸 냄새를 맡았다. 분명한 환각이다. 돋보기로 들여다보며 새긴 글씨의 정교함에 잠시나마 말문을 잃었다.

동천의 서체에는 법도를 떠나지 않으면서 또한 법도에 구속받지 않는 법을 중심으로 오로지 한 획을 그음에도 힘이 넘치고 기상이 강력하다. 바위처럼 커다란 금강석에 글씨를 새겨 넣으려는 기운을 말함이다.

동천의 번뜩이는 이마와 눈길, 그리고 붓을 잡고 일필휘지로 신천지를 여는 의지는 현재진행형이다. 동쪽으로 해가 뜨니 상서로운 기운이 샘터에서 솟는다는 호처럼 그는 서예가로서 기꺼이 도구가 되어 앞으로 다가올 고희를 위하여 서체의 미완을 보완하여 금강 암벽을 깨뜨리려는 열정이 넘칠 뿐이다.

드디어 난공불락으로 여겨왔던 '금강경' 작업에 돌입하였다. 8폭 병풍으로 시작을 하는데 어느 누구의 작품도 인용하지 않고 내 스스로 구도를 잡고는 글씨도 먹물이 아닌 금분 金粉으로 도전했다. 5,300여 자를 8폭으로 나누고 32개의 각 단원마다 불 佛자를 넣어 나름의 구분을 해야겠다는 생각으로 시작을 하는데 인조 금가루를 다루는 일이 쉽지만은 않았다. 붓에 응고가 되는 관계로 조절이 쉽지 않았지만 이를 악물고 작업에 임해 한 달여 만에 작업을 끝내고 나니 성취감으로 인한 자존감은 하늘을 찌르고도 남는 기분이었다. 이렇게 해서 나의 금강경 작업은 먹물이 아닌 금분으로 시작되어 지금까지 시리즈로 대장정을 이어가고 있다.

- '첫 개인전을 준비하던 시절' 하단부

법정스님의 글을 역작으로 꾸민 '제4회 동천東泉 엄기철嚴基喆의 개인전個人展'을 필자도 참관했다. 그러니까 제1회는 2013년 2월, 인사동에서 첫 개인전을 열었다는 거다. 이어서 그해 5월, 법정法頂 스님의 수필 중에 '무소유'를 비롯하여 여러 문장을 작품으로 써서 발표했는데 입적 3주기 추모전이다. 그 인연으로 2020년 봄에 법정스님 입적 10주기 추모를 위하여 길상사吉祥寺에서 다시 초대전을 열게 되었다고 한다.

동천東泉의 인사말을 요약해보았다.

'금강경金剛經 필사작입은 당연한 일상이기에 부지린히 쓰면 되겠지만 법정스님의 향기로운 글을 발췌해서 서예작품으로 옮기는 일이 버겁고 부담이 컸어도 보람이 넘쳤다. 스님께서 수필을 통하여 세상에 던진 화두話頭는 인생의 정토로 인도하는 영혼의 울림이다.

주옥같은 명문장에 여러모로 미천微賤한 솜씨를 묵향墨香으로 표현해야 하므로 스님께 누가 되지 않도록 최선을 다했다. 뜻깊은 과정에서 가치 있는 삶을 추구할 수 있는 지혜와 용기를 주는 금과 옥조를 만난 덕분으로 수필창작에도 용기가 생겼다.'

장문의 금강경金剛經을 추사체로 깨알같이 필사한 솜씨에 감탄한 나는 동천의 불교와의 만남을 물었다. 자신은 조상들로부터 물려받은 종교라서 모태 불자라고 대답하였다.

서예인들도 이구동성으로 추사를 칭송했다. 중국에 왕희지王羲之, 구양순歐陽詢이 있다면 한국에는 추사 김정희 선생이 있다고 한목소리를 내는데 참으로 아이러니하게도 예전에 '국전'이라 칭하던 3대 공모전에서 '추사체'는 배제시켰다. 주최자 나름대로 명분이야 있겠지만 입으로는 추사를 칭송하면서 추사체를 배척한다면 엄연한 이율배반적인 행위다. 이것이야말로 기득권의 횡포가 아니고 그 무엇이겠는가?

'문자향文字香 서권기書卷氣'는 사람에게 인격人格이 중요하듯 예술은 격조格調가 중요한데, 예술의 격조는 치열한 내공을 쌓아야 비로소 나올 수 있다는 말이다. 여기서 말하는 '문자향文字香'은 글씨의 조형성에서 풍기는 기운을 의미하며, 서권기書卷氣는 학문과 독서를 통해 얻어지는 지성미와 인품을 말한다.

조선 후기, 사회체제의 근간이 신분제에서 경제적 계약관계로 급속히 이동하여 갔다. 이와 함께 풍속화나 민화民畵 등 서민문화가 급속히 퍼져나가자 양반 사대부들은 심각한 체제 위협을 느끼기 시작했고, 결사적으로 사회적·문화적 변화에 반대하였다. 그들은 사회적·문화적 기득권을 지키기 위해 '문자향 서권기'를 주장했는데, 그 대표적인 인물이 추사秋史 김정희金正喜라고 전해진다.

- '추사체秋史體 소고小考' 하반부

항간에는 '추사체秋史體를 누구나 알고 있지만, 추사체가 무엇인지 대답을 잘하는 사람이 없다'라는 말이 있다. 추사체에 대해서 함축적으로 잘 표현된 글이다. 즉, 파격의 아름다움, 개성으로서 괴졸怪拙을 잘 나타낸 것이 추사체의 본질이자 매력이라는 중론이다.

마침 대덕연구단지 내에 H그룹 연구원을 건설하는 '그룹사' 공사로 전근했는데 대전에 사시는 추사체의 대가인 故 연파 최정수 선생의 휘하로 들어갔다. 그때가 본격적으로 서예를 공부한 지 5년이 지났을 무렵이고, 후에 15년이 넘도록 추사체를 연마했다. 스승님이 저술한 '연파서징蓮坡書徵'을 체본으로 삼고 매진했는데 추사의 행서 글씨를 종 집자한 일종의 자전字典이라서 요긴하게 사용했다고 회상했다.

후에 저택을 장만하고 40평 지하에 서실을 꾸몄다. 즐거운 고민 끝에 추예랑秋藝廊이라고 당호를 지었다. 추秋는 추사선생의 아호 첫 글자이고, 예藝는 예술세계를 펼치는 곳이며, 랑廊은 누구나 드나들 수 있는 열린 공간임을 의미한다. 그리고 원훈院訓도 하나 정했다. '학불염교불권學不厭敎不倦', 즉 '배우는 것에 싫증내지 않고, 가르치는 데 게으르지 않는다.'

학문을 대하는 그의 자세를 엿볼 수 있는 대목이다.

동천을 곁에서 지켜볼수록 필자는 흐뭇하다. 그의 일취월장을 공감해서이다. 난세가 아니므로 수신제가를 실천하는 평범한 인물처럼 보인다. 가난으로 비롯된 환경을 극복하면서 자신의 상황을 올바르게 처신하여 타인에게 해가 되지 않도록 겸손하고 가족의 화목을 실천하는 모습에서 인간미가 넘쳐난다.

소도 좋아하는 먹이가 있다. 같은 꼴이라도 산자락에 돋은 풀을 좋아한다. 그래서 들에 나간 형님이 지게 한가득 꼴을 지고 오는 발자국 소리만 들어도 꼴냄새가 좋은지 소가 고개를 쳐들고 반기는 표정을 지었다. 이럴 때는 소가 웃는다고 생각했다.

초등학교 3학년 때였다. 도랑 건너 사는 홍 서방네 암소가 며칠 동안 울어댔다. 그 이유를 몰라 궁금했는데 어머니의 혼잣말을 통해 알았다. 암내를 풍긴다는 얘기였다.
드디어 윗말에 사는 박 서방네 황소를 끌고 어른 몇이서 함께 집 앞을 지나가는데 궁금해서 나도 뒤를 따랐다. '애들은 보는 거 아니야!'라며 숙제나 하라고 어머니의 제지를 받았지만 궁금해서 사람들 틈에 끼어 가까이 보는데, 울보 암소 앞에 다다른 황소가 코를 벌름대더니 침을 흘리면서 웃는 표정을 지었다. 더 신기한 것은 암소가 언제 울더냐고 큰 눈을 더 크게 뜨고 몸을 비비는 거였다. 누군가가 거사를 치룰 수 있게 암소의 꼬리를 들어주는 광경을 똑똑히 보아두었다. 생생한 성교육의 장면이니까. 이때는 황소가 슬그머니 웃었다.

- '웃는 소를 찾아서' 중간 부분

작년인데 몇 달 사이에 향토색이 짙은 수필 수십 편을 쏟아내더니 문학적 역량이 층계를 이루고 있다. 순전히 법정스님의 저서를 탐독한 덕분이라는 거다. 더하여 자서전과 수필집을 내겠다는 일념으로 눈에 불을 켜고 시간을 태우고 있다.

나가며

　동천의 예술세계를 눈여겨보면서 구한 결론은 인문학의 실천이라고 자평하고 싶다. 어떤 작품에서 눈물을 참기도 했는데 상류층이 되도록 노력한 그의 의지 실천을 칭찬하련다.
　작가 스스로가 서예가라고 단정한다. 추사체의 고수라고나 할까, 그의 서예작품을 대하면 절로 알게 된다. 서예를 만난 것이 운명이라면 어떤 서예가가 되었는가가 숙명이다. 추사체를 만나서 행적을 남겼고, 불교를 만나서 금강경 金剛經을 새겼다. 법정스님의 저서를 통하여 문학에 입문하기까지가 참으로 점 하나가 파란만장하다.
　그러니까 가난은 문학이고 극복은 역사이며 생존은 철학이 되었다. 그의 수필은 그의 역사를 들여다본 거고, 지속적인 서예 탐구나 글짓기 작업은 이제 생활이 여유롭다는 증명이다. 세상에 없는 것을 남기려는 성취욕, 그것은 열화를 견디느라고 먹물을 토해내는 흙가마에서 구워지는 도자기의 빛이다.

　이 글을 쓰신 고훈식 시인은 안타깝게도 2023년 1월 10일 영면에 드셨습니다.
　생전에 부족한 제게 용기와 격려를 주시면서 글쓰기를 독려하셨고, 평소 지병이 있어 언제 갈지 모르겠다면서 남긴 글이기에 더더욱 가슴이 미어지는 심정입니다.
　부디 편히 쉬소서. 삼가 故人의 冥福을 빕니다.

- 東泉 嚴基喆 합장